当代中国中青年经济学家文库

Study on Monetary Policy in Emerging Markets Opening Capital Account: Based on Open Economy Models of Financial Accelerator

新兴市场国资本项目开放下的货币政策规则研究

——基于开放经济的金融加速器模型

郑 重 著

经济管理出版社
ECONOMY & MANAGEMENT PUBLISHING HOUSE

“当代中国中青年经济学家文库”学术委员会

总 序

管理学和经济学作为哲学社会科学中实践性较强的学科，与我国的经济发展和人们的生活具有较为紧密的联系。改革开放以来，随着我国国民经济的快速发展，管理学和经济学的学科建设也取得了显著成就，成为越来越热门的学科。国外的大量著作，特别是西方的学术著作，被翻译引进到国内，一些比较成熟的理论、方法、概念和范式被陆续介绍进来。其中有许多先进的思想和经验为中国经济建设提供了有益的借鉴，促进了中国经济的健康发展。同时，国内管理学和经济学的理论工作者和实践家，在引进、消化和吸收的基础上，辛勤耕耘，积极探索，在促进西方经济学、管理学本土化方面下了很大力量，取得了显著的成效，创作出一大批有影响的学术力作。

近年来，国内出版了种类繁多的经济管理类图书，但质量参差不齐、良莠混杂的现象比较突出，给国内读者的阅读带来一定的困难。从客观上讲，我国经济管理学科发展还滞后于经济管理的实践。在社会主义现代化建设的进程中，有许多新现象、新问题，需要进行深入研究和探讨。随着我国经济体制改革的深化和经济发展的加速，经济现象将更加复杂化，这就对经济学和管理学在理论上的发展和创新提出了更高的要求。

这套丛书是由经济管理出版社组织国内大专院校和科研院所一批学有所成的专家学者撰写的经济学、管理学系列丛书。该套丛书学术性较强，力图在尽可能吸收国内外前人成果的基础上，结合中国的实际进行本土化的研究和创新，体现较高的研究水平。为了保证本套图书的质量，特邀请国内管理学和经济学领域知名的专家成立了专家委员会，从理论与实践的角度对入选专著严格把关。专家委员会对入选的学术成果坚持较高标准：第一，专著的作者必须具有博士学位；第二，专著所研究的问题必须处于经济学或管理学的前沿领域；第三，研究成果必须在理论上结合中国的实际进行本土化的创新；第四，要求有两位具有正高职称、从事相关领域研究的专家作为著作的推荐人。

我们希望，这套丛书的出版，能够对我国经济学、管理学的学科建设起到积极的促进作用，为解决我国社会主义经济建设中遇到的各种复杂问题提供理论的依据和切实可行的操作方法，并为广大读者了解、认识当代中国经济和企业管理的发展状况和发展趋势，从理论和实践上提供有益的帮助。同时，这套丛书的出版还将为国内从事经济学、管理学研究的学者搭建起一个出版高水平学术著作的平台，我们希望通过这个平台不断推出更多高水平的经济学、管理学著作。

陈佳贵

2006 年 5 月

摘要

大规模的、高频率的跨国资本流动已成为布雷顿森林体系崩溃以来世界经济的一个显著特征，特别是自20世纪90年代以来，美国等发达国家在全球范围内倡导金融自由化，与此同时，广大发展中国家也逐渐加快了金融市场对外开放的步伐（这些资本项目开放步伐较快的发展中国家被称做新兴市场国）。新兴市场国在资本项目开放后，包括货币政策在内的宏观经济政策必须要做出调整。我们知道，资本项目开放条件下的货币政策选择不同于封闭经济，不仅如此，20世纪在新兴市场国频繁发生的金融危机告诉我们，在资本项目开放后，新兴市场国的货币政策选择远比发达国家复杂得多。因此在这样的背景下讨论新兴市场国的货币政策是非常有必要的。随着我国融入国际资本市场的程度不断加深、广度不断扩大，外来冲击对我国国内经济影响会日益加大。因此如何把握资本项目不断开放下的货币政策也是我国政府应当正视的刻不容缓的任务。

本书对货币政策的分析是在新凯恩斯主义的理论框架中进行的，并且是在考虑了新兴市场国独特性的新凯恩斯主义框架即金融加速器模型中进行的。运用新凯恩斯主义框架分析货币政策，使分析具有较强的理论基础。比起其他的新凯恩斯主义模型，本书更多地考虑了资本项目开放的作用。为能突出新兴市场国资本项目开放对货币政策的影响，本书在以下几方面做出努力：首先，在模型中引进了风险溢价，因此相关的对外债务规模可以确定下来。其次，考察了国际借贷成本对经济的影响。劳动和资本是生产所需的两大要素，由此信贷特别是国际借贷的作用可以在模型中体现出来。本书假设资本的存量变动不仅从供给方面决定产出变动，而且资本的变动所涉及的流量即投资也从需求方面决定产出。此外，本书还假设实际资本的生产需要外部资金，且外部资金以外币债务的形式被融资，这样国际信贷的作用在模型中被体现出来。最后，假设投资所需的信贷资金由外币资金融资，因此本书分析的资本项目开放重点是放在债权市场的开放对货币政策的影响。

在界定了资本项目开放以及新兴市场国等有关概念以后，本书简要说明了新兴市场国应当适应金融全球化的趋势，逐渐放开资本项目开放，同时积极在货币政策上做出调整以适应更为活跃的资本流动的需要。接着本书花了不少篇幅着重介绍新兴市场国资本项目开放的特点，用证据表明这些特点是新兴市场国考虑货币政策时所不容忽视的，包括资本流动的强顺周期性、资本逆转、债务美元化以及货币错配，这些特点结合新兴市场国其他经济现象，如金融市场不完全、财政主导、中央银行缺乏公信力等，带来的一个结果就是新兴市场国的货币政策不能照搬发达国家的成功经验，这体现在货币政策的分析框架选择上。为此，引入开放经济的金融加速器模型，指明该模型能较好地适应新兴市场国货币政策分析的需要。

开放经济的金融加速器模型中最重要的机制是汇率的金融加速器机制，正是这个机制的存在修改了传统关于货币政策以及汇率政策的选择，也正是由于这个机制的存在，才使新兴市场国的货币政策以及汇率政策选择问题显得这样的棘手。因此本书花了很多的笔墨用以分析汇率的金融加速器机制，从含义以及表达式等入手，详细说明了如何在实证检验中去检查该机制的存在性以及作用力的强弱，也详细探讨了该机制的决定作用，指明杠杆率、债务美元化程度、汇率的传递率、资本品构成、产出结构、垄断利润归属等都是决定该机制作用力大小的因素。因此对这些参数的合适选择会极大地影响最优货币政策规则的选择。在本书的模型中，对这些参数的设定主要借鉴了一些研究新兴市场国家文章的数据，同时为证实汇率传递率对汇率机制的影响，分别设定了三个不同水平的汇率传递率。

在本书的开放经济的金融加速器模型中，首先证实了汇率金融加速器机制的存在，证实了该机制在非贸易部门比在贸易部门更明显。汇率传递率对该机制的作用也被证实，即随着汇率传递率的下降，汇率的金融加速器机制正逐步增强，而随着汇率传递率的上升，汇率的金融加速器机制下降得较缓慢。在该模型中，我们选择了四个具有代表性的货币政策规则进行比较，分别是固定汇率规则、标准的泰勒规则以及两个对泰勒规则的修改。本书选择了对新兴市场国而言重要的冲击，即世界价格冲击以及世界利率冲击。在这两个冲击下，分别用模型模拟了在四个不同的货币政策规则下的经济变量的表现，得出的主要结论是：即使存在着汇率的金融加速器机制，也并不意味着固定汇率优于浮动汇率，也不意味着对汇率反应要优于不对汇率反应的利率规则。究竟哪个规则更优，这要依赖冲击来源。在世界进口价格冲击下，就稳定实际部门而言固定汇率要优于泰勒规则，但就稳定通货膨胀率来讲，还是以泰勒规则等为代表的浮动汇率取胜。而在世界利率冲击下，标准的泰勒规则表现出更能稳定实际部门和通货膨胀率。这说明汇率的金融加速器机制是有限的。新兴市场大可不必因存在着债务美元化以及金融市场不完全等因素，而表现出汇率浮动恐惧症。汇率是否应当维持稳定？对此我们应当考虑冲击来源。当新兴市场更多地和国际金融市场联合，当利率变动比价格变动更频繁时，保持国内利率的灵活变动，而不被汇率所束缚，是更明智的货币政策规则选择。

本书的创新主要在于：第一，运用开放经济的金融加速器模型分析货币政策，弥补我国在此方面研究的空白；第二，总结归纳了不同的证明方法，证实汇率的金融加速器机制的存在性；第三，比较分析了多个开放经济的金融加速器模型，在此基础上得出这些文章结论迥异的原因，并由此得出在设计开放经济的金融加速器模型中，应当注意的关键变量；第四，总结了汇率金融加速器机制大小的影响因素，使结论更具有普遍适用性。本书分析了为何汇率的金融加速器机制的存在并不意味着固定汇率更优，并列举了与此相关的种种原因。除此之外，还指出在何种情况下，汇率的金融加速器机制会更强烈，并导致浮动汇率的优势不复存在。

目　录

第一章 引言

一、选题背景及研究意义

（一）选题背景

1．国际背景

大规模的、高频率的跨国资本流动已成为布雷顿森林体系崩溃以来世界经济的一个显著特征，特别是自20世纪90年代以来，美国等发达国家在全球范围内倡导金融自由化，与此同时，广大发展中国家也逐渐加快了金融市场对外开放的步伐。虽然受金融危机的影响，发展中国家对资本流动的开放采取了更谨慎的态度，但总体来讲开放的程度正在逐步加深。图1－1显示了不同经济体的国际资本流动的增长。

虽然受2007年次贷危机的影响，资本流入规模发生急剧下降，但从图1－2可以得知，到了2010年流入到新兴市场国的私人资本从规模上还是超过了2005年。

资本项目开放后，包括货币政策在内的宏观经济政策必须要做出调整。对此，讨论最多的恐怕是“三难选择”。因为对任何一个经济实体而言，它通常要寻求三个货币金融目标：其一，拥有独立的货币政策，以便能应对通货膨胀或经济衰退等国内问题；其二，维持较稳定的汇率，以便消除由币值波动引起的不确定性及金融震荡；其三，确保货币的完全可兑换性，以便通

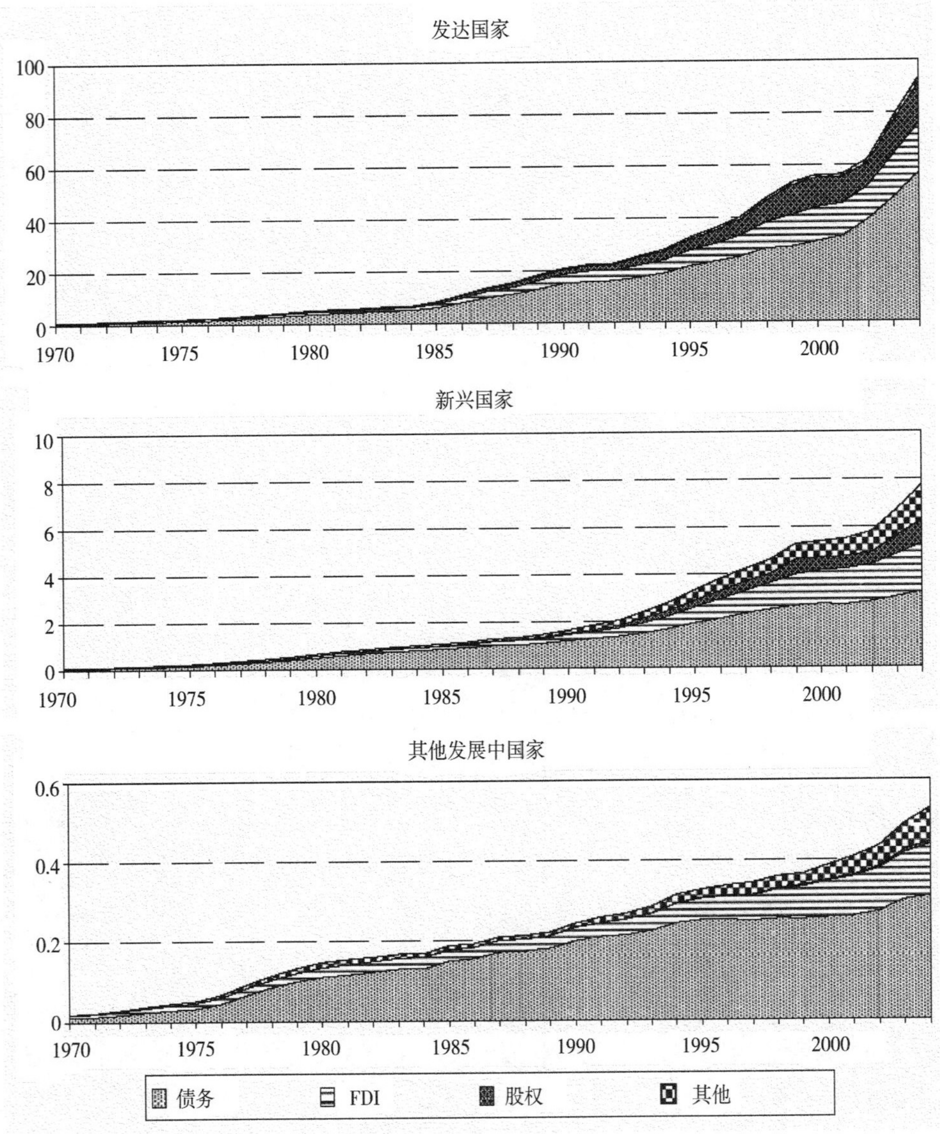

图 1-1　1970~2000 年国际资本流动增长

资料来源：Kose M. A.，Prasad E.，Rogoff K.，Shang-Jin Wei. Financial Globalization：A Reappraisal. NBER，Working Paper 12484，2006.

过资本自由流动获取资源全球配置的好处。然而，根据传统的观点，这三个目标在逻辑上和操作上却是相互矛盾的。

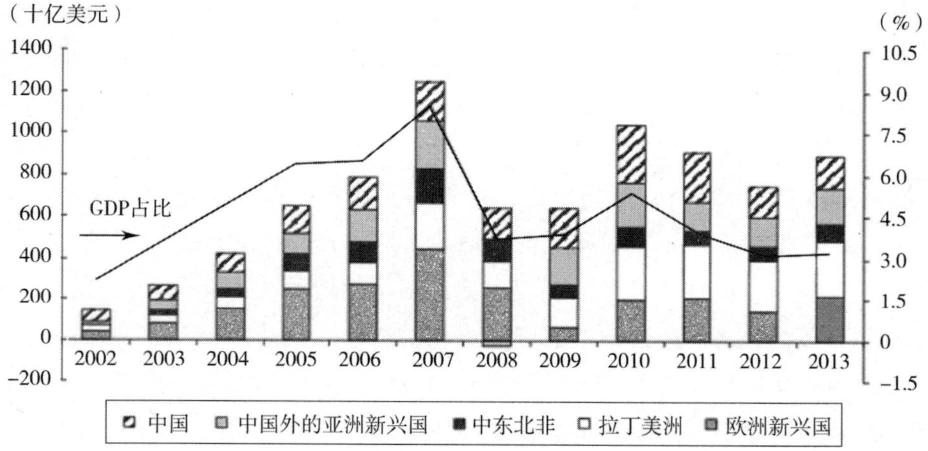

图1－2 2002～2013年流入新兴市场国的私人资本

资料来源：Institute of International Finance. October Capital Flows to Emerging Market Economies，2012.

根据传统理论，面对这三个目标，经济体最多可以同时实现其中的两个，也即以牺牲其中一个为代价。如果采取对跨国资本流动越来越宽容的政策，经济体只有两个选择：或者是放弃独立的货币政策，或者是舍弃稳定汇率所带来的好处。在两者之间当如何选择，这要看经济体的自身特征。如果经济体的中央银行难以实施独立而可信的货币政策，经济体放弃独立货币政策的代价并不算太大，那么这类经济体会选择维持稳定汇率。遵循这样的思路，东欧国家选择加入欧元区作为出路，阿根廷等国实行货币局制来确保币值的稳定，而厄瓜多尔则完全放弃本国货币实行美元化。这三种做法都被认为是解答“三难选择”的一个角解。这个角解不仅被发展中国家所青睐，即使像意大利这样的工业国，也放弃了独立的货币政策，加入货币区。另外一个角解是实行浮动汇率，从而可以满足追求独立货币政策的要求。但是正如Calvo和Reinhart（2002）指出的，名义上公布实施浮动汇率的国家很多都表现出了“浮动恐惧症”。可见引进浮动汇率制并不能如期圆满解决“三难选择”

问题[①]。Obstfeld（2004）提到对于新兴国家，国际资本流动带来的美元化现象使这些国家无论是选择固定汇率还是选择浮动汇率，都不能如意地解决资本项目开放引起的困难，事实上关于资本项目开放所引发的宏观经济问题，Mishkin 和 Savastano（2000）给了我们启发，他们认为思考的重点不应当放在汇率制度的选择上，而应该是货币政策的选择。那么应当如何从货币政策角度来解决新兴国家由资本项目开放所带来的问题呢？

可以想象，资本项目开放条件下的货币政策选择不同于封闭经济。正如 Guender 和 Tam（2004）所指出的，在封闭经济中合适的规则放在开放经济下则不一定继续合适。在封闭经济中通货膨胀和产出的波动性是关键，不需考虑汇率问题，但在开放经济下汇率就成了必须要关注的问题，此外，在资本项目开放的经济体中还要考虑资本流动的波动性以及国外利率的作用。20 世纪在新兴国家频繁发生的金融危机告诉我们，在资本项目开放后，新兴国家的货币政策选择远比发达国家复杂得多。

2. 国内背景

资本项目开放包括两个层面：一是实现人民币的资本项目的可兑换；二是对资本实体交易放松管制[②]。从这两方面看，实现资本项目开放一直是我国的目标。1993 年 11 月 14 日，中共十四届三中全会通过的《中共中央关于建立社会主义市场经济体制若干问题的决定》明确要求，“改革外汇管理体制，建立以市场供求为基础的、有管理的浮动汇率制度和统一规范的外汇市场，逐步使人民币成为可兑换货币”。2003 年，中共十六届三中全会通过《中共中央关于完善社会主义市场经济体制若干问题的决定》进一步明确，“在有效防范风险的前提下，有选择、分步骤放宽对跨境资本交易活动的限制，逐步实现资本项目可兑换”。2010 年 10 月，中共十七届五中全会决定，将“逐步实现资本项目可兑换”目标写入“十二五”发展规划。

---

① 有不少文章否决了这种角解理论或中间空洞理论观点，如 Williamson J. Exchange Rate Regimes for Emerging Markets：Reviving The Intermediate Option. Policy Analysis in International Economics. Institute for International Economics，2000；Velasco A. Exchange – Rate Policies for Developing Countries：What Have We Learned? What Do We Still Not Know? United Nations Conference on Trade and Development，G – 24，Discussion Paper Series，No. 5，2000. 对角解理论的检验可见 Masson P. Exchange Rate Regime Transitions. IMF，Working Paper 00/134，2000。

② 见第二章的分析。

改革开放以来，我国渐进式推进资本账户开放。从资本项目的可兑换性看，按照国际货币基金组织 2011 年的《汇兑安排与汇兑限制年报》，目前我国不可兑换项目有 4 项，占比 10%，主要是非居民参与国内货币市场、基金信托市场以及买卖衍生工具。可兑换项目有 22 项，占比 55%，主要集中在债券市场交易、股票市场交易、房地产交易和个人资本交易四大类。基本可兑换项目 14 项，主要集中在信贷工具交易、直接投资、直接投资清盘等方面（见表 1－1）。

表 1－1 我国资本项目可兑现性明细表

	不可兑换	部分可兑换	基本可兑换	完全可兑换	合计
资本和市场交易	2	10	4	—	16
衍生工具和其他工具	2	2	—	—	4
信贷工具	—	1	5	—	6
直接投资	—	1	1	—	2
直接投资清盘	—	—	1	—	1
不动产交易	—	2	1	—	3
个人资本流动	—	6	2	—	8
小计	4	22	14	—	40

资料来源：中国人民银行调查统计司课题组．我国加快资本账户开放条件基本成熟．中国证券报，2012－02－23.

资本流动规模常用以测量实质性的资本项目开放程度①。从该指标可看出我国自 2001 年以来资本开放程度在加大。图 1－3 显示了我国资本流动规模的变化。

2002 年以来，我国资本账户开放步伐明显加快。2002～2009 年，我国共出台资本账户改革措施 42 项。其中最引人注目的或许是引进了合格境外投资者制度（QFII 制度）。截至 2011 年底，国家外汇管理局累计批准 110 家 QFII 机构共计 216 亿美元的境内证券投资额度，QFII 机构累计汇入投资资金 205 亿美元，累计汇出资金 44 亿美元，累计净汇入资金 161 亿美元（见图 1－

① 见第二章的分析。

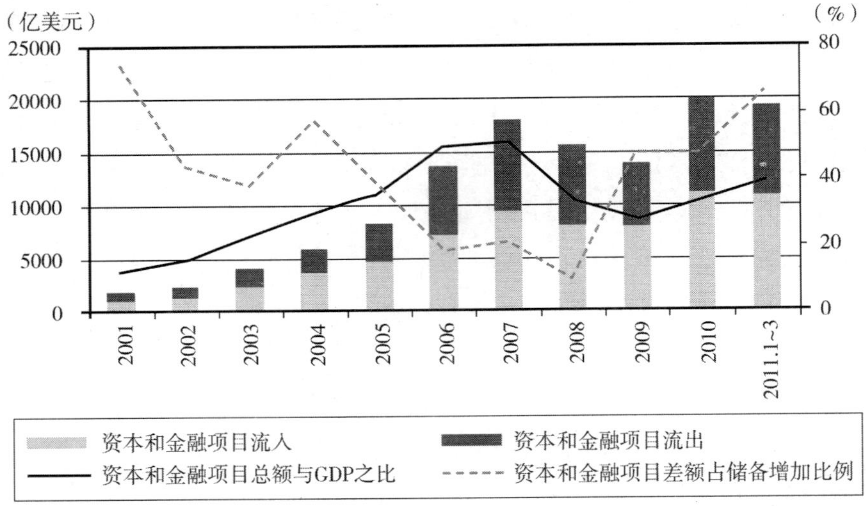

图 1－3　我国资本和金融项目资金流动情况

资料来源：中国人民银行网站。

4）。2004 年开始，又推出合格境内投资者制度（QDII 制度），我国逐步允许境内机构和个人通过境内金融机构投资境外资本市场，先后允许保险公司、社保基金、银行、保险公司和证券机构用自由外汇投资境外金融产品。截至 2011 年底，国家外汇管理局累计批准 96 家 QDII 机构境外证券投资额度共计 749 亿美元，QDII 机构累计汇出资金 915 亿美元，累计汇入资金 624 亿美元（含投资本金及收益），累计净汇出资金 290 亿美元（见图 1－5）。2012 年中国人民银行调查统计司课题组（2012）撰写的一份报告认为，我国加快资本账户开放的条件基本成熟。2012 年，中国人民银行行长周小川进一步解释，“中国尚未实现但不拒绝资本项目可兑换”。

随着我国融入国际资本市场的程度不断加深、广度不断扩大，外来冲击对我国国内经济影响日益加大。资本流入的冲击、国际利率的冲击、国家风险溢价的冲击、市场预期的冲击等都会危害国内经济的稳定、健康运行，甚至引发货币危机、金融危机、社会危机，这是我们从新兴市场国的经历所看到的。因此如何从宏观政策角度缓和冲击影响，稳定经济，避免危机，也是我国政府应当正视的任务。事实上我国政府在渐进地开放资本项目的同时，也推行了许多改革措施，目的是为了提升我国经济对各种冲击的抵御能力。

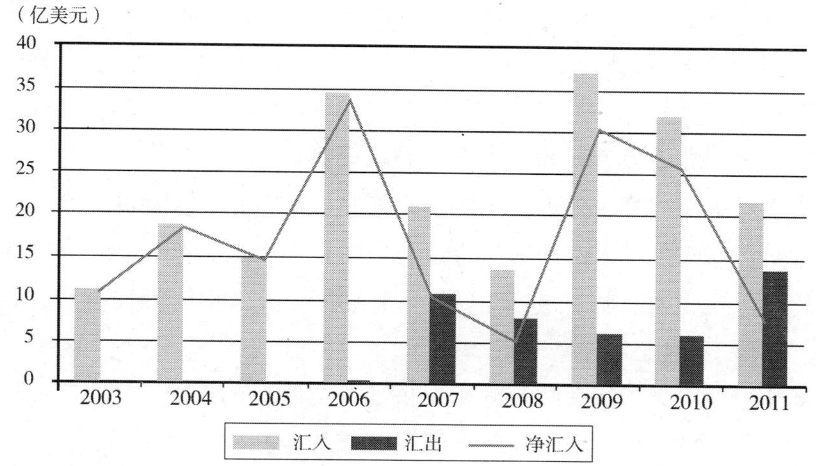

图 1－4　2006～2011 年 QFII 资金汇出、汇入情况

资料来源：国家外汇管理局网站。

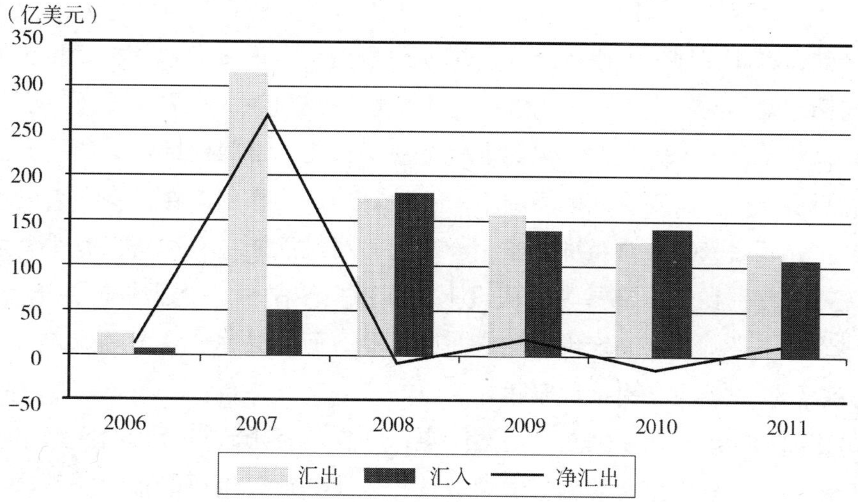

图 1－5　2006～2011 年 QDII 资金汇出、汇入情况

资料来源：国家外汇管理局网站。

如推行汇率改革，提高金融监管能力，推进商业银行改革，引进商业银行战略投资者等。作为宏观政策的重要组成部分，货币政策更是应当积极地做出调整，以适应金融全球化背景下的稳定经济的需要。

（二）理论意义

1. 运用新凯恩斯理论框架来分析货币政策

本书对货币政策的分析是在新凯恩斯主义的理论框架中进行的，更准确地讲，是在考虑了新兴市场国独特性的新凯恩斯主义框架即金融加速器模型中进行的。运用新凯恩斯主义框架分析货币政策，使分析具有较强的理论基础。

新凯恩斯主义为货币政策分析提供了非常实用的框架，在这个框架内可以进行货币分析、通货膨胀和经济周期关系的分析，并评估不同的货币政策规则，因此本书尝试在新凯恩斯主义的理论框架下分析货币政策。

新凯恩斯主义将凯恩斯主义的成分融入进了一般动态均衡框架，和其他理论相比有自己鲜明的特点。首先，不同于早期传统的凯恩斯模型，它们的均衡条件是根据经济体的最优活动推导出来的，因而它具有强有力的微观经济基础，因此在理论上比传统的凯恩斯模型更具有说服力。其次，和实际经济周期理论不同，它不需引入实际冲击就可以说明经济的周期运行。实际周期理论强调市场的完全性，因此也就重视来自实际部门的冲击，如技术的扰动。新凯恩斯主义则重视市场的不完全性对经济的作用，在模型中引入价格粘性，强调名义扰动对经济的作用。最后，新凯恩斯主义和新古典主义之间的关键性差别在于价格行为的假设上。新古典主义强调企业是价格接受者，新凯恩斯主义则假定制定价格的是垄断企业，而不是完全竞争企业，从这点来讲，新凯恩斯主义更接近实际。

正因为新凯恩斯主义具有上述特点，现在的货币政策分析的文献中有许多是运用新凯恩斯主义的分析框架。首先，比其他理论更能指明货币非中性的来源。自 20 世纪 80 年代后期以来，一连串的实证研究表明货币政策对实际经济部门的短期表现有重要影响①。传统凯恩斯主义将货币的影响归因于通货膨胀税。但不幸的是，通货膨胀税对经济的影响在数量上是非常有限的，因此传统凯恩斯主义不能为实际经济的货币非中性提供有力的解释。相对照的是，新凯恩斯主义强调名义刚性是货币非中性的来源，该理论从企业的定价行为、市场的不完全性等角度说明了货币冲击会影响实际部门。其次，新凯恩斯主义将微观经济体的行为引入到框架中，方便了从效用角度进行福利分析，从而为不同的货币政策规则比较提供优劣排序标准。再次，它包含了前瞻性预期假设，这一点以及价格粘性的假设，使新凯恩斯主义的模型更接近实际。最后，新凯恩斯主义框架是一个一般动态均衡模型，在此架构下进行实证分析更容易。

2. 将资本项目开放的分析更全面融入开放经济的新凯恩斯模型

本书不仅在新凯恩斯主义的模型框架中进行货币政策分析，而且所运用的理论模型，比起其他的新凯恩斯主义模型，更多地考虑了资本项目开放的作用。因为，总体来讲，国际资本流动在开放条件下的新凯恩斯主义模型中没有得到充分的重视。开放经济的新凯恩斯主义模型对资本项目开放的忽视可以体现在以下几点。

（1）资本项目开放引起的对外净资产对宏观经济的重要作用，在新凯恩斯主义的开放模型中没有得到重视。Obstfeld 和 Rogoff（1995）建立的 REDUX 模型，以厂商和家庭最优行为为基础，融入了名义价格粘性和不完全

① 同类文章包括：Bernanke B. S. and Blinder A. S. The Federal Funds Rate and the Transmission of Monetary Policy. American Economic Review，1992，82（4）；Bernanke B. S. and Mihov I. Measuring Monetary Policy. Quarterly Journal of Economics，1998，113（3）；Christiano L. J.，Eichenbaum M.，Evans C. Monetary Policy Shocks：What Have We Learned and to What End. NBER，Working Paper 6400，1998；Gali J. How Well Does the IS/LM Model Fit Post – war U. S. Data. Quarterly Journal of Economics，1992，107（2）；Leeper E. M.，Sims C.，Zha C. What Does Monetary Policy Do. Brookings Papers on Economic Activity，1996，27（2）；Romer C. and Romer H. Does Monetary Policy Matter? A New Test in The Spirit of Friedman and Schwartz. NBER，Macroeconomics Annual，1998；Bernanke B. S.，Gertler M.，Watson M. Systematic Monetary Policy and the Effects of Oil Price Shocks. Brookings Papers on Economic Activity，1997。

竞争，被认为是新凯恩斯主义运用于开放经济的先驱①。虽然 REDUX 模型本身包含了对外净资产的作用，但它的后续者却放弃了该因素在模型中的地位②。在 REDUX 以后的新凯恩斯主义模型通过假设国内商品和国外商品的替代弹性为 1，以及假设金融市场的完全性，将经常账户余额始终保持为零，从而忽略了资本项目开放的影响，只留下一个无套补利率平价，以此提醒读者这是个资本项目开放国③。如 Corsetti 和 Peseenti（2001），尽管讨论了外币资产的积累，但是他们假设了国内商品和国外商品的消费替代弹性为 1，并假设初始的外币资产为零。这些假设保证了经常项目余额和国际借贷两个变量维持不变，从而使外币资产的积累在冲击调整中并不发挥作用。为了确保分析的是经常项目余额为零的情况，许多新凯恩斯主义模型假设资产市场具有完全性。这样的做法有 Parrado 和 Velasco（2002）、Benigno（2004）以及 Chung 等（2007），他们假设资产市场完全，来确保经常项目余额始终为零，从而保证经常项目并不对冲击有所反应④。但正如 Duarte 和 Stockman（2005）、Benigno 和 Thoenissen（2008）以及 Corsetti 等（2008）所说，如果要解释在金融领域中的重大问题，建模时就应当包括市场的不完全特征。那么如何才能在模型中分析对外净值的作用，同时又保证模型收敛于稳定解？方法一，如 Ghironi 和 Rebucci（2002）以及 Ghironi（2008）那样建立代际交替模型，引进人口因素。方法二，将外币资产的持有纳入国家风险溢价的决

① 一些学者提出了判断新凯恩斯主义模型的依据，如 Clarida R.，Gali J.，Gertler M. Monetary Policy Rules and Macroeconomic Stability：Evidence and Some theory. Quarterly Journal of Economics，2000，115（1）；给出了两个标准，即个人最优活动的微观基础和价格粘性，根据这样的判断标准，REDUX 是新凯恩斯主义模型。但其他学者文献（卡尔·沃什．货币理论与政策．周继忠译．上海财经大学出版社，2004）提出了另三个特征，即忽略资本存量内生性变动、面临卡沃形式价格粘性的垄断竞争厂商和制定名义利率规则的货币政策，依据这一标准 REDUX 算不上是新凯恩斯主义模型。本书的讨论沿用的标准依据 Clarida R.，Gali J.，Gertler M. Monetary Policy Rules and Macroeconomic Stability：Evidence and Some theory. Quarterly Journal of Economics，2000，115（1）。

② 这样的原因主要是为重新获得模型的稳定解，因为 REDUX 模型的稳定状态被识别出是不确定的，对此见 Ghironi F. The Role of Net Foreign Accest in a New Keyneisan Small Open Economy Model. Journal of Economic Dynamics and Control，2008，32（6）。

③ 经常项目余额为零并不表示资本项目的作用被排除了。但由于这些模型中不考虑资本项目的结构，因此资本项目余额为零的假设就不再给资本项目提供活动的空间了。

④ 对此的讨论可以见 Obstfeld M. and Rogoff K. New Directions for Stochastic Open Economy Models. Journal of International Economics，2000，50（1）。

定方程之中。这样的做法有 Mendoza 和 Uribe（2000）、Schmitt - Grohe’和 Uribe（2001）、Kollmann（2002）、Senhadji（2003）[①]。方法三，和方法二类似，也将外币资产的持有头寸作为纳入这一变量的决定方程中，但不是国家风险溢价，而是能体现金融摩擦的证券交易成本。使用这种方法的有 Laxton 和 Pesenti（2003）以及 Benigno（2004）。此外，还有的模型通过对效用函数、贴现值等的特定假设来实现收敛[②]。

（2）在生产函数中缺失资本，从而使国际借贷的作用被忽视。在 REDUX 模型中，生产函数只有劳动一个决定变量，这样和封闭经济的新凯恩斯主义模型相同，在新凯恩斯主义的开放经济模型中没有考虑资本[③]。他们这样处理的一个原因是短期产出只是由需求决定，另一个原因是为了简单化[④]。但是我们至少可以列出两个理由说明资本不应当被忽视。首先，忽视资本变量使模型不够接近实际。对于新兴市场经济体，资本流动产生投资波动已是广被接受的现实，因此在模型中不考虑外部资本显然不够接近实际。其次，模型中引入资本会修改结论，甚至得出截然相反的结论。如 Chari 等（2002）认为在模型中加入资本因素是重要的，因为正向货币冲击可以带来投资繁荣，这意味着正向货币冲击可以产生经常项目逆差，该结论恰恰和缺失资本因素的 REDUX 模型（缺失资本的模型）预测完全相反[⑤]。在新凯恩斯主义模型中，有无资本这个变量会改变利率政策缓冲冲击的能力。在 Clarida

---

① 还有一些文献也考虑了新兴市场国的国家风险，如 Chang R. and Velasco A. Monetary Policy in a Dollarized Economy Where Balance Sheets Matter. Journal of Development Economics，2001，66（2）；Moro’na E. and Winkelried D. Monetary Policy Rules for Financially Vulnerable Economies. Journal of Development Economics，2005，76（1）。但不同的是，他们将国家风险溢价和公司的投资联系起来，而不是和进入家庭预算中的债券相联系，而且他们并不考虑外币资产的净头寸。

② 具体讨论见 Ghironi F. The Role of Net Foreign Accest in a New Keyneisan Small Open Economy Model. Journal of Economic Dynamics and Control，2008，32（6）。

③ 实际周期理论模型中生产函数离不开资本，而在新凯恩斯主义模型中却是简单假设劳动是唯一的生产投入。引起两者区别的是，两个模型在解释经济波动上的差异。由于引进了不完全市场价格粘性的假设，新凯恩斯主义模型不需引入实际冲击就可以给出经济的波动原因，因此新凯恩斯主义认为忽视资本对经济波动的作用不会造成重大影响。与此相反的是，实际周期理论为了能给出接近实际数据所体现的经济波动，不得不多引进实际冲击，因此生产函数也显得更复杂。

④ 有文献提到了该原因，见 Clarida R.，Gali J.，Gertler M. Monetary Policy Rules and Macroeconomic Stability：Evidence and Some theory. Quarterly Journal of Economics，2000，115（1）。

⑤ Lane P. R. The New Open Economy Macroeconomics：A Survey. Journal of International Economics，2001，54（2）.

等（2000）的缺失资本模型中，认为利率政策在应对供给冲击时，不会产生稳定产出和稳定通胀上的冲突①，但该结论在 Kollmann（2005）与 Schmitt - Grohé 和 Uribe（2007）及包含资本的模型中，不再成立②。

（3）没有区分资本项目开放的具体项目。大量的研究开放经济的文献假设资本完全流动，并不区分资本项目开放的领域。事实上，我们知道即使像美国这样的国家也不是对所有的项目承诺无条件货币兑换。广大的新兴国家在选择开放资本项目时，更是采取谨慎的态度，对不同项目在不同的时期采取程度不一的开放态度。因此一刀切地分析资本项目开放是不现实的。此外一个更相关的原因是，不同项目的开放对经济的作用是不同的。如实证研究表明直接投资的开放有利于产出的稳定，而证券投资领域的资本开放被认为是新兴市场国产出波动的来源，对此可看附录表 C－2 和表 C－3。新凯恩斯主义的开放经济模型并未关注这种区分。事实上，我们不难发现诸多模型在涉及资本项目开放时往往偏重某一方面的资本流动。如 REDUX 模型考虑的是对国际债券市场二级市场的开放，又如 Obstfeld 和 Rogoff（2000）讨论的却是股权市场的开放。

前面已提到资本在生产函数中的缺失会改变模型的结论。事实上资本项目开放程度以及资本流动的扰动在模型分析中都是重要的。如 Loungani 等（2001）的实证检验发现资本项目开放程度能改变菲利普曲线的斜率。又如 Kollmann（2005）用实际数据和模型结构得出结论，在解释实际汇率波动和名义汇率波动方面，和资本流动有关的未抛补利率平价扰动（UIP 扰动比货币扰动）和技术扰动要重要得多。因此在解释经济波动上，忽略资本的分析是不恰当的，既然如此，在货币政策的分析中就不应当忽视资本及资本项目开放的作用。

本书针对以上的不足，在以下几个方面作出努力，为能突出新兴市场国资本项目开放对货币政策的影响。首先，沿着 Kollmann（2002）的做法，在模型中引进了风险溢价，因此相关的对外债务规模可以确定下来。在本书所

① 传统理论认为如果运用利率政策去缓解生产力冲击等供给冲击，将会产生在稳定产出和稳定通胀上的冲突。

② Blas B. Performance of Interest Rate Rules under Credit Market Imperfections. Economic Modelling, 2009, 26（3）.

提供的模型中，可以考察外债规模对经济的作用。不过本书重点分析的是信贷风险溢价[①]对经济的作用，因此突出的是资本家借贷规模对经济的影响。对于整体对外资产对经济的影响，在所提供的模型中也可进行分析，但还是留给以后的研究。其次，本书考察了国际借贷成本对经济的影响。劳动和资本是生产所需的两大要素，由此信贷特别是国际借贷的作用可以在模型中体现出来。本书假设资本的存量变动不仅从供给方面决定产出变动，而且资本的变动所涉及的流量即投资也从需求方面决定产出。此外，本书假设实际资本的生产需要外部资金，并假设外部资金以外币债务的形式被融资，这样国际信贷的作用在模型中被体现出来。最后，本书假设投资所需的信贷资金由外币资金融资，因此所分析的资本项目开放重点就放在债权市场的开放对货币政策的影响。

3. 突出资本流动在新兴市场国引发的后果

本书重点突出了在新兴市场国的资本项目开放对货币政策的影响。

从发达国家和新兴市场国的实际发展情况看，两类经济体在资本项目开放后的经历有很大差别。如资本流动在新兴市场国表现出更强烈的顺周期性，资本流动在新兴市场国更容易引发货币危机，在新兴市场国更容易发生资本流入逆转现象，资本项目开放会引发新兴市场国汇率波动、金融资产价格波动、地产价格波动、投资波动、产出波动等，而在发达国家资本项目的开放为平稳经济提供了又一渠道。

在现有的开放经济货币政策研究文献中，对此予以区分的并不多。那些运用新凯恩斯主义模型研究开放小国的货币政策的许多文章，也没有看到新兴市场国在资本项目开放以后，有许多方面不同于发达国家。已有的开放小国货币政策研究更多以发达国家作为研究对象，没有立足新兴市场国的独特表现，从而对新兴市场国的解释能力并不高。这样，许多很好的开放模型若用于分析新兴经济体，必须做出调整。如 Kollmann（2005）提供的模型和数据虽然有利于我们把握资本流动和汇率波动的关系，但要运用此模型于新兴国家的汇率波动研究，修改也是必要的。类似的还有 Svensson（2000），这个

① 风险溢价可以包括信贷风险溢价、国家风险溢价以及货币风险溢价。国家风险溢价和货币风险溢价可以决定整体对外资产或负债规模，信贷风险溢价只是规定资本家所借的债务规模。

开放小国的经典模型，若要用于新兴市场国，修改是必须的，事实上Moro'na和Winkelried（2005）的研究新兴市场国货币政策的文章，正是在Svensson（2000）模型基础上加入了汇率对风险溢价的影响，以此体现资本项目开放给新兴市场国带来的难点。

本书在这方面的贡献主要是，结合当前的实证检验结论，列举了新兴市场国在资本项目更为开放以后，所可能引发的独特经济现象，阐明这些经济现象对货币政策的影响，在此基础上寻找能和这些现象相容的货币政策分析框架，以此分析不同的货币政策规则。

二、国内外研究现状

（一）国外研究状况

近十年来，研究开放经济货币政策的文章对资本项目开放关注得并不多，对此，在上一节中我们已经予以了详细说明。在一些为数不多的注重资本项目开放影响的研究文献中，侧重点有些不一样，主要包括下面两类。

1. 资本项目开放下货币政策有效性的研究

这一类文章注重资本项目开放对货币政策执行效果的影响。从理论角度而言，这类文章并未突破传统理论的思路，只是对传统理论的承袭及发展。这类研究主要集中在蒙代尔—弗莱明模型理论（M－F模型）的运用、发展、修正和实证研究上。

（1）对M－F模型的运用。若要探讨资本项目开放给货币政策带来了什么，大家自然首先会想到这一模型理论。该理论的结论是，固定汇率制度和资本完全开放的结合使货币政策失去独立性。虽然该理论的提出较早，但影响深远，就是现在，M－F模型还被广泛运用于货币政策分析中。如Feldstein（2005）就是一例，他提到美国和亚洲货币的相对固定，以及资本在美国和欧洲之间的大规模流动，这两者共同削弱了美国利率政策的效力①。类似的运用 M－F 模型结论阐述资本项目开放对货币政策影响的文章不胜枚举，我们在此就不再赘述。

（2）对 M－F 模型的发展和修正。Obstfeld（1998）在 M－F 模型基础上，提出开放经济下对汇率稳定、资本自由流动和货币政策自主权这三个宏观目标，一国最多能同时实现两个，不能同时实现三个。Frankel（1999）用三角引力定理形象地描述并发展了该观点，指出如果一国在三角形的底边上，可以选择灵活的汇率安排同时享有一定程度的货币政策独立性②。他指出了在三种情况下独立的货币政策不是必要的③。此外，也有文章将货币政策的新渠道加入到 M－F 模型中，如 Wu（1999）以及 Ramirez（2001，2004），他们将信贷渠道加入进 M－F 模型，以此分析比较货币政策的有效性。

（3）对 M－F 模型结论的实证检验。Rose（1996）可能是对此模型进行实证检验研究的先驱，文章运用了 22 个国家在 1967～1992 年的数据，检验表明 M－F 模型所认为三者之间的冲突并不存在。Calvo 和 Reinhart（2002）对那些公开宣布实施浮动汇率的国家进行实证研究，认为即使在浮动汇率制度下货币政策的独立性也是受到限制的，而不像 M－F 模型所讲的浮动汇率可以确保货币政策的独立性。另外，又有 Bordo 和 Flandreau（2003），认为即使在经典的金本位制度下经济体也可享受相当大程度的货币政策独立性，不像 M－F 模型所强调的固定汇率制度意味着独立货币政策的丧失。Eichengreen（1996）立足于金本位制、布雷顿森林体系以及现在的浮动汇率体系这三个国际货币体系，阐述了 M－F 模型结论在三个国际货币体系中的表现。对此，Obstfeld 等（2004）利用了超过 130 年的数据，对三个国际货币体系中的 M－F 模型结论的表现进行了计量检验，检验最后得出的结果是，M－F 模型结论对开放条件下的宏观政策的安排有指引作用。

① 其实，角点理论也是该理论的运用，用该理论的结论去解答汇率政策选择问题。

② 底边表示完全的金融一体化，顶角是完全的资本控制，两个底角分别是完全的浮动汇率和货币联盟。

③ 第一种情况是，各国贸易自由，边际进口倾向高，此时开放是自动的稳定器，减少了人为干预经济的必要性；第二种情况是，在国家之间存在着劳动力的自由流动；第三种情况是，各国财政政策及政治取向具有一致性。

和上述分析框架有所不同的是 Woodford（2007）。他利用 Clarida 等（2002）建立开放经济的新凯恩斯主义模型，回答了金融全球化下货币政策是否还能控制国内通胀动态的问题。通过研究 IS、LM 以及 AS 曲线方程如何受金融市场、商品市场和劳动力要素市场全球一体化的影响，得出结论：即使程度很高的全球化也不大可能削弱一国中央银行控制通胀动态的能力。

2. 资本项目开放下货币政策规则选择的研究①

重视资本项目开放对货币政策规则影响的文章只是在最近 10 年才出现。而且这类的研究主要源于新兴市场国在资本项目开放实施后，多有发生货币危机、金融危机等现象。这样，如何在这些国家实施货币政策被重视起来。这些研究自然会关注新兴市场国的资本项目开放，因为事实让我们看见资本项目的开放带来了危机。确切地讲，这些文献大多研究资本项目开放是否会修改新兴市场国的最佳货币政策规则。在这些研究中学者们看重的是资本项目开放在新兴市场国引发的特有经济现象，包括债务外币化（或原罪论）、金融市场的信息不对称问题严重、资本流入的突然逆转等。这类文章在理论上有所突破，在模型中引进了金融市场的不完全性，能较好解释新兴市场国的经济不稳定性。

（1）强调资本项目开放给新兴市场带来债务外币化，从而影响货币政策。Mishkin（2000）针对新兴市场国在资本项目开放后较普遍的债务美元化现象，指出高度的债务美元化会减少通货膨胀目标钉住制的可行性。因为债务美元化的国家有强烈的动机去稳定汇率，因此市场就有理由怀疑中央银行并不是在钉住所承诺的通货膨胀目标，而是在钉住汇率，通货膨胀目标钉住制所要求的信誉因此被破坏。Gertler 等（2003）则指出受债务美元化影响，汇率的作用机制发生了改变，在这些国家本币贬值可能会表现出紧缩效应。

---

① 过去对此的讨论更多的是分析资本开放后的汇率制度选择，如 Céspedes L.，Chang R.，Velasco A. Balance Sheets and Exchange Rate Policy. American Economic Review，2004，94（4）；Ghironi F. and Rebucci A. Monetary Rules for Emerging Market Economies. IMF，Working Paper 02/34，2002；Chang R. and Velasco A. Fear of Floating and Domestic Liability Dollarization. Emerging Markets Review，2005，6（3）。但是 Mishkin F. and Savastano M. Monetary Strategies for Latin America. NBER，Working Paper 7617，2000 认为对最佳货币政策的讨论应当将焦点放在货币政策而不是汇率安排上。

考虑到汇率在这样背景中的特殊作用，货币政策应当顺周期还是逆周期、货币政策规则应当放松汇率稳定还是应当加强汇率稳定，这些问题的回答和过去都会不一样。对这些问题做出了回答的文章有 Chang 和 Velasco（2001）、Ghironi 和 Rebucci（2002）、Gertler 等（2003）、Cook（2004）、Céspedes 等（2004）以及 Moro'na 和 Winkelried（2005）。这些文章多建立了一般均衡的动态模型，使用新兴市场国数据对模型进行校准，比较不同的货币政策规则，如 Ghironi 和 Rebucci（2002）用阿根廷的例子、Cook（2004）用韩国的数据。

（2）针对新兴市场国的资本逆转现象，分析资本项目开放对货币政策的影响。Calvo（2006）考虑了新兴国家在资本项目开放后面临的资本逆转现象，指明资本逆转的发生削弱了中央银行的最后贷款人功能。针对资本逆转源于债务美元化现象，他强调为提高货币政策独立性，新兴国家应当消除债务美元化现象，并指出在资本突然逆转时，政府应当暂时放弃通货膨胀目标，转向汇率稳定。Fraga（2003）在讨论新兴经济体的通货膨胀目标制时，强调了资本逆转是导致新兴国家通货膨胀波动大的主要原因。与此相仿的是 Favero 和 Giavazzi（2004），在分析实施通货膨胀目标制的新兴经济体为什么会难以控制通货膨胀率时，提到了资本流出的作用。他们阐述政府财政恶化带来国家风险溢价上升，同时引发资本逆转以及本币贬值，最后会带来通货膨胀率的上升。

（3）针对国际资本市场信息不对称，分析新兴市场国资本项目开放给货币政策作用带来的难处。Huybens 和 Smith（1998）运用 Dimond 的新古典增长理论，表明当外国居民可以对本国居民提供贷款以及存款，但同时外国对本国的实际情况了解又存在高昂的成本，在这样的背景中经济对冲击的反应。国际资本市场的信息不对称引起经济对冲击的反应有别于信息完全的情况，在新兴市场的货币政策分析中考虑到这一点的还有 Gertler 等（2003）、Cook（2004）、Céspedes 等（2004）、Devereux 等（2006）。

（二）国内相关研究状况

由于我国资本项目开放的步伐在加快，因此研究资本项目开放和货币政策关系的文章出现不少。这些文章从内容上大致可以分为三类。

（1）运用M－F理论阐明资本项目开放对货币政策有效性的冲击。我国学者大多运用M－F理论来指明我国货币政策的难点。高新宇（2007）利用该观点提出，固定汇率和资本自由流动的结合冲击了货币政策的独立性，因此应当实现汇率制度改革，建议实行汇率目标区制度等。祝国平和张伟伟（2012）改变了传统的从需求角度分析M－F模型，转向从供给角度分析要素的国际流动对货币政策的影响。同样，以使用宏观的M－F模型为理论基础分析货币政策的有杨夏和陈彦（2005）、王丽萍和龙敏（2006）、杨蓉（2007）、叶伟春（2009）。也有学者试图透过修改M－F理论假设来发展该理论。黄余送和梅鹏军（2007）放松了M－F模型的小国假设，分析了浮动汇率制度下大国经济的最佳政策组合。肖才林（2005）区别了股票市场和债券市场的开放，将股票市场的开放纳入M－F模型，结果得出了结论"浮动汇率并不能保证货币政策的有效性"。此外也有学者对M－F模型的理论进行了实证检验，如和萍（2006）对中国资本流动程度和中国货币政策独立性进行回归检验，认为中国的实践支持了M－F模型的理论观点。

（2）实证检验分析开放经济下我国货币政策的独立性、有效性、内生性等。如朱钟棣（2010）利用VAR模型，运用宏观模型表明长期经济开放度增加会削弱货币政策的有效性。王三兴（2011）构建了一个包含外汇储备增加的国内市场利率决定模型，并采用递归的SVAR模型来分析国际利率和外汇储备增加对国内利率的动态冲击效应，说明了中央银行的货币冲销有效性和国内货币政策的独立性。李勇等（2011）建立SVAR模型来考察我国通胀、资产价格及货币政策间关系。黄武俊（2010）在AS－IS－LM模型，建立回归模型检验经济开放度对货币政策产出效应和价格效应的影响，认为金融开放度对货币政策的影响主要通过金融市场的作用更直接更快地表现出来，国际资本流动程度的加大和中央银行外汇资产的积累直接影响中国货币政策的传导机制、效能和独立性。另外，也有不是研究开放经济背景下有关货币政策的实证检验，虽然名为开放经济的模型，多是强调贸易项目开放，而对于我们所强调的资本项目，模型中并未涉及或者并不明显①。

（3）分析资本流入和流出对我国货币供应量的影响。如姚枝仲和张亚斌（2001）、杨胜刚和刘宗华（2001）、周晓明和朱光健（2002）、王伟强（2007）、林楠（2010）。这些研究认为我国的资本流入可以通过三个途径作用于我国的货币供应总量：其一，在汇率干预的需要下通过外汇占款直接改变基础货币；其二，通过改变外汇银行的超额准备金从而使货币乘数受资本流入的影响；其三，直接投资形式的资本流入通过人民币配套资金间接作用于货币供应量。

（4）分析货币替代对货币政策的影响。资本项目开放在发展中国家可能引发货币替代现象，因此我国学者从这个角度研究资本项目开放对货币政策的作用。如王国松和张鹏（2001）、杨代新（2004）。不过随着我国人民币在国内以及国际上的地位不断提高，货币替代现象提得少了，因此这方面的研究也就逐渐减少了。

此外，也有学者在介绍通货膨胀目标制中分析了资本项目开放对货币政策的影响。如肖曼君（2006）在讨论通货膨胀目标制时强调了发展中国家资本流动的作用。针对巴西、捷克、波兰和南非这四个典型的实施通货膨胀目标制的新兴市场国家，她发现四个国家在实施通货膨胀目标制过程中都出现了较大的通货膨胀目标偏离，并认为造成较大偏离的因素有国内和国外的冲击。最常见的外部冲击就是因投资人预计新兴市场国家的风险，改变投资计划而引起的资本流动的变化，并指出汇率波动以及经常和资本项目的明显开放是偏离期的重要表现。

以上学者的研究基本上都是在宏观经济模型的框架中进行分析的，模型中各参数之间的关系式缺少微观基础。王胜（2005）打破了这种局面，他在新凯恩斯主义模型中加入了资本因素，这样深度的理论分析在我国并不多见。可惜的是他没有强调新兴市场国的特点，而且他所进行的分析也只是限于国

① 这些文章如卞志村、孙俊：《开放经济背景下中国货币财政政策的非对称效应》，《国际金融研究》，2012（8）。他们通过构建多变量的马尔可夫区制转移向量自回归模型检验了开放经济条件下我国货币财政政策的非对称效应。又有王立勇、张代强、刘文革：《开放经济下我国非线性货币政策的非对称效应研究》，《经济研究》，2010（9）。他们建立了开放条件下的 VAR 和 LSTVAR 模型进行非线性检验后发现，我国货币政策具有非线性特征。

际借贷这种形式的资本流动。侯克强和陈万华（2010）也将随机动态一般均衡模型应用到开放小经济体的理论框架下，他们建立在 Monaceli（2005）的模型基础上，事实上该模型中的无抵补套利假设的是金融市场的完全，并不符合新兴市场国的特征。金成晓和马丽娟（2011）利用开放经济的 DSGE 模型分析了货币政策的就业效应，在该模型中资本开放的特征也并不明显。

（三）国内外研究评价

对于国外研究，首先我们可以看到，在开放经济的货币政策研究中，对资本项目开放的重视程度不够。在新凯恩斯主义的开放经济模型中，没有重视资本项目开放程度、资本项目开放广度对货币政策的影响，这在前面我们已经详细说明了。其次我们还看到，在相关的货币政策研究文献中，关注到资本项目开放的文章基本上沿着两个思路进行分析。一个思路是沿着传统理论，或对 M－F 理论予以实证检验，或对此理论予以发扬光大，或运用新理论观点对此进行修修补补力图使之显得更完美。这类研究没有看到新兴市场国资本项目开放和发达国家有许多不同的地方，难以适用于新兴市场国。另一个思路则是重视新兴市场国资本项目开放所带来的特殊经济现象，如债务美元化等，研究这些现象下的货币政策规则。为此，这些研究多运用最新的理论研究成果，也结合最新的实证检验结论，为本书的分析提供了很好的帮助。

是即使对于沿第二个思路进行考察的文章来讲，也存在着诸多尚待改进、引发思考的地方。首先，这些文章的结论依赖模型假设，文章的结论甚至依赖一些细节设计。这样经个别国家校准的模型分析所得的结论就不能为其他国家所使用。我们发现这些文章虽然在考察债务美元化以及信贷市场时，模型的安排以及假设都很相近，但是结论却有很大差异，有的主张汇率当浮动，有的主张汇率当固定。经过研究，本书发现这些结论的差异源于模型的不同设定，如有的假定垄断利润归工人所有，有的设定垄断利润归资本家所有，这样，这些文章的分析因为具有特殊性而难以在广大新兴市场国推广。其次，这些文章虽然提到了汇率的金融加速器机制的存在，但给出存在性证明的并不多，因此文章显得不够严谨。再次，这些文章没有考察汇率的金融加速器机制的决定因素，在这方面的研究缺乏理论深度。针对资本项目开放下的新兴市场国的特殊性，这些文章不约而同都指出了经济中存在着汇率的金融加速器机制，并说明这样的机制会改变最优货币政策规则的选择，但是对于汇率的金融加速器机制受哪些因素影响，并没有做出分析。因此这些文章的结论难以推广。最后，虽然这类文章出现已有不少，但对此做出比较评价的文章还没有。事实上我们可以从这些文章的总结评价中得出设计模型的关键因素，在此指导下建立更合理的模型，作为货币政策分析的平台。

对于国内在此方面的研究，应当说我国学者的研究水平和外国学者相差太远。虽然对于开放经济的货币政策研究，我国已有一些文章运用新凯恩斯主义的分析框架，讨论最优货币政策规则选择，这些文章在理论研究水平已经靠近国际研究水平。但是资本项目开放对新兴市场国货币政策的影响，我国的研究多停留在对 M－F 模型的运用及修改上，无论是实证检验还是理论分析，基本上都是如此。在少数运用微观模型的文章中，或者模型本身的稳定状态有缺陷，如王胜（2005）运用了 Obstfeld 和 Rogoff（1995）建立的 REDUX 模型，在生产函数中加入了资本，但这样的加入会产生稳定状态的不确定问题；或者缺少资本分析，如黄明皓（2010）虽利用 Sutherland（1996）的方法引入了证券交易成本，克服 REDUX 模型在稳定状态上的不足，但是生产函数中缺少了资本；或者资本项目开放的特征并不明显，如金成晓和马丽娟（2011）开放经济的 DSGE 模型；更多的是欠考虑新兴市场国的特征，如侯克强和陈万华（2010）。

（四）本书的创新

针对上面的不足，本书在以下几方面做出努力：

（1）运用开放经济的金融加速器模型分析货币政策，弥补我国在此方面研究的不足。对于金融加速器模型，我国学者已有介绍并运用。首先，杜清源和龚六堂（2005）的 RBC 模型引入了金融加速器机制来分析金融信贷市场中存在的信息不对称对经济所造成的影响。在这之后更多的学者如崔光灿（2006）、耿强和章雳（2010）、汪川等（2011）、武康平和胡谍（2011），建立了随机动态一般均衡模型，分析资产价格特别是房地产价格、汇率波动、信贷等对中国经济的作用。对中国的金融加速器效应的文章也不少，如赵振全等（2007），该文章证实了在中国存在着金融加速器效应。但是利用开放的金融加速器模型来分析货币政策规则的还不多。

（2）总结归纳了不同证明方法，证实汇率的金融加速器机制的存在性。并且，在本书的模型中证实了在非贸易部门存在着汇率的金融加速器机制。

（3）比较分析了多个开放经济的金融加速器模型，在此基础上得出这些文章结论迥异的原因，并由此得出在设计开放经济的金融加速器模型中，应当注意的关键变量。

（4）总结了汇率金融加速器机制大小的影响因素，使结论更具有普遍适用性。本书分析了为何汇率的金融加速器机制的存在并不意味着固定汇率更优，列举了与此相关的种种原因。除此之外，还指出在何种情况下，汇率的金融加速器机制会更强烈，并导致浮动汇率的优势不复存在。

三、研究方法和本书结构

（一）研究方法

本书所运用到的研究方法主要有：

1. 理论和实践相结合

在实践上，首先总结发展中国家资本项目开放的状况，指出在设计货币政策规则时应当考虑的一些现象，如资本流动的强顺周期性、资本逆转、债务美元化、货币错配、金融市场不完全等。在此基础上寻找合适的理论框架，指明开放经济的金融加速器模型较其他理论模型能更好地融合这些现象。为此，本书运用了大量篇幅阐述了开放经济的金融加速器模型，详细分析了汇率的金融加速器机制的表现及影响因素。

2. 定性分析和定量分析相结合

对于模型的分析，运用动态规划、对数线性近似等数学工具，研究经济中有代表性的居民个体最优问题；在消费者预算约束、生产者技术约束、资本家资金约束、借贷者信息约束等条件限制下，求解出经济中所需要满足的均衡条件，并考察外生冲击对变量的影响。对于影响汇率的金融加速器机制作用因素，利用数学表达式定性分析这些因素对汇率金融加速器机制大小的作用方向。但对于汇率传递率这个因素的作用，本书模拟了在不同汇率传递率下，经济受冲击后的表现，刻画出汇率的传递率和汇率金融加速器机制大小的关系图。

3. 动态分析方法

本书的模型分析中运用的不是静态分析方法，而是动态分析，即表明了原本实现了稳定、均衡后的经济，在受到外部冲击后，是如何做出反应的。为此，给出了受到世界利率冲击、世界价格冲击后10个季度之内的各主要经济变量偏离均衡点的表现。

4. 随机作用的分析

本书考察随机冲击对经济的影响，重点考察的随机冲击是世界利率冲击和世界价格冲击。分析在这些冲击下，四种不同货币政策规则在稳定经济上的表现。

5. 一般均衡分析方法

本书运用的模型涉及多个市场均衡，是属于一般均衡分析范畴。涉及的市场有商品市场、劳动市场、资本市场等。其中商品市场又分为进口品市场、出口品市场、国内非贸易品市场；劳动市场又包括工人劳动市场和资本家劳动市场；资本市场又分为初级资本市场、最终资本市场，两者又各自分为非贸易部门的资本市场以及出口部门的资本市场。因此本书的模型是个相对复杂的模型。其中的计算都需要设计软件、程序。

6. 比较分析法

没有比较就没有选择。因此在本书中大量运用了比较。在本书的开头，对发达国家和发展中国家在资本项目开放后的不同表现予以比较，说明了新兴市场国在不断开放资本项目过程中应当重视的一些独特经济现象，也以此显示了新兴市场国在货币政策分析中，不能简单地照搬发达国家的分析框架，而应当寻找适合自己的理论框架。另外，在指出开放经济的金融加速器模型可以为新兴市场国的货币政策分析提供非常合适的理论框架之后，比较了几个类似的模型，目的是为了寻找影响货币政策规则选择的模型假设，并设计更合理、考虑更周到的模型。

（二）本书结构

结构安排如下：

首先，总结了关于新兴市场国资本项目开放的收益和成本方面的研究，指明新兴市场国从这两方面考虑，明智之举还是适应金融国际化浪潮，选择开放资本项目并运用经济手段对资本的流动方向予以引导，而不是限制、禁止，与其“堵、截”，不如“引、导”。

其次，为寻找适合新兴市场国资本项目开放下货币政策分析的理论框架，文章阐明了新兴市场国在资本项目开放后的一些独有的经济现象，包括资本流动的强顺周期、资本逆转、债务美元化，以及在考察货币政策时所不能忽视的新兴市场国特征，如不完全的金融市场等，并说明了这些经济现象对新兴市场国影响重大，甚至会引发新兴市场国的货币危机、金融危机，因此是货币政策不容忽视的因素。结合这些重要现象，文章接着说明发达国家当今流行的货币政策分析框架并不适合新兴市场国，因为上述这些特征和已有的理论并不相容，为此必须寻找适合新兴市场国货币政策分析的理论框架。开放经济的金融加速器模型在现存理论中，较其他理论更能适应新兴市场国的研究需要，因为新兴市场国的诸多重要经济现象都能在这样的模型中体现出来。于是文章详细介绍了这类模型，包括来源、特征。特别是详细考察了汇率的金融加速器机制，陈明该机制的作用表现，罗列了影响汇率金融加速器机制大小的作用因素，在此基础上归纳出设计此类模型中应当重视的变量。

再次，建立了本书予以分析的模型，融合关于开放经济金融加速器模型的设计要点的总结。在模型中，做了这些分析：关于汇率金融加速器机制的实证性分析；关于汇率金融加速器机制对汇率传递率的敏感性分析；关于世界价格、世界利率冲击下的货币政策规则分析。文章结合冲击后各变量的脉冲图，得出了关于不同货币政策规则的比较的结论。

最后，对全书做了总结，指出了本书的缺陷以及以后的改进方向。本书的逻辑结构如图 1－6 所示。

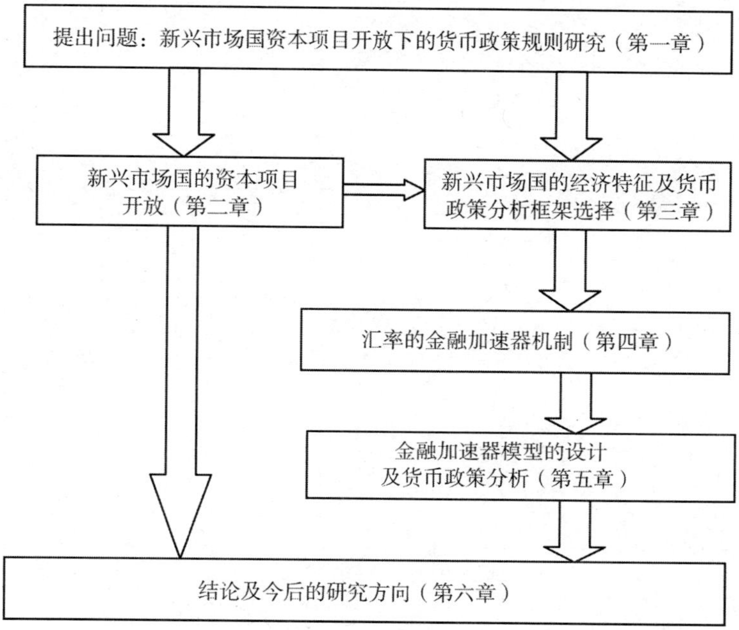
提出问题：新兴市场国资本项目开放下的货币政策规则研究（第一章）
新兴市场国的资本项目开放（第二章）
新兴市场国的经济特征及货币政策分析框架选择（第三章）
汇率的金融加速器机制（第四章）
金融加速器模型的设计及货币政策分析（第五章）
结论及今后的研究方向（第六章）

图 1-6　本书的逻辑结构

第二章　新兴市场国的资本项目开放

本章首先界定了与本书相关的一些概念，包括新兴市场国的定义以及资本项目开放的内涵。接着，分析了新兴市场国资本项目开放的必要性，对此，笔者从新兴市场国资本项目的管制效率、资本项目开放的收益和成本三方面进行阐述，指出面临不断深化的金融全球化，资本项目的开放是新兴市场国的长期选择。

一、新兴市场国和资本项目开放的概念

（一）新兴市场国的定义

新兴市场国作为一个发展中国家单独的团体，在国际市场上的地位不断升华，因此已经被越来越多的经济学家所重视。那么新兴市场国究竟是指哪些国家？它们的特征是什么？一般而言新兴市场国被认为是正在融入或已融入国际金融市场的发展中国家，这些国家的人均产出一般高于其他发展中国家。通常来说，所包括的国家是 EMBI①（Emerging Markets Bond Index Plus）指数所选的国家以及 MSCI（Morgan Stanley Capital International Indices）新兴市场指数所选的国家。MSCI 从定义上将新兴市场国和发达国家予以区别，参照的标准是：第一，新兴市场国人均 GDP 大大低于发达国家；第二，对外资

① 该指数由 JP 摩根颁布。

投资国内产业和公司的限制、禁止，新兴市场国要明显多于发达国家[①]；第三，新兴市场国管理环境不适当[②]；第四，对于初始资本、分红、利息以及资本收益等方面的汇出，新兴市场国有限制，如智利规定股权市场的资本投资必须留在智利至少 1 年；第五，新兴市场国投资风险要比发达国家大；第六，符合国际惯例的做法，如以色列，从各方面都像发达国家，但国际金融机构将其看作是新兴市场国，因此就把以色列看作是新兴市场国[③]。

新兴市场国主要有：摩洛哥、尼日利亚、南非、中国、印度、印度尼西亚、马来西亚、菲律宾、韩国、斯里兰卡、泰国、巴基斯坦、保加利亚、埃及、捷克、俄罗斯、土耳其、以色列、卡塔尔、希腊、约旦、波兰、匈牙利、阿根廷、巴西、智利、墨西哥、委内瑞拉、厄瓜多尔、秘鲁、巴拿马、哥伦比亚。

（二）资本项目开放的概念

1. 资本项目开放的含义

本书所讲的资本项目开放，简而言之就是“消除对国际资本流动或资本交易的管制”[④]。

（1）国际资本流动或资本交易，主要是指国际货币基金组织即 IMF 在《国际收支手册》第五版所列的国际收支资本和金融项目下的交易，特别是金融项目，内容主要有：直接投资（包括股票、股权、认购凭证、存托凭证、信托、共同基金等方面的投资）、证券投资（包括各种债券、票券、货币市场工具以及金融衍生工具的投资）、其他投资（包括贸易信贷、借款、

① 如一些新兴市场国人均 GDP 很高，如果仅仅考察收入，的确很接近发达国家，但根据政府管制以及其他因素却被列为新兴市场经济体。

② 新兴市场国的管理要么是不充分要么是过度，并且在清算及结算能力等方面的操作也不够先进。

③ 考虑到以色列较大的政治风险，更表明它应当是新兴市场国。

④ 我国学者王国刚（见王国刚．资本账户开放与中国金融改革．社会科学文献出版社，2003）给出的资本项目开放概念和本书的定义一致，他指出，资本项目开放主要是指放松或取消对国际收支账户中的“资本与金融项目”项下各子项目的管制，其中包括放松或取消对跨境资本转移、直接投资、证券投资及其他投资等的管制。

现金和存款）以及准备性资产（包括外汇、特别提款权、普通提款权以及货币性黄金，外汇下又包括现金、存款、外汇凭证）。

IMF所列的资本交易，被经济合作及发展组织（OECD）以另外的方式进行归类。在其所公布的《资本流动自由化通则》中，OECD将资本交易重新分为以下几类①：第一，对资本和货币市场工具的管制，包括对资本市场证券②交易的管制、对货币市场工具③交易的管制和对集体投资类证券④交易的管制；第二，对衍生工具和其他交易工具的管制⑤；第三，对信贷业务的管制⑥；第四，对直接投资的管制；第五，对直接投资清盘的管制；第六，对不动产交易的管制；第七，对个人资本流动的管制；第八，适用于商业银行和其他信贷机构的特殊条款；第九，适用于机构投资者的特殊条款；第十，证券法规规定的其他限制性措施。

（2）在上面的定义中，对国际资本流动或资本交易的管制，根据IMF的总结，可以分为直接管制和间接管制。其中直接管制指通过完全禁止、明显的数量限制或批准程序来限制资本交易及与之相关的资金支付和转移，包括数量限制和汇兑限制；间接管制指采取多重货币做法、歧视性税收、无息存款准备金要求或当局征收罚息等建立在价格基础上的措施，来影响资本交易及与之相关的资金支付和转移⑦。

2. 资本项目开放的两个层面

IMF有关资本流动管制内容的总结，让我们看到资本项目管制有两个层面：一是交易本身的限制；二是与交易有关的外汇管制。这样，资本项目的

---

① 笔者对IMF所列的资本金融项目交易以及OECD在《资本流动自由化通则》所列的资本交易进行比较，发现两者并没有大的差异。

② 资本市场证券是指有参股性质的股票或其他证券，以及原始期限超过1年的债券或其他证券。

③ 货币市场工具是指原始期限为1年或1年以下的证券，包括存款单和汇票等短期工具，还包括国库券及其他短期政府票据、银行承兑汇票、商业票据、同业存款和回购协议。

④ 集体投资类证券是指股权证和登记证明或者投资者在某机构如共同基金、单位和投资信托等有集体投资利益的其他证明。

⑤ 这些工具包括各种权利的操作、担保、金融期权和期货、其他金融债权的二级市场操作、远期交易（包括外汇远期交易）、债券和其他债务证券掉期、信贷和贷款以及其他掉期。

⑥ 包括对商业信贷（直接与国际货物贸易或服务贸易相关的操作）、金融信贷（指居民提供的商业信贷以外的信贷）以及担保、保证和备用融资工具的管理。

⑦ 具体论述见IMF. Annual Report on Exchange Arrangements and Exchange Rest Rictions. 2010。

开放也分为两个层面，即实体交易的开放以及外汇兑换的开放。从中我们可以得知资本项目开放和资本项目可兑换这两个概念是有区别的。资本项目的可兑换只涉及与资本项目相关的外汇兑换的开放。相比之下，资本项目开放不仅涉及与资本项目的可兑换，还包括资本实体交易的放松管制①。许多学者在提及资本项目开放时可能只提及一方面。如我国学者常金华（2007）只看重对外汇兑换上的开放，把资本项目自由化②定义为“消除对国际收支资本和金融项目下各项交易的外汇管制，如数量限制、课税及补贴”。相反，国外学者 Quirk 和 Evans（1995）却只强调实体交易的开放，把资本项目开放表述为取消对跨国资本交易的控制、征税和补贴。像这样的定义都显得有失偏颇。

不同的国际机构对资本项目两个层面开放的态度是不一样的。其中 IMF 更多是关心外汇管制③。和 IMF 成对比的是，世界贸易组织（WTO）注重对资本实体交易行为的管辖，强调金融服务行业应当向外国投资者予以开放④。和前面两个机构相比，OECD 对资本流动的管辖最全面，对资本流动的管辖同时涉及汇兑和交易两个方面。OECD 要求成员国实现贸易、服务、资本流动自由化，对于资本流动有一个具有法律约束力的《资本流动自由化通则》，它要求成员国履行三个义务：第一，允许非居民在本国进行资本交易；第二，允许居民在外国进行资本交易；第三，允许上面两个交易所引发的支付转移。

---

① 对这三者的区别可看一个例子，如通过引入合格境外投资者制度，中国已允许境外投资者投资境内上市的 B 股，但不允许境内投资者兑换成外汇买入 B 股，只能是以自有外汇投资 B 股。前面第一点所涉及的是资本流动交易的放松，是资本项目开放的体现，但却不涉及资本项目可兑换。后面第二项体现了对汇兑的管制，如果对此的管制也放松了，那么体现了资本项目开放的趋势。因此可以这样说，资本项目从不可兑换到可兑换，不仅体现了资本项目的可兑换过程，也体现了资本项目开放的过程，但资本项目开放过程并不必然表现为资本项目的可兑换性。

② 资本项目开放在本书中也等同于资本项目自由化，都指的是资本项目管制的放松。

③ IMF 认为存在下列现象的就是存在着对资本交易的外汇管制：第一，对因收购海外资产而要求的购汇实行审批制度或其他限制；第二，限制海外投资所需转移的外汇数量；第三，对非居民汇回资本或外汇持有额进行规定和限制；第四，对和资本转移有关的购汇或售汇实行多重汇率；第五，对外国人参加国内金融市场的本币投资所用的外汇兑成本币活动施加限制。

④ 不过，金融服务行业的开放却并不必然涉及资本流动。如允许境外金融机构通过在境内设址的形式向境内企业提供本币贷款，既涉及金融服务贸易的开放，又涉及直接投资形式的国际资本流动；如果是发放外汇贷款，还涉及债务性的国际资本流动。但如果境外金融机构只是以跨境交付的形式向境内企业发放贷款，则发放外汇贷款才涉及国际资本流动，而发放人民币贷款则只涉及金融服务贸易的开放。

3. 资本项目的名义开放和实际开放

对资本项目的开放这个概念，还要留意在实际中存在着资本项目的名义开放和实际开放的区别。许多国家虽然在法律上规定对资本交易实施严格的管制，但是在实际上资本管制的法律形同虚设，资本项目开放以及金融全球化程度却很高。特别是那些已经实行了国内金融自由化的国家，资本较容易绕过法律壁垒实现跨国流动。这样就存在着资本项目名义开放和实际开放的区别。资本项目的名义开放是指，国家设立或修改有关法律、条例放松对资本交易施加的管制，如放松交易主体的要求、降低或取消上缴的准备金比例等。资本项目的实际开放是指，从资本的实际流动规模增加、资本流动速度加快等方面所表现出来的资本实际开放程度的增加。有些国家虽然在名义上实施严格的资本项目管制，但实际上却拥有相当程度的资本开放，这些国家主要是一些南美国家以及资本外逃严重的国家。同时一些贫穷国，虽然对资本流动很少设置障碍，但是，它们实际的资本项目开放程度却不高，资本流动很少。

资本项目的名义开放主要涉及资本项目开放的政策安排，对此的衡量通常是依据各国法规对资本交易施加的限制。IMF 自 1996 年起就开始用这种方法来衡量各国资本项目的开放程度，并每年发表《汇率安排和外汇管制年度报告》(Annual Report on Exchange Arrangements and Exchange Restrictions, AREAER)。该报告按照 OECD 关于资本交易的分类框架①，依据一个国家法规对资本项目下各个子项目存在的管制程度，分别赋值 0 或 1 两个虚拟变量，0 代表资本项目完全管制，1 代表资本项目完全开放。该报告提供了各国家关于经常项目与资本项目各子项目是否存在管制的综合信息。表 2－1 就是以此方法表述的各国资本项目开放情况的比较。在这种方法下，对各子项目只赋予 0 和 1 两个值，对资本开放程度的测量还显得不够细致。为此，有不少学

① OECD 鉴于其成员国在经济发展水平、金融发育水平、经济发展理念方面都较接近，因此可以对资本流动实现更密切、细致的管辖，这样由它设计的对跨国资本流动的管理框架也是最细致的。因此 IMF 也用此框架。

者在此基础上发展了新的测量方法①。

表 2－1　各国资本项目管制情况

	发达国家				发展中国家				
	美国	英国	德国	日本	中国	印度	巴西	俄罗斯	南非
资本市场证券交易的管制	√		√	√	√	√	√	√	√
货币市场工具交易的管制	√		√	√	√	√	√	√	√
集体投资类证券交易的管制	√		√	√	√	√	√	√	√
衍生工具和其他交易工具的管制	√		√	√	√	√	√	√	√
商业信贷业务的管制					√	√			√
金融信贷业务的管制			√	√	√	√	√	√	√
担保、保证和备用信用工具					√	√			√
直接投资的管制	√	√	√	√	√	√	√	√	
直接投资清盘的管制					√	√			√
不动产交易的管制	√		√	√		√	√		√
个人资本流动的管制					√	√		√	√
适用于商业银行和其他信贷机构的特殊条款		√			√	√	√	√	√
适用于机构投资者的特殊条款	√	—	√	√	√	√	√	—	√

注：打钩的表明存在管制，未打钩的表明没有管制，横线表示官方未公布管制信息。

资料来源：IMF. Annual Report on Exchange Arrangements and Exchange Rest Rictions，2010.

资本项目的实际开放测量依赖一些相关的宏观经济运行指标，如实际资本流动规模、在岸与离岸利率差以及储蓄率与投资率的差异。例如当实际资本流动规模增大，在岸和离岸的利率差减小，以及储蓄率和投资率的差异增大时，这些现象都被认为资本项目实际开放程度在加大。资本项目的名义开放和实际开放这种区分对发达国家不算重要，但对于新兴市场国却是重要的。图 2－1 可以看出这一点。对于发达国家资本项目名义开放和实际开放这两种衡量方法的结果较一致，在整个期限里发达国家资本项目的名义开放和实际开放程度都在

① 在此方面的文献可见：徐子福．资本项目管制与开放问题研究．浙江大学，2007；Kose M. A.，Prasad E.，Rogoff K.，Shang－Jin Wei. Financial Globalization：A Reappraisal. NBER，Working Paper 12484，2006。

增加；但对于新兴市场国，20 世纪 90 年代，尽管资本项目的名义开放程度变化不大，但以资本流动规模衡量的实际开放程度却有了极大的提高。

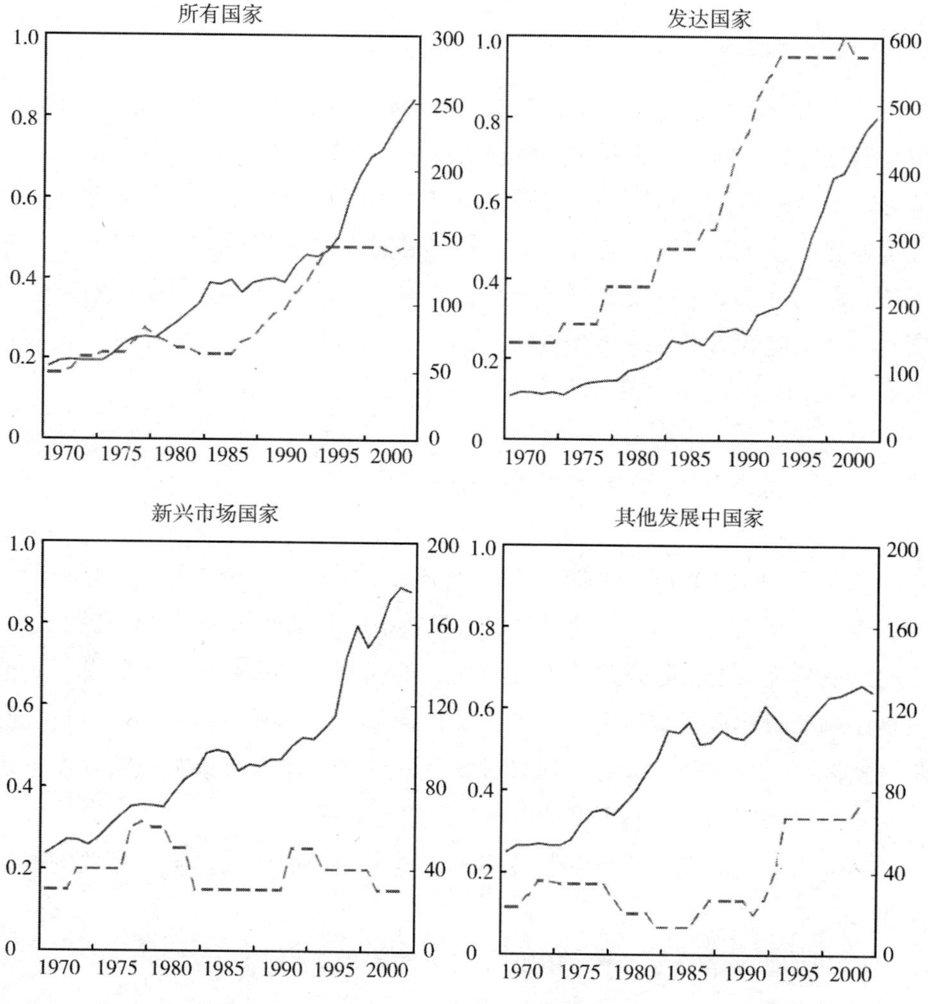

图 2－1　资本项目开放程度（1970～2000 年）

注：实线表示实际开放程度，以外币资产和负债总值占 GDP 的比重衡量，对应右轴刻度；虚线表示名义开放程度，以 IMF 对资本项目管制的 0～1 分类为基础，其中 1 表示该国开放了资本项目，对应左轴刻度。

资料来源：Kose M. A.，Prasad E.，Rogoff K.，Shang－Jin Wei. Financial Globalization：A Reappraisal. NBER，Working Paper 12484，2006.

二、新兴市场国资本项目开放必要性分析

在布雷顿森林体系的汇率安排下，由于需要维持名义汇率的稳定，因此，包括发达国家在内，各国普遍对跨国资本流动实施严格管制。但是在布雷顿森林体系结束后，发达国家和发展中国家对于资本项目开放的态度上存在着显著差异。就是在发展中国家内部，各国对资本项目开放所持的态度也并非一致，因此有必要考察发展中国家开放资本项目的必要性。发展中国家中对资本项目实施较开放的国家作为发展中国家中的一类，被叫做“新兴市场国”，由此本节分析的就是新兴市场国资本项目开放的必要性。

（一）资本项目管制的效率下降

从图 2－1 可以看出新兴市场国和其他发展中国家在资本开放上存在着差异，表现在新兴市场国资本项目的名义开放程度并没有加深，甚至有所下降，但是，资本项目的实际开放程度却有明显的提升。和这形成对照的是，其他发展中国家虽然在资本项目的名义开放上提升较快，甚至超过了新兴市场国，但在实际开放程度却远远落在新兴市场国的后面。这种现象在一定程度上表明新兴市场国正面临日益下降的资本项目管制效率。

新兴市场国的资本项目管制效率每况愈下的局面令人费解，相关的原因分析如下①：

1. 机构投资者在资本流动中的地位显得格外突出

在布雷顿森林体系下及该体系瓦解以后的 20 年内，政府和银行是国际资本流动的主体，但此后，私人投资对新兴市场国的重要性不断提高。特别是

① 除了本书所举的原因外，还有文献结合市场不完全因素分析了资本项目管制效率下降的原因，见 Orlov A. G. Pros and Cons Capital Centrals in the Presence of Incomplete Markets. American Economist，2005，49（1）。

最近20年，发达国家的机构投资者，如开放基金、养老基金、对冲基金①以及保险公司，它们的跨国资本交易成了流向新兴市场国的中流砥柱。这些机构投资者，和政府投资不同，为了追求高回报，在逃避管制上有更强的动机、更高的技术和更大的胆量。

2. 在层出不穷的金融创新工具帮助下，投资者逃避资本项目管制的技术更加高明

在这方面的一个例子是，2001年底投资者利用美国存托凭证（American Depository Receipts，ADRs）成功地规避了阿根廷实行的资本流出管制。当时阿根廷政府实行了“Corralito”法案，限制资本流出以及资金从银行体系的抽逃，然而就在法案实行的头四个月里，仅仅是通过ADRs形式流出的资本就达8.35亿~34亿美元。尽管当时的经济急剧紧缩，银行体系在死亡边缘挣扎，比索大幅贬值，但国内的股票市场交易却异常火暴。原来“Corralito”法案虽然限制资金流出，却并不限制投资者买卖那些同时也在海外市场交易的阿根廷股票，因为这样做意味着投资者不能买卖流动性最强的股票，将会给阿根廷的股票市场带来极大的震动。这样，阿根廷居民依然可以每月从银行取出超过1000美元用以购买股票，如果这些股票同时也在海外市场交易，那么投资者可以光明正大地将这些股票转换为ADRs。因此，投资者积极投资阿根廷股票，为了将这些股票换成ADRs，然后在纽约市场上将ADRs转换成美元存入美国的银行。Auguste等（2002）对此现象有深入研究，提到一旦允许金融市场的发展，政府对资本控制会越来越难，甚至根本无法再对资本实施控制。

3. 管制存在着效率随时间推移而下降的内在趋势

我们知道，政府的腐败、法律体系的不完善、执法力度的软弱无力，都会弱化管制。但是同样我们也看到，即使一个国家没有这些方面的难处，也不得不通过不断修改法案，以堵住各样的漏洞。Forbes（2005）就以智利为例，谈到了政府在这方面的难处和无奈。

---

① 对冲基金的英文名称为Hedge Fund，意为“风险对冲过的基金”，起源于20世纪50年代初的美国。其操作的宗旨在于利用期货、期权等金融衍生产品以及对相关联的不同股票进行实买空卖、风险对冲的操作技巧，在一定程度上可规避和化解投资风险。

（二）资本项目开放的收益分析

1. 理论分析

在理论上，资本流动自由化可以为发展中国家带来诸多收益。具体地讲，在理论层面上资本项目开放至少可以下列渠道①促进经济增长：第一，降低融资成本。资本项目开放（特别是股权市场的开放②）有助于降低融资成本。资本流入不仅可以降低新兴市场国的无风险利率，从而降低融资成本，而且，资本项目开放有助于在本国投资者和外国投资者之间建立风险分享机制，以此降低股票风险溢价和资本成本③。另外，资本流入增强了股票市场的流动性，进一步降低了股票的风险溢价④。第二，促进发展中国家吸收发达国家的技术及管理知识⑤，提高发展中国家公司研发创新能力以及治理水平。第三，促进专业分工。专业分工会提高产出效率并以此推动经济增长，但同时又会加大产出及消费的波动，这反过来又会制约专业分工。资本开放为分散风险提供了更多的渠道，使经济体能更好地应对由专业分工引发的波动性，这样能更好地推动新兴市场国参与专业分工并以此促进经济增长⑥。第四，加强政府功能，使政府政策更加有约束力。资本项目的开放会对政府的政策施加约束，资本项目开放的经济和封闭的经济相比，政府的滥用政策会面临

---

① 资本项目促进经济增长作用渠道的识别是重要的，尤其在实证上是重要的，因为资本项目开放对经济的促进作用依赖一些关键因素的改善，并且要在长期中才体现出来。而且如果资本项目开放对经济的促进作用主要是依赖这些因素，那么在没有这些因素作解释变量的实证检验中，资本项目开放被证实对经济有促进作用，但加进了这些因素后，在检验中资本项目开放对经济增长的促进作用就不再明显。

② 股权市场的开放指：外国投资者可以购买新兴市场国的股票（如发行美国存托凭证），建立国家基金等。

③ 有文献发展了一个正式模型，表明风险分散带来资本融资成本的下降，见 Bekaert G. and Harvey C. Foreign Speculators and Emerging Equity Markets. Journal of Finance，2000，55（2）。

④ 有文献运用国际资产定价模型预测了股票市场的开放可以因提供流动性而降低风险溢价，见 Henry P. Do Stock Market Liberalizations Cause Investment Booms?" Journal of Financial Economics，2000，58（1－2）。

⑤ 见 Borensztein E.，Gregorio J.，Lee J. How Does Foreign Direct Investment Affect Growth? Journal of International Economics，1998，45（1）。

⑥ 这方面的逻辑证明可见 Imbs J. and Wacziarg R. Stages of Diversification. American Economic Review，2003，93（1）。

更大的成本，因此政府政策约束被强化①。第五，提高新兴市场国金融体系效率②。

理论分析所能做的是，帮助我们站在某个角度上理解资本自由流动在一定条件下可以对经济产生的作用。不同的理论从不同的侧面告诉我们资本项目开放带来的收益。要想整体把握资本项目开放的收益，我们还要借助实证分析。

2. 实证检验

宏观层面的实证检验在证实资本项目开放的作用上，结论并不一致。Prasad 等（2003，2004）提供了详细的文献研究，表明没有足够的证据表明资本项目开放可以显著提高经济增长（见附录中表 C－1～C－3）。宏观层面的实证检验难以得到一致的结论受许多因素影响③。原因之一是资本项目开放测量变量选取不同。有的用名义资本项目开放，有的用实际资本项目开放。因此受种种宏观检验的限制，该层面的实证检验难以让我们得到满意的结论。为此，应当转向微观层面的实证检验。

微观层面④的实证检验证实了资本项目开放有助于经济的增长。有许多学者对不同国家、不同层面进行此方面的微观检验，所得的结论比较一致，都赞成资本项目的开放对经济增长有促进作用（各文献的研究结果总结见附录中表 C－4）。这些研究表明资本项目的开放在微观层面上有利于经济增长，因为资本融资成本降低了，公司（特别是小公司）面临的金融约束放松了，资本分配效率提高了、公司治理水平也改善了。

---

① 对此的理论阐述见 Pierre－Olivier Gourinchas and Olivier Jeanne. The Elusive Gains from International Financial Integration. NBER Working Paper 9684，2003。

② 首先，资本项目开放使一国进入国际资本市场的渠道更通畅；其次，可以改善新兴市场国的金融监管框架；再次，减少政府对贷款的干预，提高贷款质量；最后，促进金融创新和金融机构之间的竞争，提高金融服务质量。

③ 对这些宏观实证检验，做了很好归纳的文献见 Forbes K. J. The Microeconimic Evidence on Capital Contrals：No Free Lunch. NBER，Working Paper 11372，2005。

④ 指的是对公司或行业的检验。

（三）资本项目开放的成本分析

尽管资本项目开放有着潜在的收益，但是发展中国家对资本项目开放都持较谨慎的态度，因为它们意识到资本项目开放也会给经济带来负面作用。这些不利作用主要体现在增加危机发生的可能性、增大经济波动、丧失了国内货币政策的独立性。

1. 增加危机发生的可能性

主张新兴市场国应实行资本项目管制的学者，最喜欢提出的理由是放松资本项目管制会使一国陷入金融危机当中。的确，一些新兴市场国因放松了资本项目管制而被卷入金融危机中，如 1994 年的墨西哥金融危机、1997 年的东亚金融危机、1998 年的俄罗斯金融危机、1999 年的巴西金融危机、2001 年的土耳其金融危机和 2002 年的阿根廷金融危机。相比之下，中国和印度在相同的时期却能免受国际金融危机的传染，得益于资本项目的严格管制。从中可见，资本项目管制对发展中国家而言犹如一道保护屏障，可以减少外来冲击的干扰。

缘何新兴市场国资本项目开放会引发危机？这和新兴市场国的经济特征、金融特征有关。第一，新兴市场国债务比率高，经济稳定性差。新兴市场国资本市场发展落后，企业对债务融资具有高度依赖性，并且信贷市场的建设很不完全，这样的经济结构和金融特征意味着外部的微小冲击会给这些国家产生大波动①，危机发生的可能性就大为提高。而同样是资本项目开放的发达国家，即使其资本项目开放的范围更大、程度更深，却常能幸免于难，这是因为这些发达国家的企业债务比率并不高，金融市场也更健全。第二，新兴市场国银行的道德风险严重，银行不负责任的经营以及金融监管当局的监

① 表明这一观点的文章有 Chang 和 Velasco（1998）、Meng 和 Velasco（1999）、Krugman（1999）、Aghion 等（2000b）、Caballero 和 Krishnarmurthy（1998，2000）、Schneider 和 Tornell（2000）、Mendoza（2001）、Mendoza 和 Smith（2003）。

管瓶颈诱发危机①。新兴市场国的外汇市场以及金融市场发育程度较低，国内居民难以利用国内市场规避汇率风险，在此情况下，本当由银行、企业等所承受的汇率风险只能由政府承担。银行反倒不需为自己的过失和冒失行为付出代价，这种道德风险积累到一定程度就会爆发货币危机、金融危机。第三，新兴市场国劳动生产率相对较低，市场对其容易失去信心。如果投资者对新兴市场国的投资前景普遍看淡，悲观预期被广泛传染开，外来资金会纷纷撤离新兴市场国，由此引发危机②。

虽然如此，但在实证检验上，放松资本项目管制和危机之间的关系依然难以明确断定。一方面，有许多文章表明资本项目开放会助长新兴市场国的银行危机和货币危机，如 Eichengreen 等（1995）、Demigüc – Kunt 和 Detragiache（1998）、Rossi（1999）、Kaminsky 和 Reinhart（1999）、Wyplosz（2001）。另一方面，也有的实证检验，如 Edwards（2005），表明在资本流动性和货币危机之间没有必然联系，Glick 和 Hutchison（2006）的实证检验甚至表明资本流动性增强降低了发生货币危机的可能性。

2. 增大经济波动

关于资本项目开放和产出波动性的关系，传统观点认为资本项目的开放为开放国带来更多的投资机会，可以分散经营风险，降低产出波动性，但同时，资本项目开放带来的专业分工又会增加产出波动性。相类似的，依据传统观点，资本项目开放可以减少消费波动。因为各国的产出通常是不完全相关，因此在资本项目开放后，金融资产的国际交易可以使新兴市场国的消费摆脱本国产出波动的影响。但同时，如果那些可以进入国际金融市场的经济体不再和国内其他经济体分担风险，资本项目开放也会带来消费波动的增加。

实证检验的结果表明，资本项目开放减少了发达国家的经济波动，却加剧了新兴市场国的经济波动，证实了资本项目开放加大了新兴市场国的产出

① 从这个角度来阐述的有：Burnside C.，Eichenbaum M.，Rebelo S. Hedging and Financial Fragility in Fixed Exchange Rate Regimes. European Economic Review，2001，45（7）；McKinnon R. I. and Pill H. Credible Economic Liberalizations and Overborrowing. American Economic Review，1997，87（2）。

② Martin P. and Rey H. Financial Globalization and Emerging Markets：With or without Crash. NBER，Working Paper 9288，2002. 发现新兴市场国因金融开放股灾发生的可能性提高了，由此发展了一个理论模型来说明在新兴市场国（其区别于发达国家的地方是在劳动产出率）实行资本项目开放后同时带来融资成本下降以及危机可能性增加两个结果。

波动①、消费波动②以及金融市场的波动③。

3. 丧失了国内货币政策的独立性

正是由于上述所提的两大成本，许多发展中国家在加大资本项目开放力度上犹豫不决、踌躇不前。另外，为了确保货币政策的独立性，一些发展中国家依然不肯放弃对资本项目的管制。我们知道，依据传统的蒙代尔—弗莱明模型，资本项目开放在固定汇率制度下会直接削弱国内货币政策的效力，带来国内独立货币政策的丧失。这是许多发展中国家选择资本项目管制的原因。

此外，一些敏锐的经济学家还注意到一个现象，就是资本项目开放对发展中国家而言，可能还意味着存在边缘化危机。Ju 和 Wei（2007）指出发展

① 有文献研究了 1980 ~ 2000 年股票市场开放对产出和消费波动性的关系，同样发现在新兴市场国资本项目的开放增加了产出和消费的波动性，见 Bekaert G.，Harvey C.，Lundblad R. Growth Volatility and Equity Market Liberalization. NBER，Working Paper 10560，2002。此外，也有学者运用 93 个国家在 1971 ~ 1994 年的数据发现在资本项目开放和产出波动性之间在非经合组织成员国呈现正相关，在经济合作组织成员国呈现负相关，见 O'Donnell B. Financial Openness and Economic Performance. Trinity College，2001。又有文献研究了发展中国家产出波动性的根源，发现在资本流动和产出波动性之间存在着显著的正相关，见 Gavin M. and Hausmann R. Sources of Macroeconomic Volatility in Developing Economies. Inter - American Development Bank，Working Paper，1996。

② 有学者发现在新兴市场国的资本项目开放使这些国家的消费波动明显大于发达国家和资本项目相对落后的国家，并总结出资本流动总规模和 GDP 的比例为 50% 是个分水岭，当该比例大于 50% 时，资本项目的开放程度增加并不会带来消费波动的增加，但是在小于 50% 时（新兴市场国正落在这区间内）资本项目开放程度的加深会带来消费波动的增加，对此可见 Kose M. A.，Prasad E.，Terrones M. E. Financial Integration and Macroeconomic Volatility. IMF，Staff Papers，2003（50）。此后又有研究也发现在新兴市场国资本项目开放脚步加快的 20 世纪 90 年代，这些国家的私人消费波动性比 80 年代有所增加，见 Kose M. A.，Prasad E.，Rogoff K.，Shang - Jin Wei. Financial Globalization：A Reappraisal. NBER，Working Paper 12484，2006。

③ 有学者对 62 个国家（其中 31 个是新兴市场国）的比较发现，对于新兴市场国资本项目的开放大大增加了股票市场波动的发生频率，对此可见 Martin P. and Rey H. Financial Globalization and Emerging Markets：With or without Crash. NBER，Working Paper 9288，2002。也有文献检验了外国投资者的交易和新兴市场国股市日波动的关系，证实了外国投资者的交易和股市日波动有正相关性，尽管外国投资者的交易占新兴市场国交易比重并不大（如在泰国为 18%，在印度尼西亚为 15%）但却是新兴市场国资本市场波动的主要来源，见 Wang J. X. Foreign Equity Trading and Emerging Market Volatility：Evidence from Indonesia and Thailand. Journal of Development Economics，2007，84（2）。同样的结论还有 Bae K.，Chan K.，Ng A. Investability and Return Volatility in Emerging Equity Markets. SSRN：http：//ssrn. com/abstract = 326481 or doi：10. 2139/ssrn. 326481，2003。当然也有一些文章表明资本项目的开放带来的是新兴市场国股市更少波动，但这些文献的检验在代表变量上存在着差异，有关文章及评价具体见 Wang J. X. Foreign Equity Trading and Emerging Market Volatility：Evidence from Indonesia and Thailand. Journal of Development Economics，2007，84（2）。

中国家因为公司治理效率低下、金融部门效率低下，不能有效利用本国储蓄，资本项目开放会带来本国金融部门和公司的边缘化①。

（四）关于新兴市场国资本项目开放必要性的总结

面临加快的金融全球化趋势，新兴市场国是加紧资本项目开放步伐还是加大资本项目管制力度？对于该问题，经过上面分析，我们得出下面的结论：资本项目的开放是新兴市场国的必然选择。新兴市场国由于在金融体系、政府职能、完善法律等方面都有了很大改善，资本跨国流动能够为这些国家的经济增长带来收益，虽然资本项目的开放同时也为经济带来更多波动甚至被认为是危机的来源，但考虑到受国际投资机构、金融创新等所带动的金融全球化的影响，新兴市场国的资本项目管制效率日渐低下，资本项目管制只能是权宜之计，而不是新兴市场国的长期选择。

① 因此资本项目开放国应留意利用合资、合作形式提高本国公司治理效率以及金融公司的效率。

第三章 新兴市场国的经济特征及货币政策分析框架选择

资本项目的开放为新兴市场国的货币政策带来挑战，为了研究新兴市场国在采取更为开放的资本项目政策后当如何选择货币政策规则问题，首先应当明确合适的货币政策分析框架。在本章里，为了寻找适合新兴市场国的货币政策分析框架，我们列举了新兴市场国的几个重要经济特征，其中包括资本流动特征，重点考察了这些经济特征对货币政策及分析框架的影响。在此基础上给出了适合新兴市场国经济特征的货币政策分析框架，证明在现有的货币政策分析框架中，开放经济的金融加速器模型是较适合新兴市场国的货币政策分析框架。

一、新兴市场国的经济特征

在本节里我们着重分析新兴市场国的资本流动特征和以债务美元化为主的对外经济特征，并指明了新兴市场国应当重视的冲击类型。

（一）新兴市场国资本流动特征

新兴市场国虽然在资本流动规模上不断向发达国家逼近，但是深入研究两类经济体的国际资本流动特征，我们还是能发现新兴市场国的资本流动有其特殊的表现：其一，资本流动的强顺周期性；其二，资本逆转的发生可能性较大。

1. 新兴市场国资本流动的强顺周期性

（1）新兴市场国资本流动的顺周期性①（Procyclical Nature），是指在新兴市场国经济表现较好时，海外资本大量流入，同时融资利率下降，继续推动经济的繁荣；相反在新兴市场国经济出现滑坡时，资本又会争先退出这些国家，同时融资利率攀升，使新兴市场国经济雪上加霜。

新兴市场国资本流动的顺周期性，可以有两种体现：一是在资本流动量上；二是在利率上。从图3－1可以看到，无论是新兴市场国还是发达国家都表现出资本流动的顺周期性，即资本的净流入规模和GDP成正相关。虽然如此我们还是可以发现，和发达国家相比，新兴市场国的资本顺周期性更强烈。首先，从表3－1可以看出在资本流动规模上新兴市场国的顺周期性更明显。对于以经合组织国家为代表的发达国家②，资本净流入规模占GDP的百分比在繁荣期为0.5%，在萧条期为0.4%，下降幅度仅为0.1%，相比之下，新兴市场国（在表3－1中以中高收入和中低收入国家为代表）的资本净流入占GDP的百分比在繁荣期可以达到4.4%、4.2%，但到了萧条期可以下降到3.0%，下降幅度远大于发达国家。其次，我们也可以发现，对于和国际融资成本有密切关系的国际信用等级评级，新兴市场国的顺周期性特征也是强于发达国家的。另外，表3－2告诉我们，经合组织国家的国际信用等级表现出良好的稳定性，相比之下，新兴市场国的国际信用等级评级随经济周期而变化，在不同经济周期中的差值是发达国家的10倍以上。

（2）资本流动顺周期性对货币政策影响。资本流动的强顺周期性给新兴市场国的货币政策带来了极大的困难。第一，资本流动的顺周期性导致了新兴市场国的消费波动和产出波动，货币政策稳定经济的任务变得更艰巨。第二，资本流动顺周期性削弱了货币政策的效力。以萧条期为例，中央银行为

① 依据一些学者的定义，如Kaminsky G.，Reinhart C.，Végh C. When it Rains，it Pours：Procyclical Capital Flows and Macroeconomic Policies. NBER，Working Paper 10780，2004。资本流动的表现可以有顺周期性、逆周期性和非周期性之别。资本流动的逆周期性表现为在一国经济境况不好的时候该国从海外借入资金，即资本流入，在经济境况较好的时候该国借出资金，即资本流出。非周期性是指资本的流动方向和经济周期（以国内生产总值衡量）在统计上无显著关系。

② 当然OECD成员国并非都是发达国家，特别是在20世纪90年代接受了韩国、捷克、匈牙利、墨西哥以后，新兴市场国也成了它的成员国。不过就整体代表而言，还是可以以OECD作为发达国家的代表。

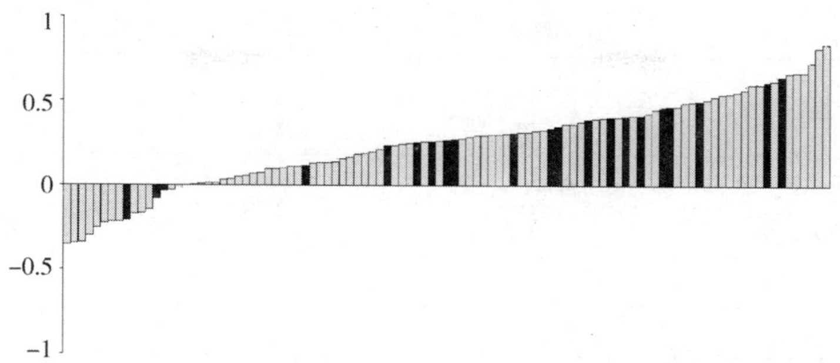

图 3－1　各国资本流入规模与 GDP 相关系数

注：图中的 103 个柱体分别表示 103 个国家①，从左到右依据相关系数大小排列，其中浅色的是发展中国家，深色的是发达国家。

资料来源：Kaminsky G.，Reinhart C.，Végh C. When it Rains，it Pours：Procyclical Capital Flows and Macroeconomic Policies. NBER，Working Paper 10780，2004.

表 3－1　资本流动规模的顺周期性

单位:%

国家	资本净流入占国内生产总值百分比		
	繁荣期	萧条期	差值
经合组织国家	0.5	0.4	0.1
中高收入国家	4.4	3.0	1.4
中低收入国家	4.2	3.0	1.2
低收入国家	3.9	3.6	0.3

资料来源：Kaminsky G.，Reinhart C.，Végh C. When it Rains，it Pours：Procyclical Capital Flows and Macroeconomic Policies. NBER，Working Paper 10780，2004.

① 这 103 个国家分别是：毛里塔尼亚、尼日利亚、沙特阿拉伯、赞比亚、摩洛哥、佛得角、塞内加尔、坦桑尼亚、奥地利、缅甸、多哥、孟加拉国、希腊、新西兰、斯威士兰、特立尼达和多巴哥、加纳、安哥拉、牙买加、伊朗、土耳其、冈比亚、尼加拉瓜、尼泊尔、南非、科摩罗、巴基斯坦、约旦、黎巴嫩、刚果、莫桑比克、阿尔及利亚、加拿大、马里、乌干达、博茨瓦纳、洪都拉斯、中国、毛里求斯、中非、老挝、萨尔瓦多、卢旺达、芬兰、加蓬、柬埔寨、埃及、挪威、苏丹、瑞典、巴拿马、澳大利亚、瑞士、哥斯达黎加、马达加斯加、喀麦隆、阿曼、津巴布韦、也门、巴拉圭、美国、厄瓜多尔、科特迪瓦、巴西、委内瑞拉、爱尔兰、葡萄牙、越南、海地、秘鲁、法国、菲律宾、斯里兰卡、意大利、乍得、荷兰、危地马拉、日本、多米尼克、印度、丹麦、比利时、贝宁、叙利亚、塞拉利昂、英国、塞舌尔、玻利维亚、土耳其、尼日尔、哥伦比亚、乌拉圭、墨西哥、肯尼亚、西班牙、智利、德国、蒙古、印度尼西亚、韩国、马来西亚、泰国、阿根廷。

表 3-2 国际信用等级

国家	国际信用等级		
	繁荣期	萧条期	差值
经合组织国家	78.5	78.4	0.1
中高收入国家	42.2	40.4	1.8
中低收入国家	32.9	30.8	2.1
低收入国家	24.2	24.2	0.0

资料来源：Kaminsky G., Reinhart C., Végh C. When it Rains, it Pours: Procyclical Capital Flows and Macroeconomic Policies. NBER, Working Paper 10780, 2004.

了刺激国内需求，本当需要调低短期利率，以促进长期利率的自动下调，从而带动投资和需求的增加，然而在资本流动顺周期影响下，长期利率并不会自动下降，反倒可能会上升，货币政策难以奏效。第三，货币政策分析需要新的理论框架。资本流动的顺周期性不能由传统的开放经济禀赋模型所解释①。在传统理论中，资本流动应表现为逆周期性，因为消费者的消费行为被刻画为在生命期限内平稳消费，这样在经济繁荣的年份要有储蓄，其国际经济活动表现为向海外借出资金，资本项目表现为净流出，相反到了经济萧条年份，为了保持理想的消费水准，需要从海外借入资金，资本项目表现为净流入。因此，若要结合资本流动的顺周期性来分析货币政策，我们需要有新的理论框架。

2. 新兴市场国的资本逆转

（1）新兴市场国资本逆转现象的表现。自布雷顿森林体系瓦解以来，国际资本流动的历史显示出新兴市场国的资本流动很不稳定，容易发生资本逆转（Sudden Stop）现象，即原来呈现的国际资本大规模流入新兴市场国的情

① 新兴市场国资本流动的强顺周期性不能由资本流动结构给出解释，因为流入发达国家的短期资金无论在绝对数量上还是在相对数量上都要大于新兴市场国，但是发达国家的资本流动顺周期性却没有新兴市场国强。资本流动的顺周期性可能和下列原因有关：第一，投资太依赖外部融资，这些投资的规模会因正向冲击而扩张，这在推动经济繁荣的同时也带来了资本流入的增加。第二，和海外的资金供应者的风险态度有关。当新兴市场国经济令人堪忧时，这些海外金融机构认为投资新兴市场国风险太高甚至根本无利可图，因此纷纷收回资金，或者提高风险溢价，反之则反。第三，也可能和新兴市场国的改革政策有关。在政策刺激下，新兴市场国经济出现蓬勃生长，消费者乐观情绪高涨，消费增加，也有了举债的勇气，资本流入增加，反之则反。

景突然停止①，甚至变成资本流出②。资本项目的逆转可以用资本金融项目的变动来表示，也可以用经常项目的变动来表示③。表 3-3 列举了由两篇文献所计算的新兴市场国货币危机时的资本净流出规模，数值让我们可以看到货币危机时期容易发生资本逆转现象④，在新兴市场国发生危机时，金融项目净值变动规模可以达到 GDP 的 20%！

表 3-3 货币危机时期的资本逆转规模

单位：%

国家	经常项目调整和 GDP 比值⑤	金融项目变动占 GDP 比值⑥
厄瓜多尔（1995～1996 年）	19	19
墨西哥（1994～1995 年）	6	4
印度尼西亚（1996～1997 年）	5	—
菲律宾（1996～1997 年）	7	27
韩国（1996～1997 年）	11	20
泰国（1996～1997 年）	26	26
土耳其（1993～1994 年）	10	10
土耳其（2000～2001 年）	—	20

资本逆转现象被认为是发展中国家所面临的独特现象，如表 3-4 告诉我

① 何谓大幅下降？一般认为一年资本净流入减少量达到 GDP 的 5% 就是够大的，在这方面的讨论见 Edwards S. Thirty Years of Current Account Imbalances, Current Account Reversals and Sudden Stops. NBER, Working Paper 10276, 2004。

② 与此类似的现象是资本流动的紧缩（Capital Flow Contractions, CFC）。资本流入的逆转必须发生在资本净流入国，资本流动紧缩强调资本流入的大规模减少，它既可以发生在原来的资本净流入国（这就是资本流入逆转），也可以发生在资本净流出国。可见资本流动逆转是资本流动紧缩的一个特例。

③ 因为我们知道如果忽略错误、遗漏以及官方储备的变动，那么资本金融项目的资本净流出规模就等于经常项目的顺差规模。

④ 在表 3-3 中资本逆转也有用经常项目调整来表示，但是这个前提是错误、遗漏以及官方储备变动不大，关于经常项目调整和资本逆转在统计上的关系可见 Edwards S. Thirty Years of Current Account Imbalances, Current Account Reversals and Sudden Stops. NBER, Working Paper 10276, 2004。

⑤ 依据经常项目口径计算的结果，见 Calvo G. A. and Reinhart C. M. When Capital Inflows Come to a Sudden Stop: Consequences and Policy Options. University Library of Munich, MPRA Paper 6982, 2000。

⑥ 依据金融项目口径计算的结果，见 Cúrdia V. Monetary Policy under Sudden Stops. Federal Reserve Bank of New York, Staff Reports, No. 278, 2007。

们同是在货币危机时期，发达国家的资本流动变动比新兴市场国要小得多。

表 3－4　货币危机前后经常项目余额和 GDP 的比值

单位：%

	危机前一年 (1)	危机后一年 (2)	前后差值 (3) = (2) - (1)	变动率 (4) = (3) ÷ (1)
新兴市场国	－4.86	－1.39	3.78	－77.8
发达国家	－2.84	－2.10	0.74	－26.1

资料来源：Calvo G. A. and Reinhart C. M. When Capital Inflows Come to a Sudden Stop：Consequences and Policy Options. University Library of Munich，MPRA Paper 6982，2000.

（2）资本逆转现象被认为和新兴市场国的下列因素有关：第一，落后的金融市场发育程度。由于新兴市场国的金融发展落后，外国投资者容易对它们失去信心，从而发生信贷萎缩，一旦外国投资者对新兴市场国的经济前景和政府状况失去信心，资本逆转就极有可能发生。表 3－5 表明新兴市场国在危机后的确经历了国际信用评级的较大幅度下降。第二，低效的宏观政策。如在低效的财政政策安排下，财政收入依赖税收入，财政支出的增加意味着生产部门税后收入的减少，这样经济中存在着两种均衡，或者高产出和高财政支出并存，或者低产出和低财政支出并存，当财政支出提高到一定水平时，经济会陷入恶性均衡中，从而引发资本逆转①。另外，从实证角度讲，债务美元化②被认为是资本发生逆转的最重要的解释变量，世界资金流动性紧缩、固定汇率制度、较大的经常项目逆差、资本流动结构中直接投资比重小等也被认为是资本逆转的解释变量③。

① 有学者认为发展中国家低效的财政政策是资本逆转的罪魁祸首，见 Calvo G. A. Explaining Sudden Stops，Growth Collapse and BOP Crises：The Case of Distortionary Output Taxes. NBER，Working Paper 9864，2003。

② Calvo G. A.，Izquierdo A.，Mejia L. On the Empirics of Sudden Stops：The Revelence of Balance－sheet Effects. NBER，Working Paper 10520，2004.

③ Edwards S. Capital Controls，Capital Flow Contractions，and Macroeconomic Vulnerability. Journal of International Money and Finance，2007，26（5）.

表 3－5　危机后国际信用评级下降

	机构投资者国际信用评级的下降幅度		
	危机后的第一个半年	危机后的第二个半年	累计下降
新兴市场国	4.3	6.9	12.9
发达国家	1.4	0.5	1.9
穆迪国际信用评级的下降幅度			
	危机后的第一个半年	危机后的第二个半年	危机后一年
新兴市场国	8.2	4.4	12.2
发达国家	0.7	0	0.7

资料来源：Calvo G. A. and Reinhart C. M. When Capital Inflows Come to a Sudden Stop：Consequences and Policy Options. University Library of Munich，MPRA Paper 6982，2000.

（3）资本逆转给发展中国家带来了巨大痛苦①，同时在前面的分析中我们已经证明了资本项目管制政策并不能成就这两个目标②。因此研究资本逆转可能性背景下的货币政策是必须的。总体上资本逆转对货币政策的影响有下面几个方面。

1）货币政策面临新的冲击。资本逆转可以看作是新兴市场国要面临的重要冲击，该冲击之所以重要，是因为它所引发的经济后果严重。因此一旦资本逆转被认为是新兴市场国要面对的真实生活，那么我们就应把它作为货币政策要缓冲的冲击之一，正如 Fraga（2003）所说："这些冲击会对汇率从而对利率有重要的影响，导致更高的利率以遏制通胀压力。"在这种新的冲

① 提及资本逆转引发经济后果的文章有：Calvo G. A. Explaining Sudden Stops，Growth Collapse and BOP Crises：The Case of Distortionary Output Taxes. NBER，Working Paper 9864，2003；Caballero R. J. and Krishnamurthy A. Smoothing Sudden Stops. Journal of Economic Theory，2004，119（1）；Edwards S. Thirty Years of Current Account Imbalances，Current Account Reversals and Sudden Stops. NBER，Working Paper 10276，2004；Edwards S. Financial Openness，Sudden Stops and Current Account Reversals. American Economic Review，2004，94（2）；Hutchison M. and Noy I. Sudden Stops and the Mexican Wave：Currency Crises，Capital Flow Reversals and Output Loss in Emerging Markets. Journal of Development Economics，2006，79（1）。资本逆转引发的经济结果主要有：本币贬值、名义利率上升、产出急剧下降以及消费的下降。资本逆转的长期影响以及短期影响如何受货币政策、汇率政策的影响，可见 Calvo G. A.，Izquierdo A.，Mejia L. On the Empirics of Sudden Stops：The Revelence of Balance－sheet Effects. NBER，Working Paper 10520，2004。

② 不少研究也证实了这一点，见 Edwards S. Capital Controls，Sudden Stops and Current Account Reversals. NBER，Working Paper 11170，2005；Edwards S. Capital Controls，Capital Flow Contractions，and Macroeconomic Vulnerability. Journal of International Money and Finance，2007，26（5）。

击下，应当怎样运用货币政策工具缓冲冲击的不良影响，这是新兴市场国中央银行面临的任务[①]。

2）货币政策的有效性受到影响。我们看见资本逆转本身会给汇率、利率带来影响，使这两个经济变量的作用和平常的表现相差甚远。如 Christiano 等（2002）指出，如果在贸易部门和非贸易部门之间存在着生产调整的障碍，那么面对资本流入逆转，削减利率反倒带来经济紧缩。

3）对现有的货币政策框架适用性的影响。通货膨胀目标制被认为在诸多西方国家运用成功，然而当学者们在大力向新兴市场国推销通货膨胀目标制的同时，一些敏锐的经济学家已经注意到资本逆转对通货膨胀目标制有威胁[②]，因为，受资本逆转影响，新兴市场国必须重视央行所发挥的最后贷款人功能，但在发达国家的货币政策框架下，这个功能不仅是多余的，甚至是和发达国家的货币政策框架相冲突。

4）货币政策分析需要新的理论框架。新兴市场国所表现出的资本逆转现象和现有的小国开放模型有着严重冲突[③]。不论是在无摩擦的实际经济周期模型中，还是在价格粘性的凯恩斯模型中，完全的国际资本市场都被看做是平滑消费的渠道，国际资本市场都被设定为在消费平衡、风险分担以及信贷分配方面是完全的，在这样的安排下，资本逆转根本不会发生。如果国际金融市场是完全的，那么当一个国家被卷入不利的状态中，这个国家会和其他国家共同承担个别收入波动的风险，其他国家的资本因此流入以帮助该国经济恢复到正常水平，资本逆转不会发生。为了解释这些国家的资本逆转现

① 结合资本逆转现象研究货币政策的，常见于对危机中的货币政策顺周期性或逆周期性选择，如 Braggion F.，Christiano L. J.，Roldos J. Optimal Monetary Policy in a "Sudden Stop". NBER，Working Paper 13254，2007；Caballero R. J. and Krishnarmurthy A. Exchange Rate Volatility and the Credit Channel in Emerging Markets. NBER，Working Paper 10517，2004；Christiano L. J.，Gust C.，Roldos J. Monetary Policy in a Financial Crisis. NBER，Working Paper 9005，2002。其中 Caballero 和 Krishnarmurthy（2004b）有文献提到当面临资本逆转时，中央银行究竟选择提高利率还是降低利率，这个选择依赖债务美元化程度、贷款约束是存在于公司水平还是在国家水平，见 Caballero R. J. and Krishnarmurthy A. Exchange Rate Volatility and the Credit Channel in Emerging Markets. NBER，Working Paper 10517，2004。

② 提到资本流入逆转对通货膨胀目标制威胁的文章，见 Fraga A. Inflation Targeting in Emerging Market Economies. NBER，Working Paper 10019，2003。

③ 在这方面作了探讨的有 Arellano C. and Mendoza E. G. Credit Frictions and "Sudden Stops" in Small Open Economies：An Equilibrium Business Cycle Framework for Emerging Markets Crises. NBER，Working Paper 8880，2002。

象和产出、投资和消费的突然急剧下降，以及相对价格的大规模调整，我们需要有新的理论。

（二）新兴市场国对外经济特征

1. 债务美元化及货币错配

（1）我们在前面提到，本币贬值以及货币危机并非是新兴市场国的专利，发达国家会有这样的经历。但是新兴市场国的本币贬值会带来严重的后果，如经济剧烈紧缩以及资本逆转，这些现象在发达国家却并不常见。这个原因被认为是和新兴市场国独有的债务美元化及货币错配现象有关。

债务美元化是指债务价值多以外币计值，它可以分为对外债务美元化和对内债务美元化两种情况。当债务的计值和偿还是以美元为代表的外币，而可以产生归还能力的收入却来源于本币，这时就产生了货币错配问题。所谓货币错配，是指一个经济主体（包括主权国家、金融企业、非金融企业或家庭等）其资产和负债的计值货币不同，或者收入和支出的计值货币不同。在开放经济条件下，对于本币尚未实现国际化的国家来说，只要进入国际市场、参与国际分工与交换，货币错配问题就不可避免①。新兴市场国的债务美元化及货币错配问题，可以分别看表3－6和表3－7。其中表3－6表明，和发达国家相比，新兴市场国普遍存在对外债务美元化现象②。表3－7显示的是以净对外头寸衡量的新兴市场国的货币错配状况③。

---

①　从债务的承担者来讲，无论是由政府、银行还是公司借入外债，都会有货币错配的可能。只要政府和银行借入债务的主要目的是帮助那些不能直接进入到国际市场的项目融资，并且只要这些项目不产生外币收入，货币错配现象就在所难免。而对于能借入债务的公司、企业来讲，如果其收入来源也主要是本币收入，那么货币错配现象也不可避免。

②　有学者提供了许多证据表明新兴市场国存在债务美元化现象，见 Eichengreen B.，Hausmann R.，Panizza U. B. Currency Mismatches，Debt Intolerance and Original Sin：Why they are Not the same and Why it Matters. NBER，Working Paper 10036，2003。

③　净对外头寸等于净对外资产与净对外负债之差，正值表示净外币资产，负值表示净外币负债。

表3－6 发达国家和新兴市场国对外债务币值结构

单位：%

		外币计值	本币计值
发达国家	德国	21.55	78.45
	瑞士	75.31	24.69
	美国	10.03	89.97
新兴市场国	阿根廷	93.56	6.44
	智利	95.85	4.15
	哥伦比亚	91.14	8.86
	秘鲁	99.00	1.00
	乌拉圭	90.74	9.26
	韩国	83.62	16.38
	泰国	75.53	24.47
	土耳其	93.86	6.14
	保加利亚	95.33	4.67
	匈牙利	84.30	15.70
	印度	83.39	16.61
	南非	52.76	47.24

资料来源：World Bank. Quarterly External Debt Statistics, 2009.

从表3－7我们发现，和发达国家相比，新兴市场国的净对外头寸表现为净债务形式。而且其规模无论是相对于国民生产总值还是和外汇储备相比都显得较大①。

① 在新兴市场国中，相对而言亚洲国家的货币错配程度要弱一些，这主要是因为亚洲国家更重视外汇储备的积累，因此净外债的规模没有超过外汇储备规模，而其他新兴市场国外汇储备规模都不足以保证净外债的偿还。

表 3－7　新兴市场国货币错配（2004 年）

单位:%

		净对外资产/GDP	净对外资产/外汇储备
发达国家	德国	8.0	4.52
	瑞士	130.8	8.11
	美国	－22.6	－35.00
新兴市场国	阿根廷	－47.6	－3.83
	智利	－37.5	－2.19
	哥伦比亚	－34.8	－2.47
	秘鲁	－53.1	－2.96
	乌拉圭	－23.0	－1.11
	韩国	－4.0	－0.14
	泰国	－29.2	－0.98
	土耳其	－47.3	－3.98
	保加利亚	－47.8	－1.29
	匈牙利	－96.9	－6.05
	印度	－10.9	－0.57
	南非	－5.1	－0.83

资料来源：Lane P. R. and Milesi－Ferretti G. M. The External Wealth of Nations Mark Ⅱ：Revised and Extended Estimates of Foreign Assets and Liabilities，1970 － 2004. IMF Working Paper 06/69，2006.

（2）债务美元化、货币错配既然是新兴市场国的独有现象①，总体上讲，

① 有关新兴市场国发生债务美元化以及货币错配原因的相关文章有：Hausmann R. and Panizza U. The Determinants of Original Sin.：An Empirical Investigation. Journal of International Money and Finance，2003，22（7）；Burnside C.，Eichenbaum M.，Rebelo S. Hedging and Financial Fragility in Fixed Exchange Rate Regimes. European Economic Review，2001，45（7）；Jeanne O. Monetary Policy and Liability Dollarization. International Monetary Fund，2002；Eichengreen B. and Hausmann R. Exchange Rate and Financial Fragility. NBER，Working Paper 7418，1999。提及的原因包括：第一，新兴市场国落后的经济发展水平以及金融发展水平严重限制了金融市场的发育，特别是长期金融市场的培育，企业就难以依赖本国金融市场筹借长期资金，而只能借助国际市场。第二，许多新兴市场国过去经历过高通货膨胀，政府也长期背负财政赤字的重担，这降低了本币在居民心目中的地位，因此人们不愿持有大量的本币资产而热衷于将本币资产转化成外币资产，这样就容易形成国内银行等部门的债务美元化。第三，新兴市场国的利率水平波动太大。如果本国的利率处于较高水平而且波动又大，那么借入外币的相对成本和风险反倒要低于本币债务，这样居民宁愿选择借入外币。第四，新兴市场国的固定汇率安排也催生债务美元化现象。

债务美元化和货币错配给新兴市场国带来的危害有下列表现：第一，加重了实际汇率贬值对经济的紧缩效应。实际汇率大幅变化并不是发展中国家的专利，但是为何发展中国家会因此有资本逆转现象以及大规模的经济紧缩？发展中国家的债务美元化被认为是罪魁祸首①。第二，降低了新兴市场国在国际金融市场上的信用等级，提高了借入成本。对于债务美元化的国家而言，由于它们的债务结构使归还债务的能力更多受汇率影响，因此也更难预料，这样它们的国际信用等级较差，不得不承受更高的利率，这可以看前面的表3－5。第三，加大实际汇率波动。债务美元化的国家的实际汇率波动要比发达国家大得多，无论是以短期实际汇率还是以长期实际汇率来看都是如此，是发达国家的2～3倍②。第四，带来产出波动、消费波动③。第五，加大资本流动波动，甚至带来资本流动逆转④。

（3）债务美元化、货币错配对货币政策有下列影响：第一，货币政策稳定经济任务变得更艰巨。债务美元化、货币错配加剧了新兴市场国的波动，包括产出波动、消费波动、资本流动波动、实际汇率波动，因此新兴市场国货币政策在稳定经济上比发达国家面临更严峻的政策任务。第二，汇率的作用机制发生改变，使汇率选择更困难。存在债务美元化及货币错配的经济体，它的资产、负债、收入及支出对汇率变动的敏感性不同，因此净值可能随汇率而变动。这样，汇率就会通过对经济体净值的作用而改变消费、投资等的

① 至于债务美元化如何加深实际汇率的紧缩效应，见 Arellano C. and Mendoza E. G. Credit Frictions and "Sudden Stops" in Small Open Economies：An Equilibrium Business Cycle Framework for Emerging Markets Crises. NBER，Working Paper 8880，2002。

② Eichengreen B.，Hausmann R.，Panizza U. The Pain of Original Sin，Mimeo. http：//www. econ. berkeley. edu/～eichengr/research/ospainaug21－03. pdf，2003.

③ 实证检验告诉我们，债务美元化是解释产出波动的重要变量，能够解释发达国家和新兴市场国在这方面差异的1/4，见 Eichengreen B.，Hausmann R.，Panizza U. The Pain of Original Sin，Mimeo. http：//www. econ. berkeley. edu/～eichengr/research/ospainaug21－03. pdf，2003。另外，又有文章从理论上证明了国际原罪是新兴市场国消费波动和产出波动的原因，见 Obstfeld M. Globalization，Macroeconomic Performance，and the Exchange Rates of Emerging Economies. NBER，Working Paper 10849，2004。

④ 实证检验表明债务美元化是引发资本逆转最重要的决定变量，见 Calvo G. A.，Izquierdo A.，Mejia L. On the Empirics of Sudden Stops：The Revelence of Balance－sheet Effects. NBER，Working Paper 10520，2004。也有实证检验表明债务美元化是解释资本流动波动的重要变量，见 Eichengreen B.，Hausmann R.，Panizza U. The Pain of Original Sin，Mimeo. http：//www. econ. berkeley. edu/～eichengr/research/ospainaug21－03. pdf，2003。

需求，从而发挥着传统的支出转换效应之外的角色。受此影响，新兴市场国的汇率选择问题也变得更复杂①。一些研究文章甚至得出结论，认为债务美元化使浮动汇率和固定汇率在新兴市场国都显得不适宜②，甚至建议完全放弃本币作为解决出路。第三，给货币政策框架选择带来困难。同样，债务美元化也降低了通货膨胀目标制的可行性③，是新兴市场国货币政策选择所要考虑的重要外在约束。第四，颠倒货币政策效力，加大货币政策实施难度。在传统凯恩斯理论指导下，降低利率具有扩张经济作用，提升利率具有紧缩经济作用。新兴市场国债务美元化以及货币错配的经济特征，改变了货币政策的作用效果。新兴市场国债务美元化现象使膨胀性的货币政策反倒体现出紧缩效应④，受此影响，逆周期性的货币政策不再有效地发挥平稳经济功能，在稳定性方面反倒不如固定汇率的制度安排。

2. 国际金融市场中的不利地位

众所周知，新兴市场国和发达国家相比，在国际金融市场中还是处于不利地位，如要获得资金必须要支付比发达国家更高的资金成本，这样，对于新兴市场国，虽然通过资本项目开放有助于它能更大范围、更深程度地融入国际金融市场，但和发达国家相比，新兴市场国与国际金融市场的接轨程度

---

① 如受此汇率机制影响，原本本币贬值发挥扩大需求作用，但在此时因存在着汇率的资产负债表效应，本币贬值反倒会紧缩经济。这个原因常被用来说明新兴市场国普遍存在的“汇率浮动恐惧症”。

② 如 Eichengreen B. and Hausmann R. Exchange Rate and Financial Fragility. NBER，Working Paper 7418，1999；Berg A. and Borenzstein E. The Choice of Exchange Rate Regime and Monetary Target in Highly Dollarized Economies. Journal of Applied Economics，2000，3（2）；Céspedes L.，Chang R.，Velasco A. Balance Sheets and Exchange Rate Policy. American Economic Review，2004，94（4）；Chang R. and Velasco A. Financial Fragility and the Exchange Rate Regime. Journal of Economic Theory，2000，92（1）；Spiegel M. M. and Valderrama D. Currency Boards，Dollarized Liabilities，and Monetary Policy Credibility. FRBSF，Working Paper－07，2003。

③ 如有文章提到由于存在债务美元化的国家会有强烈的动机去稳定汇率，因此市场就有理由怀疑中央银行并不是在钉住所承诺的通货膨胀目标，而是在钉住汇率，通货膨胀目标钉住制所要求的信誉因此被破坏。见 Mishkin F. Inflation Targeting in Emergent Market Countries. American Economic Review，2000，90（2）。

④ 有学者认为债务美元化会修改甚至颠倒利率政策效果，是因为利率下降引发本币贬值，带来本国经济体债务膨胀以及净值下降，这会使投资和产出也随之下降，见 Cook D. Monetary Policy in Emerging Markets：Can Liability Dollarization Explain Contractionary Devaluations. Journal of Monetary Economics，2004，51（6）。

显得更落后。新兴市场国在国际金融市场中的不利地位，被看成是国际市场不完全的表现。

金融市场不完全对新兴市场国带来的最大结果是增加了经济波动性①。第一，金融市场不完全带来资本流动的波动性甚至引发资本逆转②；第二，金融市场不完全会加剧消费波动性；第三，金融市场不完全加剧产出和投资波动性。金融市场不完全会加大经济波动，是新兴市场国重要的波动来源，已被许多文章所证实③。

金融市场的不完全性对货币政策影响重大。第一，外部冲击作用被放大，货币政策稳定经济的任务也就显得更艰巨④。既然外部冲击的作用被放大，那么受此影响，货币政策稳定经济的任务也就显得更艰巨。第二，金融市场不完全修改了利率规则的作用。Blas（2009）研究了金融市场的不完全如何改变利率规则的作用，指出受金融市场不完全影响，利率规则在稳定产出和稳定通胀上的表现发生了变化。

3. 进出口结构

在 Kose（2002）的文章中提到，新兴市场国和发达国家在进出口结构上

---

① 金融市场不完全的经济结果还有许多，如有研究提到金融市场不完全会影响新兴市场国资本流入的结构，见 Smitha K. A. and Valderrama D. The Composition of Capital Inflows When Emerging Market Firms Face Financing Constraints. Journal of Development Economics，2009，89（2）。有学者还提到金融市场不完全甚至左右资本项目管制效率，见 Orlov A. G. Pros and Cons Capital Centrals in the Presence of Incomplete Markets. American Economist，2005，49（1）。

② 对新兴市场国的研究越来越重视金融市场不完全的影响，这种转变源于资本逆转现象的发现。

③ 如有经济学家在一部门经济模型中刻画出了金融市场的不完全会带来局部均衡的不确定性，金融市场不完全对经济波动的贡献被认为远远大于冲击的作用，见 Steinberger T. Imperfect Financial Contracting and Macroeconomic Stability. Journal of Financial Stability，2005，1（4）。从理论上运用金融市场不完全来解释经济波动的文献不少，有学者总结了这些文献，如 Arellano C. and Mendoza E. G. Credit Frictions and “Sudden Stops” in Small Open Economies：An Equilibrium Business Cycle Framework for Emerging Markets Crises. NBER，Working Paper 8880，2002。该文章将这些文献分为两大类：偿还能力模型和支付意愿模型，其中偿还能力模型又分为抵押约束模型和监督成本模型。

④ 在金融市场不完全的背景中，表明货币冲击对经济的作用被放大的首篇文章要属 Gertler M. Comment on Monetary and Financial Interactions in the Business Cycle. Journal of Money，Credit，and Banking，1995，27（4）。自那以后，有许多文章都表明在金融市场不完全下，冲击的作用被放大。如 Cooley T. F. and Nam K. Asymmetric Information，Financial Intermediation，and Business Cycles. Economic Theory，1998，12（3）；Bernanke B. S.，Gertler M.，Girlchrist S. The Financial Accelerator in a Quantitative Business Cycle Framework. NBER，Working Paper 6455，1998。

存在着明显的差异，表现在，对于发展中国家出口结构中初级产品（包括食品、农产品和金属产品）比例很高（为 68.5%），资本品比例很低（3.2%），但在进口比例中，资本品和中间产品占了很高的比重（分别为 30.8%、49.0%）。与此相对照的是，发达国家出口结构中初级产品成分很小（16.7%），资本品和中间产品在进口结构（分别是 29.6%、46.6%）和出口结构（都是 40.7%）中都较大。但笔者所收集的数据表明两类经济体在进出口结构上差异并不大（见表 3－8）。表 3－8 表明新兴市场国和发达国家一样，资本品和中间产品在进口品以及出口品中的比例都很大。这两者差异的原因主要是因为 Kose（2002）的数据主要集中在 20 世纪 70～90 年代，而笔者收集的是 2008 年的数据。可见随时间推移，新兴市场国的贸易结构也不断逼近发达国家。

表 3－8　发达国家和新兴市场国进出口结构

单位：%

		初级产品/总进口	中间产品/总进口	制造品/总进口	资本品/总进口
进口结构	新兴市场国	12.3	49.7	64.2	36.5
	发达国家	12.9	50.7	64.0	32.2
		初级产品/总出口	中间产品/总出口	制造品/总出口	资本品/总出口
出口结构	新兴市场国	17.2	37.3	68.0	42.6
	发达国家	12.2	43.2	71.9	40.0

资料来源：United Nations Conference on Trade and Development. Handbook of International Trade and Development Statistics（2008）.

这样的贸易结构意味着汇率对投资及生产影响较大，所以新兴市场国还是应当重视汇率在货币政策规则中的作用。

（三）新兴市场国内部经济特征

1. 金融市场较为落后

新兴市场国金融市场发育落后，利率形成缺乏足够的市场支持，特别是长期利率，由于缺乏长期债券市场，长期利率难以实现市场化。我们知道货币政策的传递机制中关键环节就是短期利率作用于长期利率，如果长期利率缺乏市场化，那么货币政策就难以通过市场手段改变长期利率，从而引导国内投资和消费需求。Taylor（2000b）就提到了新兴市场国由于缺乏长期债券市场，在短期利率和长期利率之间缺乏有效的传递链接，因此适用于发达国家的货币政策若照搬于新兴市场国就会大打折扣。另外，新兴市场国的短期金融市场也不够发达，短期金融产品极不丰富，短期利率品种也显得贫乏得很。利率体系的不完备阻碍了远期汇率的自由成形，远期汇率也难以找到由利率差所规定的基准水平和波动幅度，因此倘若没有政府对汇率的干预，新兴市场国的汇率波动将很大。这些都极大地约束了新兴市场国的货币政策选择。

2. 产业结构

新兴市场国的产业结构和发达国家存在着明显的差异，正如表 3－9 所示的。从中可知发达国家的农业以及工业在 GDP 中的比重都要远远低于新兴市场国，相比之下，服务业的比重要大大高于新兴市场国。

表 3－9　三类产业占 GDP 比重

单位:%

		农业	工业	服务业
发达国家	美国[a]	1	22	77
	德国	1	30	69
	英国[b]	1	23	76
	法国	2	21	77
	日本	1	30	68
	意大利[b]	2	27	71
新兴市场国	阿根廷[b]	9	34	57
	中国	11	49	40
	巴西	7	28	65
	秘鲁	7	38	55
	厄瓜多尔	7	36	57
	马来西亚[b]	10	48	42
	泰国[b]	12	46	43
	墨西哥	4	37	59

续表

		农业	工业	服务业
新兴市场国	巴基斯坦	20	27	53
	土耳其	10	28	62
	印度	18	29	53
	印度尼西亚	14	48	37
	菲律宾	15	32	53

注：a 表示的是 2006 年的数据，b 表示的是 2007 年的数据，其余的是 2008 年的数据。

资料来源：World Bank，2009.

这个产业结构的差异可以在很大程度上说明新兴市场国在其他方面和发达国家的差异，有助于解释新兴市场国的独特经济现象，如在国际金融市场上处于不利地位、货币错配显著等。

3. 中央银行缺乏公信力

和发达国家同行相比，新兴市场国的中央银行缺乏有力的公信力。这和这些国家过去高通货膨胀历史相关，也和中央银行独立性不够相关。因此，新兴市场国需要比发达国家加倍重视明确的名义锚的作用。名义锚的设立，一方面可以通过对中央银行的政策行为施加限制，并确保一个可信的政策得以实现，增强货币政策的信誉；另一方面明确了中央银行的责任，同时通过向公众传递这些名义锚目标而提高了货币政策的透明度，便于公众监督中央银行的行为。此外名义锚的设立也可以有助于政府对公众预期的正确引导。所有这一切都将有利于减弱货币政策动态不一致问题。因此 Mishkin（2000）认为名义锚“从某种程度上是货币政策成功的一种必要要素”。可见，在新兴市场国的货币政策选择中，必须确定名义锚的载体。

4. 财政主导

新兴市场国的中央银行无论在名义上还是在实质性上，独立性都比不上发达国家，货币政策容易受到该国财政政策的辖制[①]。如果这些国家政府追求扩张性的财政政策，由此引发的财政赤字将逼迫中央银行发行更多的货币，这样，中央银行难以遵行合理的货币政策。正因为如此，Masson 等（1997）认为要实现通货膨胀目标钉住制必须排除财政主导。其实“排除财政主导”这一点，不仅是实行通货膨胀目标钉住制的实施前提，也被认为是新兴市场国实行其他货币政策制度的前提条件。

（四）新兴市场国的冲击

新兴市场国和发达国家相比，受其经济规模小等因素影响，更容易受到外部冲击。这观点首先在 Calvo 等（1993）实证检验基础上得出，后又被 Mac'kowiak（2007）的 VAR 检验所证实。

新兴市场国所面临的主要外部冲击有：

1. 世界价格冲击

世界价格冲击是新兴市场国重要的外部冲击，因为新兴市场国和发达国家相比，其出口收入中产品构成单一，因此要承受原料产品价格波动对本国经济的冲击。此外，新兴市场国对外债的偿还能力严重依赖出口收入，同时，新兴市场国生产依赖进口资本品以及中间产品。这样，这些国家经济受世界价格的冲击很大。Kose（2002）用随机动态模型检查了世界价格在发展中国家经济波动中的地位[②]，表明世界价格解释了发展中国家 88% 的总产出波动

---

① 在讨论新兴市场国的通货膨胀目标制以及汇率制度中财政政策的辖制作用常被提及，见 Amato J. D. and Gerlach S. Inflation Targeting in Emerging Market and Transition Economies: Lessons After a Decade. European Economic Review, 2002, 46 (4-5); Leitemo K. Inflation Targeting Strategies for Small Open Economies. Oslo University, Department of Economics, 1999; Masson P., Savastano M., Sharma S. The Scope for Inflation Targeting in Developing Countries. IMF, Working Paper 97/130, 1997; Mishkin F. Inflation Targeting in Emergent Market Countries. American Economic Review, 2000, 90 (2); Mishkin F. and Savastano M. Monetary Strategies for Latin America. NBER, Working Paper 7617, 2000; Taylor J. Using Monetary Policy Rules in Emerging Market Economies. Standford University, 2000。

② 假设金融市场无风险是其分析的一个缺陷，因此我们可以想象如果考虑进金融市场的不完全，国家风险溢价等变量有助于解释新兴市场国宏观变量的波动，这样世界价格的解释能力就要下降许多。

以及90%的投资波动，以及部分的资本品价格波动和中间产品价格波动①。

2. 风险溢价冲击②

受金融市场不完全性的约束以及货币错配现象的影响，新兴市场国若要从国际金融市场上融入资金就不得不承受更大的成本，这就体现为风险溢价。

3. 外国利率冲击

新兴市场国的资金需求如果非常依赖国际金融市场，那么无疑世界利率是个重要的冲击。虽然发达国家的资金流入流出水平，无论是从相对规模还是从绝对规模上看，都大于新兴市场国，但是发达国家在国际利率上具有绝对的发言权，而不是被动的接受者，因此发达国家在货币政策制定上依然享有相当的主动权③。

因此研究新兴市场国的货币政策，就应当研究这些外部冲击对经济的作用，以及货币政策应当如何对这些冲击做出恰当的反应。

二、新兴市场国货币政策分析框架选择

上节所提的诸多新兴市场国的独有经济现象，意味着新兴市场国的货币政策选择难以简单模仿发达国家的成功经验，而应自己摸索，去寻找适合自

① 他建立的机制强调发展中国家的生产依赖外国资本品以及中间产品。

② 其实世界利率、国家风险溢价以及新兴市场国的基本面状况关系是复杂的，如何看待国家风险溢价也会影响我们如何看待世界利率冲击。如果把国家风险溢价看成是独立于新兴市场国基本面的变量，这会夸大国家风险溢价对新兴市场国的作用，减小世界利率对新兴市场国的作用，得出这样结论的文章有 Neumeyer P. A. and Perri F. Business Cycles in Emerging Economies: The Role of Interest Rates. Journal of Monetary Economics，2005，52（2）。有学者提到了如何区分世界利率的作用和国家风险溢价的作用，如 Uribe M. and Yue V. Z. Country Spreads and Emerging Countries: Who Drives Whom. Journal of International Economics，2007，69（1）。该文章总结出美国利率和国家风险溢价分别能解释新兴市场国20%和12%的总体波动。

③ 有不少文章在讨论金融全球一体化对美国货币政策的影响时都提到这点，如 Bernanke B. S. Globalization and Monetary Policy. Speech at the Fourth Economic Summit，Stanford Institute for Economic Policy Research，Stanford，California March 2，2007；Elekdag S.，Justiniano A.，Tchakarov I. An Estimated Small Open Economy Model of the Financial Accelerator. IMF，WP/05/44，2005。这样的结论也适用于英国、欧元区国以及日本。

己的货币政策。在这一过程中分析框架的选择是至关重要的。在本节里我们首先简要概括当今主流货币政策分析框架组成，指明这并不适合新兴市场国货币政策的分析需要，接着推荐了新出现的开放经济的金融加速器模型，作为新兴市场国货币政策的合适选择。

(一) 当今主流货币政策分析框架

1. 当今主流货币政策分析框架结构

在理论研究和大量实证研究的共同推动下，现在流行的货币政策分析模型包含了三个部分[①]：IS 曲线、菲利普斯曲线以及货币政策规则。IS 曲线从需求角度联结了利率和产出的关系。在这里没有实际货币余额，因为在模型的推导中，IS 曲线方程是源于个人效用最大化条件的推导，既然个人效用函数中消费和实际货币余额是可分的，换句话说，消费所带来的边际效用和实际货币余额无多大关系[②]，那么实际货币余额就和消费及产出没有关系。菲利普斯曲线从供给角度联结了产出和通货膨胀率的关系。在该曲线方程的推导中，价格调整被假设成是缓慢的[③]。另外，菲利普斯曲线中还包括了理性预期的假设以及产出和通胀的替代假设。货币政策规则[④]作为货币政策分析框架的第三部分，联结了利率和通货膨胀率以及产出的关系。在这里货币政策的实践不再是基于实际货币余额，而是基于利率。这是因为，目前越来越多的中央银行采用利率作为操作目标或操作工具，而不再是使用实际货币余额[⑤]。另外，货币政策分析框架同时假设中央银行可以利用利率来影响实际

① McCallum（1999）详细介绍了最近货币政策分析的发展，解剖了理论和实证在其中所起到的作用。

② 实际货币余额被设定为和消费没有关系，这是基于对货币余额功能的认识。如果货币的作用主要是方便交易，那么这种效用函数的假设是合理的，并且也有利于数学处理。

③ 这样的假定是为了和实证检验结论相吻合。

④ 对于货币政策规则还有涉及简单规则和最优规则、工具规则和目标规则的选择。最优规则以及目标规则都依赖于模型的具体假设，不同的模型有不同的最优规则，不同的目标函数决定了不同的目标规则。因此简单规则和工具规则更容易适应不同模型的需要。

⑤ 使用货币供给作为货币政策操作目标的前提是货币供给和通胀、产出的关系要明确、稳定，当前受金融创新以及金融开放等冲击的影响，这些关系越来越显得模糊、易变，因此不仅发达国家，就是发展中国家也越来越多地放弃货币供应量规则。

部门。这在新凯恩斯框架中是借助于价格粘性的假设来实现①。这样，在当前流行的货币政策分析框架中基本变量有三个，即利率、产出和通货膨胀率，对应也有三个函数，以此构成一个完整的分析框架。

对于开放经济，虽然多了汇率、贸易条件等重要的经济变量，但是其分析框架和封闭经济并没有多大差别，还是可以简化为由上面三部分组成②。

2. 在新兴市场国的运用

以上介绍的主流货币政策分析框架虽然被广泛运用，然而如果我们直接运用此框架来分析新兴市场国，所得的结论难免误导人。这是因为该分析框架的一些假设和新兴市场国的实际相差太远，或者说该分析框架所含的假设和所得的结论与新兴市场国的经济表现存在着明显的冲突。

（1）不能体现出新兴市场国的资本流动强顺周期性。该分析框架在对消费者的行为方面还是承袭了传统理论的观点。依据传统理论，消费者的消费行为特征是平稳消费，他们在经济繁荣期向海外借出资金，资本项目表现为净流出，在经济萧条期，为了保持理想的消费水准，从海外借入资金，资本项目表现为净流入。因此，依据传统理论的观点，资本流动应表现为逆周期性。这一点和我们在上一节里所提的新兴市场国具有资本流动强顺周期性相互冲突。

（2）不能说明新兴市场国所经历的资本逆转现象。在该分析框架下，国际资本市场通常被看作是完全的，被设定为在消费平衡、风险分担以及信贷分配方面是完全的，在这样的安排下，资本逆转根本不会发生。因为，如果一个国家受不利冲击影响，完全的国际资本市场会促进资本从其他国家流入到该国，帮助该国经济恢复到正常水平。但事实上，新兴市场国一旦遭遇较大的不利冲击，国际资本非但不流入，倒是迅速逃离，让受害国独自孤单地忍受残局。

---

① 在其他如新古典学派中，有的是借助有限参与模型来引入货币政策的非中性。

② 典型的有 Adolfson M. Incomplete Exchange Rate Pass - through and Simple Monetary Policy Rules. Journal of International Money and Finance，2007，26（3）；Clarida R.，Gali J.，Gertler M. A Simple Framework for International Monetary Policy Analysis. Journal of Monetary Economics，2002，49（5）；Monaceli T. Monetary Policy in a Low Path - through Environment. Journal of Money Credit and Banking，2005，37（6）。

（3）未考虑债务美元化、货币错配、金融不完全性的影响。正如上一节我们提到的，债务美元化、货币错配是新兴市场国的主要经济特征，这种经济特征不仅改变了货币政策的政策任务，而且还修改了汇率、利率的作用机制，甚至颠倒了货币政策效力。但在主流货币政策分析框架中，并没有考虑这些因素。在主流货币政策分析框架中，消费者对本币资产及外币资产的选择是等同的，企业和消费者都被认为可以自由地进入国际金融市场或投资或借贷，国际资本市场对其没有任何的偏见。

（4）忽略了在新兴市场国利率规则的局限性。主流货币政策分析框架中的第三部分是货币政策规则，该规则用利率工具来表达。这样表达主要是考虑到以美国为首的发达工业国的货币政策操作工具是利率，但在广大的新兴市场国，由于其金融市场不发达，尤其是长期债券市场不发达，倘若货币政策以利率规则为主，那么货币政策的效果会很有限。

因此，对于新兴市场国而言，资本项目开放所引发的特殊现象，使运用当前主流货币政策分析框架显得不合适。这一点，曾有很长一段时间被经济学家所忽视，即使那些已看到发达国家的货币政策框架、货币政策规则应当做些修改才能被运用到新兴市场国的文章①，也没有发现货币政策分析框架需要调整。同样的缺陷也体现在2005年国际清算银行所组织的金融全球化下新兴市场国的货币政策选择讨论中②。因此我们若要立足于新兴市场国的实际，给出货币政策建议，就应当在适合新兴市场国的分析框架中进行各样的研究活动，寻找能够说明新兴市场国经济现象的框架。

① Masson P., Savastano M., Sharma S. The Scope for Inflation Targeting in Developing Countries. IMF, Working Paper 97/130, 1997; Leitemo K. Inflation Targeting Strategies for Small Open Economies. Oslo University, Department of Economics, 1999; Mishkin F. Inflation Targeting in Emergent Market Countries. American Economic Review, 2000, 90 (2); Mishkin F. and Savastano M. Monetary Strategies for Latin America. NBER, Working Paper 7617, 2000; Taylor John B. Using Monetary Policy Rules in Emerging Market Economies. Standford University, 2000.

② 在该次会议上所提交的文章有 Hawkins（2005），它分析的是针对全球化，在货币政策工具上的选择问题，涉及直接工具和间接工具的比较、价格工具和量化工具的比较以及短期利率和中期利率的比较。又有 Mohanty 和 Scatigna（2005）探讨了受全球化影响，中央银行如何去应付汇率浮动产生的困境，讨论的问题包括是否应当使用利率来稳定汇率，如果这样是否会对中央银行稳定通胀和稳定产出的目标产生矛盾，以及利率当如何对汇率变动做反应、对哪些汇率变动做反应。

（二）开放经济的金融加速器模型

当今主流货币政策分析框架的特点及局限性，说明我们不能直接运用它进行新兴市场国的货币政策分析，必须寻找适合新兴市场国的货币政策分析框架。就这一点来讲，金融加速器模型是对现有货币政策分析框架很好地修改，能够体现新兴市场国的诸多特点，可以被广大新兴市场国所运用。

1. 模型的提出

金融加速器（Financial Accelerator）的概念是在分析金融市场不完全的经济后果中提出的。信息不对称被认为是新兴市场国信贷市场的典型特征，这种信息不完全对于整个经济的作用被叫做“金融加速器”。这个概念首先由 Bernanke、Gertler 和 Gilchrist（1996）提出。所谓的“金融加速器”，就是金融市场和信贷市场好比一个加速器装置，当经济中出现一点很小的冲击，如利率冲击（也可以是社会技术进步冲击、政府支出冲击等），信息不完全的信贷市场会使该冲击的作用加倍放大，以至于该冲击对整个经济社会产生巨大的影响。冲击的作用被加倍放大的原因和信息不完全的金融市场有关，因为在这样的金融市场上融资成本取决于企业的资产负债表状况①。如在受紧缩性货币政策冲击②时，企业的资产负债表状况恶化，这在信息不完全的信贷市场上，会引发融资成本的上升以及企业的投资及产出的下降，这又会恶化企业资产负债表……经济被陷于恶性循环之中。Bernanke 等（1996）用冲击后的脉冲图刻画出了这种放大机制，其文中的模拟图表明，面对紧缩性货币政策冲击，在信贷市场不完全时，即使外部冲击逐渐消失，投资仍然低于稳态水平，资本和产出也长期偏离稳态水平；相比之下，当信贷市场是完全时，虽然受不利冲击作用，投资一开始有所下降，但当冲击逐渐消失时，投资又回到稳态水平。可见放大机制和金融市场不是完全息息相关的。

---

① 在不完全的信贷市场上，由于存在信息不对称，在信息地位上处于劣势的银行，为了保护自身的利益，或是实行信贷配给，控制信贷发放量；或是支付监督成本，同时调整实际索求利率，以弥补监督成本。金融加速器理论就属于后面这种情况，此时所求的利率高出无风险利率的部分，就是风险溢价，这部分风险溢价大小和企业资产负债表挂钩，因为银行依据资产负债表来判断其风险大小。

② 紧缩性货币政策冲击以无风险利率上升为代表。

金融加速器原理的提出也与理论界对企业净值的争论有关，具体地讲，就是围绕企业净值是否影响投资这一争论中心而提出的。著名的 MM 理论奠定了现代资本结构理论的基础，该理论指出在金融市场无摩擦的环境中，企业的资本结构对融资成本没有影响，也即意味着企业净值对投资没有影响。基于此，Bernanke 和 Gertler（1989）提出，由于信息不对称等因素，信贷市场并不是一个无摩擦的市场，相反借贷双方总是存在一定的代理成本。受此影响，企业资产负债状况、企业净值的变化，会使企业在金融市场上的融资成本发生变化，进而引起企业投资成本以及投资规模的变化，这些最终会进一步引起下一期产量的变化，从而造成经济波动。企业净值在这里扮演了加速经济增长或衰退的角色，他们将这种效应称为加速器效应。不过，金融加速器概念的正式提出是 Bernanke 等（1996），表明在信贷市场摩擦存在的情况下，风险溢价和净值之间存在着负相关性，如当经济受不利冲击作用引发企业净值减少时，企业的风险加大，为此银行提高风险溢价，这样，企业面对上涨的融资成本不得不减少投资规模，这就是金融加速器原理。

金融加速器的传导渠道依赖企业净值。净值变动可以来自净收入变动，也可以来自原有的资产价值变动，还可以来自原有债务的价值变动，这是我们从会计等式可以得知的。这样金融加速器的作用渠道可以有三个：一是企业的净收入渠道。如未预料到的利率上升会减少经济的总产出，降低企业的净收入以及净值，从而增加企业对外部融资的依赖。这会提高外部融资溢价，进一步使企业削减下一期的投资，产出、收入和净值也因此减少。二是企业的资产价格渠道。未预料到的货币紧缩会减少对资本品的需求，造成资产价格下降，使企业向银行贷款时可提供的抵押品价值减少，从而推动外部融资溢价上升，企业因此也被迫减少当前投资，这进一步抑制了下一期的产出和净值。而预期企业净值的下降又会进一步降低资产价格，引发下一个紧缩过程。三是债务渠道。市场利率的变化会带来债务负担的变动。如果受紧缩性货币冲击影响，利率提高，原有的浮动利率债务负担变得沉重起来，从而降低企业净值，这会带来风险溢价的提高，从而又会减少产出、投资、收入、净值。这样，在长期中，外部冲击对经济的影响会经这三方面作用，改变企业净值乃至改变投资及产出，因此冲击作用的持续时间更长，力度也会相应变大，体现出信息不完全的信贷市场会有放大冲击作用。

2. 金融加速器模型的发展

自金融加速器模型提出以来，该方面的理论得到了学者们的一些关注，发展也比较快，可以在下面几个方面体现出来。

（1）纳入一般均衡框架。在金融加速器的概念刚提出的时候，分析还停留在局部均衡中，但在 Bernanke 等（1998）的巧妙安排下，金融加速器机制被纳入新凯恩斯的一般均衡框架。不仅如此，他们还引入了价格粘性，加入货币进行讨论，展示了货币政策的金融加速器效应在经济周期中的作用，从而使金融加速器理论逐渐趋于完善。

（2）开放经济的金融加速器模型。金融加速器理论最初是在封闭经济条件下提出的，Gertler 等（2003）成功地将金融加速器机制运用到小国开放经济宏观模型中，从而揭示了不同汇率制度安排下金融加速器效应的表现。在这之后，又有一些文章尝试将金融加速器模型扩展到开放经济，并以此为框架讨论货币政策规则的选择，极大地丰富了金融加速器理论，这些文章包括了 Chang 和 Velasco（2001）、Cook（2004）、Céspedes 等（2004）、Devereux 等（2006）、Cúrdia（2007）。由于金融加速器模型已发展为开放经济的一般均衡模型，因此和 Kruguman（1999）的资产负债表模型相比，它对汇率机制的分析显得更全面，不仅考虑了汇率通过资产负债表对经济的影响，同时也考虑了汇率所发挥的支出转换作用，因此在这样的模型中我们可以详细考察汇率对经济的综合作用，为货币政策提供分析基础。

（3）将金融机构作为一个单独考察的微观经济体纳入模型中。每次的危机都蕴藏着经济理论发展的新契机。对 20 世纪 30 年代危机的不断反思催生了金融加速器理论，而 90 年代的东南亚金融危机则使金融加速器机制从封闭经济研究扩展到了开放经济研究，那么几年前的美国次贷危机又给金融加速器理论带来了什么呢？那就是金融机构被放入了含金融加速器机制的一般均衡模型中，和家庭、企业等一起进行微观分析。在很长的一段时间里金融加速器机制模型没有分析金融机构。这是因为经济学家都把注意力放在贷款需求上，而忽视贷款供给对经济冲击的影响。美国次贷危机的爆发改变了经济学家的观念。许多经济学家相信不负责任的银行贷款行为应当为此次危机负责，因此他们把银行放入金融加速器模型中，希望能给出理论上的证明。首先将银行放入到金融加速器机制模型中的恐怕是 Goodfriend 和 McCallum

(2007)。他们在BGG模型的基础上加入了银行，并利用现金预留模型来表明人们持有货币的动机。在模型中银行的贷款供给受劳动和抵押物影响。银行在提供贷款的时候需要监督这样的劳动，此外，他们认为如资本和政府债券等的抵押物会决定贷款供给，不过考虑到资本的实际价值不容易掌握，所以银行更喜欢用债券作为抵押。一旦抵押物进入了贷款的生产函数中，金融加速器机制也就随之而出现。以扩张货币冲击为例，这类冲击会带来抵押物资产价值的增加，从而降低了银行借款成本。类似地，Christiano 等（2007）也注重银行等金融机构在解释经济波动中的地位，因此也把银行纳入在模型中，所不同的是他们重视存款函数。此外又有 Aliaga – Diaz 和 Olivero（2010）也注重强调银行行为会产生金融加速器机制，和前面两篇文章不同，他们不再假设银行完全竞争和零利润，而是假设银行具有垄断地位，这就是说，银行要提高利率就会面临市场份额的减少。此后有学者就从银行的利润角度来分析金融加速器机制，如 Totzek（2011）。Hirakata 等（2011）的金融加速器模型中也同时考虑了两个面临信贷约束的经济体包括金融中介和企业。Liu 和 Seeiso（2012）则在BGG模型的基础上加入了银行，来看银行的资本管制对经济周期的解释能力。Luk 和 Vine（2011）对BGG模型的修改表现在，把需要融入资金要支付溢价的公司变为了银行，发现此时的金融加速器机制更强。

3. 模型对新兴市场国的适用性

随着金融加速器模型的发展和完善，这类模型用于货币政策分析显得越发得心应手。特别可贵的是，该模型和现有的货币政策分析框架相比，特别适合新兴市场国的货币政策需要，这一点可见下面分析。

（1）该模型体现资本流入的顺周期性。即在国内经济景气时，海外资金大量流入国内，资本成本不断下降，继续推动经济的繁荣，如遇国内经济萧条，海外资金非但不能帮助国内经济重新升温，反倒出现大量抽逃，融资成本上升，使新兴市场国不得不独自面对经济的严冬。传统的开放经济模型认为国际金融市场发挥资源配置作用，国际资本对暂时受不利冲击影响的新兴市场国而言可谓是“雪中送炭”，但是，与此相反的是，顺周期性的资本流动对新兴市场国却意味着是“锦上添花”或“落井下石”。传统开放经济理论难以阐明的现象，在金融加速器模型中可以得到很好的回答。依据金融加速器模型安排，海外资金供应者以信贷形式对新兴市场国提供资金，他们深谙对新兴市场国的投资带有更多的风险，当风险提高时，或提高风险溢价，或减少资金供应。他们运用新兴市场国公司的资产负债表来确定风险高低。在经济繁荣时期，公司收入提高、资产负债表改善、违约风险下降、风险溢价以及相应的外部融资成本也因此而降，海外资金供应者也愿提供更多资金，这样就有了在繁荣期资金流入更增加的顺周期性资本流动表现。

（2）该模型体现资本逆转现象。即原本存在海外资金的大规模流入突然停止，甚至出现大量的资金流出。这种现象是传统的开放经济所不能解释的。我们一旦引进金融加速器模型，这种现象就不再显得莫名其妙。在金融加速器模型中，有个关键的变量就是风险溢价，该变量的急剧上升可以代表资本逆转现象。风险溢价可以设定为内生的，也可以设定为外生的。如果把风险溢价作为外生冲击，那么可以用该变量的上升来体现由各类因素所引发的资本逆转，包括传染效应、外国金融机构对本国的预期突然变化、邻国市场追加资本金要求等引发的资本逆转。如果风险溢价被设定为内生变量，其变化由本国公司的杠杆率决定，那么该变量就可以体现由本国经济、债务结构作用所引发的资本逆转现象。

（3）该模型体现债务美元化及货币错配。在金融加速器模型中，投资需要由信贷来融资，只要产生本币收入的投资项目需要有外债来融资，那么就会产生债务美元化以及货币错配现象。

（4）该模型体现金融市场不完全。金融加速器本身的核心就是强调金融市场的不完全，从而使冲击产生放大作用。具体地讲，模型假定信贷市场存在严重的信息不对称，资金供应者不能知道资金需求者使用资金后的收益状况，必须要支付监督费用才能克服后者的道德风险问题。

（5）该模型体现进出口结构特征。金融加速器模型的一个特点是，生产函数不再是简单的劳动力函数，为了引进信贷的需要，生产函数中通常包括了资本品或中间产品，或两者都有。因此，只要设定新兴市场国的出口产品是消费品，生产函数中的资本品和中间产品依赖进口，模型就可以接近新兴市场国的贸易结构。

从上面的分析可见，新兴市场国的特殊现象如资本逆转、债务美元化、金融市场不完全、投资对进口的依赖等，都可以在金融加速器模型中体现出来。此外，金融加速器模型还能解释资本逆转、债务美元化、金融市场不完全性等因素给新兴市场国带来的影响。如该类模型能够解释为何新兴市场国的利率波动以及产出等宏观波动要比发达国家大得多①；为何在金融市场发育不够充分的国家，在发生危机的时候所经历的产出下降会更大②；为何在浮动汇率或外汇储备并没有严重下降的情况下也会发生金融危机；为何在宏观状况较好的国家（如失业率处于低水平，财政政策稳健）也会被卷入危机之中。正因为金融加速器模型可以较好地反映出新兴市场国的独有经济特征，因此我们在以后的章节里，就以这类模型③为框架分析新兴市场国的货币政策。

---

① Neumeyer P. A. and Perri F. Business Cycles in Emerging Economies：The Role of Interest Rates. Journal of Monetary Economics，2005，52（2）.

② 发达国家同样也会被卷入货币危机，但是所承受的损失要小得多，如意大利等国家在受 1992 年货币危机作用下产出下降没有像巴西、阿根廷、泰国等新兴市场国大。

③ 开放经济的金融加速器模型主要有：Gertler M.，Gilchrist S.，Natalucci F. External Constraints on Monetary Policy and the Financial Accelerator. NBER，Working Paper 10128，2003；Céspedes L.，Chang R.，Velasco A. Balance Sheets and Exchange Rate Policy. American Economic Review，2004，94（4）；Cook D. Monetary policy in Emerging Markets：Can Liability Dollarization Explain Contractionary Devaluations. Journal of Monetary Economics，2004，51（6）；Elekdag S.，Justiniano A.，Tchakarov I. An Estimated Small Open Economy Model of the Financial Accelerator. IMF，WP/05/44，2005；Devereux M. B.，Lane P.，Xu. Exchange Rates and Monetary Policy in Emerging Market Economies. The Economic Journal，2006，116（4）。

第四章　汇率的金融加速器机制

在上一章里我们提到当今主流货币政策分析框架不适用于新兴市场国的货币政策分析，相比之下，开放经济的金融加速器模型更适合新兴市场国的分析需要，并且在上一章里，我们也介绍了金融加速器模型的提出、发展及和新兴市场国相匹配的特征。在本章里我们重点分析开放经济的金融加速器模型中的最重要机制——汇率的金融加速器效应，因为该机制最能体现新兴市场国货币政策选择所面对的困难。对此，本章第一节先介绍新兴市场国危机引发的争论，因为正是这些争论使我们注意到汇率对经济的作用机制并不像过去所认识的那样单纯，然后谈及 Krugman（1999）提出的汇率资产负债表效应，作为对汇率的金融加速器机制的比较。接着，重点阐述在开放经济的金融加速器模型中，汇率的金融加速器机制的表现及决定因素，以及对货币政策规则选择的影响。

一、理论争鸣及汇率的资产负债表渠道

（一）新兴市场国危机所引发的争论

20 世纪 90 年代，新兴市场国被大面积地卷入货币危机、金融危机中，承受了许多的痛苦。但是，俗话说"祸兮福所倚，福兮祸所伏"，又有话说"万事都互相效力"，正是这些危机带给了人们更多的思考和深邃的研究，这些思考、研究活动帮助了经济理论的推陈出新，让经济理论越来越精致、越

来越接近实际。新兴市场国爆发的危机，引发的理论争鸣集中在下列几个方面。

1. 货币政策的逆周期性和顺周期性之争

根据传统的凯恩斯理论，当经济体受到不利的冲击时，应当选择逆周期性的货币政策。但该观点在20世纪90年代的危机处理中，却被有的经济学家和政府所弃绝。如在针对1997～1998年的东亚危机处理中，由IMF所代表的一些分析师认为对卷入危机的国家而言当务之急是提高利率防止货币崩溃，目的是为了建立国际市场对该货币的信心，确保国际资本回流，恢复并重振经济。从实际操作看，以提高利率来保护货币走出危机的方案的确在1995年的墨西哥危机中获得成功，墨西哥①完全参照IMF的计划实现紧缩的货币政策稳定货币并恢复信心，结果在一年之内就实现了经济复苏②。

2. 贬值的效应是紧缩还是扩张之争

传统理论告诉我们，陷入危机的国家可以期待从本币贬值中获益，因为本币贬值具有扩张经济的效应。但是，有学者以印度尼西亚的反面例子证明对于陷入困境中的国家，难以从本币贬值中获益。原因之一，是现有的贸易特征，如垄断竞争的市场结构、关税壁垒等，使本币贬值难以像过去那样发挥改善贸易作用；原因之二，是在债务美元化下，本币贬值会恶化企业和金融机构的资产负债表，引发金融动荡。因此许多学者反对在经济受不利冲击影响时，实施本币贬值政策。

3. 汇率浮动、固定之争

根据传统理论，一旦选择了资本项目开放，实现资本自由流动，汇率就应当浮动起来，发挥缓冲冲击的作用，同时保证利率可以自由地被调整以满足国内经济的需要。但是广大的新兴市场国，却被发现患上了“汇率浮动恐惧症”。Calvo（2002）用详尽的数据表明那些在名义上宣布实施浮动汇率的新兴市场国，其汇率的波动性要远远小于发达国家，同时这些新兴市场国的

---

① 采取与墨西哥做法一样的国家还有秘鲁、智利，这两个国家在20世纪90年代也采取顺周期政策。

② 如果我们迷信传统理论，那么这样的结果是难以想象的。提高利率对一个已经跌入下降通道的经济而言是雪上加霜。同时，传统观点认为固定汇率不仅不利于缓冲冲击，而且更是陷入危机的原因，如20世纪30年代的危机也表明实现资金本位制的国家经济萎缩更严重。

利率以及外汇储备变动较大，这些证据都表明新兴市场国政府不愿实现浮动汇率的真相，也揭示出他们积极地运用利率以及外汇储备干预汇率的秘密。在“存在即合理”的思想指导下，一些经济学家以此作为支持汇率当维持固定的依据，并运用本币贬值的紧缩效应来说明固定汇率是新兴市场国更好的选择。然而，有些经济学家认为，固定汇率并不能排除由实际汇率贬值引发的紧缩效应，如 Céspede 等（2004）表明在固定汇率下也存在着类似紧缩作用①。

（二）争论的中心与汇率的作用

如何来解答上述所提及的争论？又如何在理论上对上述所提及的现象做出解释？要回答这些问题，我们就应当重新审视汇率和利率的作用机制，因为这些争议表明，在新兴市场国，两大重要的传统政策工具——利率和汇率，不再像我们预计的那样对经济做出反应，需要有新的理论来理解这些现象。

上面争论的中心在于汇率对经济的作用机制。如果本币贬值果真具有紧缩效应，那么扩张性的货币政策反倒产生紧缩效应，这样货币政策就应当是顺周期操作，利率的作用机制也发生了改变，并且也使固定汇率成为更合适的选择。可见，汇率对经济的作用机制如何，同时可以回答这三个争论。

本币贬值如何引发紧缩效应？传统理论告诉我们本币贬值可以通过支出转换效应增加对本国商品的需求，因此对本国经济具有扩张效应。所以，本币贬值如能带出紧缩效应，一定存在着汇率的其他作用机制。Krugman（1999）发现了汇率在这方面的作用，他提出了汇率的资产负债表效应，该效应的存在使得本币贬值反倒产生紧缩效果。

（三）汇率的资产负债表效应

Krugman（1999）运用资产负债表效应，成功地解释了在一定前提下本

① 他们认为在固定汇率下，实际汇率虽不能直接立即下降，但会有缓慢下降，这种缓慢作用通过贬值的预期及利率平价机制而提高利率，从而产生紧缩经济作用。此外，固定汇率下物价紧缩机制依然会降低企业净值，恶化企业的资产负债表，从而紧缩经济。

币贬值非但不会扩大本国的产出，反倒会产生经济紧缩现象。新兴市场国的债务美元化现象以及金融市场不完全的经济特征被认为是诱发这种紧缩效应的原因。

其模型所集中阐述的机制假设国内投资发生突然下降，由此导致了实际汇率贬值（即本国的产品价格相对外国的产品价格有所下降），这样的贬值直接增加了以本国商品计值的企业外债，从而恶化了企业财务状况，受此影响，该企业在金融市场中的信用等级下滑，可以获得的外部资金也会减少，因此由融资所支持的投资规模也被迫削减，引发实际投资的再次下降……由此进入一个紧缩的恶性循环中，直到产出降为零或有其他冲击出现。

1. 模型

假设对本国产品的实际需求有消费 C、投资 I 以及外国对本国产品的需求 X，其中 X 以外国产品计值，这样换成本国产品计值就是 pX（p 就是实际汇率）。假设本国的消费和投资需求中本国产品的比例是 $1-\mu$，同时又假设消费的支出等于工人的所有收入（就是工资收入）[①]，并且工人的工资收入占国民生产总值的比例是 $1-\alpha$，这样国民生产总值的剩余部分形成企业留成，并成为了企业当前净值的来源。这样，本国的产出式是：

$$y = (1-\mu)I + (1-\mu)C + pX = (1-\mu)I + (1-\mu)(1-\alpha)y + pX \tag{4-1}$$

因此有

$$p = \frac{[1-(1-\alpha)(1-\mu)y-(1-\mu)I]}{X} \tag{4-2}$$

这表明投资需求下降（增加）使实际汇率 p 上升（下降），即在产出和消费既定的情况下宏观经济为适应（满足增加）投资需求减少的冲击，要求（减少）出口增加，这在价格粘性的假设下是通过名义汇率的上升（下降）即本币名义贬值（升值）来实现的。如果在固定汇率制度下同时存在价格粘性，投资的下降并不改变 p，此时产出因需求下降而下降。不过从长期看，价格会有所下降，即表现出实际汇率的缓慢变化。

① 这样就排除了消费者的借贷需求。

对于企业的净值有[①]：

$$W = \alpha Y - D - pF \tag{4-3}$$

其中，D、F 分别表示以本国商品计值的企业债务和以外国商品计值的企业债务。式（4－3）假设企业的投资只存在一期，资本在当前完全耗损，因此就不存在资本积累。从中可以看出企业的收入被假设是本币收入，因此存在着货币的不匹配：有外币债务却没有相应的外币收入。但从产出的需求看因为有部分产出用于出口，由此可得外币收入，因此币种的不匹配程度还是要看两者的相对规模。

企业的投资规模受限于内部融资即企业净值 W 以及可获得的外部债务，假设可以获得的外部资金直接取决于自有资金即企业净值的规模，并且是后者的 λ 倍，那么企业的投资规模应满足：

$$I_f \leqslant (1+\lambda)W \tag{4-4}$$

根据上面的假设可以得出融资所允许的投资规模 I_f 和现实投资规模 I 的关系：

$$\frac{dI_f}{dI} = \frac{(1+\lambda)(1-\mu)F}{X} \tag{4-5}$$

这样我们就可以发现实际汇率如何通过企业净值发挥作用。本国投资 I 的不利冲击引发对本国的产出需求减少，这在商品市场的出清要求下意味着实际汇率的贬值，贬值幅度为（1－μ）/X。但是实际汇率的贬值无疑使以外国商品为计值的债务 F 在转换为本国商品的价值后会增加，增加幅度为(1－μ)F/X，这样企业净值减少相同数值[②]，受此影响由内部净值以及外部债务共同所能支持的最大投资规模 I_f 也将减少，减少幅度为（1－μ）（1＋λ）F/X。

从式（4－5）中我们容易发现有意义的是左边大于 1 的情况，此时经济存在多个均衡。简单的动态分析可以表明，此时经济容易陷入低水平投资的

① 把式（4－3）中的 αY 看成是资本的价值，可以看出该价值和产出有关。在完全折旧的假设下，没有剩余实物资本的价值，这样，整个资本价值就是完全体现于资本对产出的贡献上。再根据生产函数假设，资本的回报就是产出收入的固定比例。

② 实际汇率能立即变动与否，并不改变该结论。因为，即使实际汇率不能改变，那么就会有产出的下降，这同样带来净值的下降以及杠杆率的上升。

均衡中（即危机状态），因此经济具有脆弱性的内在特征。因此当 λ 较大或 μ 较小时，投资减少幅度增加，危机发生可能性也增加。这可以很好地说明为什么会在 1997 ~ 1998 年发生东亚危机。

总而言之，在这种情况下实际汇率贬值反倒对经济产生紧缩效应。实际汇率贬值增加了外债的价值，这样就降低了以本国产品计值的净值。在杠杆经营[①]的背景下，可投资的最大规模下降对实际汇率的变动就很敏感，两者的关系表现为：

$$\frac{dI_f}{dp} = -(1+\lambda)F \tag{4-6}$$

2. 关键因素的讨论

在这里实际汇率表示的本币贬值带来投资下降从而带来产出下降，那么这种紧缩效应依赖哪些关键假设呢？

（1）和债务美元化有关。如果都是本币债务，就体现不出汇率会直接改变债务。当 F=0，式（4-6）变成：

$$\frac{dI_f}{dp} = -(1+\lambda)F = 0 \tag{4-7}$$

式（4-5）变成：

$$\frac{dI_f}{dI} = \frac{(1+\lambda)(1-\mu)F}{X} = 0 \tag{4-8}$$

从这两个式子我们清楚看出此时汇率不能改变投资规模。可见汇率的资产负债表效应是在债务美元化的环境中发生的。

（2）和杠杆率相关。杠杆率即债务和净值的比值越高[②]，企业的投资规模对外部融资能力的依赖性越大，债务的紧缩效应也越明显。从式（4-7）和式（4-8）可以看到，λ 越大，两个弹性也越大。实际汇率一旦成为决定企业外部融资能力的一个因素，那么它自然也就成了决定实际投资规模的一个因素，同时也成了左右产出的重要变量。

（3）和资本市场的不完全性有关。将企业的外部债务和企业净值捆绑在一起是因为存在借贷市场的不完全。在信息完全的信贷市场中，企业借贷资

① 就是债务的规模数倍于自有资金的规模。

② 杠杆率也可以用投资规模和自有资金规模的比例来表示。

金的规模只是和边际资本报酬有关，而和企业自身的财务结构没有关系。现在，因为存在信息不对称，处于信息劣势的资金供应者担心对方不能归还贷款，并不敢出借更多的资金，因此为规避信用风险，要求企业对贷款提供抵押①。当资本市场发育处于较低水平时，该抵押只能由企业净值充当。这样企业净值的多少就和信贷规模相关了。

从上面的三个关键因素可以看出，这正是新兴市场国的独有经济特征，因此，汇率的资产负债表效应主要存在于新兴市场国。正因为汇率在新兴市场国有这样的表现，新兴市场国的汇率政策和货币政策都比发达国家更难做出选择②。

3. 贡献和不足

前面提到新兴市场国的金融危机和货币危机引发了理论争鸣，Krugman（1999）的模型有助于我们看清这些争论。首先，它帮助我们看到本币贬值为何会有紧缩效应。这个模型非常清晰地表明在新兴市场国实际汇率的贬值可能具有紧缩作用，这种紧缩作用是因为债务美元化及信贷市场的摩擦；该模型表明了在这样的环境中汇率如何通过资产负债表强化了冲击；也因此表明了新兴市场国发生危机的可能性为何要比发达国家高，同时帮助我们理解贬值措施为什么不能帮助新兴市场国走出萧条以及新兴市场国为何会有汇率浮动恐惧症。

其次，它能帮助我们看见在什么样的情况下，固定汇率和浮动汇率之争失去了意义；看清债务美元化以及金融市场的不完全如何会影响汇率选择；理解为什么在新兴市场国汇率制度的选择会面临那么多难处。模型让我们看到，对于债务美元化的新兴市场国，如果存在价格粘性，无论何种汇率制度都不能保证免除危机。但在不存在债务美元化时，浮动汇率安排更优，因此债务美元化降低了浮动汇率的优势。在浮动汇率下，一国如遇投资减少的冲

---

① 谨慎动机考虑，这些资金供应者不应当发放数倍于公司净值的贷款。所以该模型对银行的行为解释上缺乏说服力。

② 值得注意的是，该模型虽然以信贷资金为例，但没有强调流入资金的期限特征，事实上，任何期限的资金流入都可能面临流入突然减少的可能。Krugman（1999）认为如果要事先预防危机发生，规定资金流入的类型并没有特别的意义。因此防止由资本逆转而引发的危机，最佳的方法就是减少企业外债的规模，包括短期债务和长期债务。对于资金的流入形式，Calvo（1998）认为哪怕是FDI形式的资金流入也会有资本逆转的可能。只要有资本逆转的可能，就会有实际汇率的紧缩经济机制。

击，实际汇率的及时变动可以成功地促进出口的增加，弥补因投资减少引发的需求减少，从而可以保持产出稳定。然而不幸的是，在新兴市场国，受债务美元化影响，实际汇率上升在改善贸易收支的同时，也会使企业的外债负担直线上升，受此影响，企业的净值直线下降，引起下一轮的可贷款规模减少，这又进一步降低投资，因此不知不觉进入了另一轮紧缩过程。在固定汇率安排下，面对同样的投资下降冲击，受价格粘性的影响，实际汇率难以灵活变动以增加出口，因此受本国投资需求下降的作用，本国的总产出也下降[①]。产出的下降意味着下期的净值积累减少了，这又带来可投资的规模下降[②]，带来投资的进一步下降。可见，就是在固定汇率下，也同样存在着持续紧缩的循环，直到投资下降为零。固定汇率虽然可以避免因汇率引发的债务危机，但却因价格无法调整使产出下降而同样面临紧缩效应。

但是这个模型就汇率作用以及我们所关心的货币政策而言，不足之处也是容易列出的：

第一，该模型是实体经济模型，难以分析以利率规则为代表的货币政策。该模型没有给出价格粘性形式，同时缺失货币因素，因此无法给出具体的货币政策分析。如果缺少了名义粘性，货币政策就表现为货币中性，不能改变实际汇率以及其他实际变量，因此也就不能对资产负债表发生作用。Krugman（1999）模型给出了实际汇率如何受实际冲击作用而变动，也给出了实际汇率如何作用经济，但不能给出受货币政策及其他名义冲击作用后实际汇率如何变动，这样就难以让后人借用该模型来进行货币政策分析[③]。此外，由于该模型是实体经济模型，缺少价格因素，致使变量的计值都以商品计值，如外债是以外国商品计值并保持固定，本币债务也是以本国商品计值。这些安排显然和实际有差异，而且也使企业净值的变化和价格形式无关。事

① 产出决定式（4-1）可以写成$y = \dfrac{pX + (1-\mu)I}{1-(1-\mu)(1+\lambda)}$，这样，$\dfrac{dy}{dI} = \dfrac{(1-\mu)}{1-(1-\mu)(1+\lambda)} > 0$。

② 不难得出$\dfrac{dI_f}{dI} = \dfrac{(1-\mu)\alpha(1+\lambda)}{1-(1-\mu)(1+\lambda)}$。

③ 在此之后的文献直接针对这个缺陷发展了该模型，使货币政策分析成为可能，如 Aghion P.，Bacchetta P.，Banerjee A. Currency Crises and Monetary Policy in a Credit - constrained Economy. European Economic Review，2001，45（7）。

实上，价格粘性会影响企业净值。换句话说，哪怕仅仅是分析冲击对经济的影响，也是需要有价格的介入，货币政策的分析更是应当重视对价格的安排。

第二，该模型是局部均衡模型，对汇率的分析不完备。该模型勾画出了实际汇率的资产负债表渠道，表明实际汇率因直接改变企业的外债规模，而改变企业净值，从而影响投资及产出。但是从模型中也可看出汇率影响出口需求，因此也会影响产出和投资。就拿实际汇率贬值来讲，一方面因直接放大了以本国商品衡量的外债价值而恶化企业财务状况，使企业信用等级下降，可融入的资金规模下降。另一方面实际汇率贬值增加了出口需求，又要求投资增加以满足出口的需要，这又会对净值产生两个作用，一是投资增长引发的对外来资金的需求增加意味着净值减少，二是企业产出增加又会增加净值。因此实际汇率贬值既有增加净值的可能，也有降低净值的可能，但是到底哪个效应占主导地位，本书并没有讨论。这是因为该模型只是局部均衡模型，并不是一般均衡模型。

当然该模型的重点是突出在债务美元化以及信贷市场不完全的背景下，实际汇率的波动会放大冲击，甚至引发危机的可能，点出对于新兴市场国存在着这样特殊的实际汇率作用机制。这样的研究目的不需涉及一般均衡分析。不过我们若想给出具体的货币政策建议，就需详细考察这个特有的汇率机制是否很重要，是否会被其他环节的宏观变量运动所抵消，以及该机制在不同的货币政策规则下是否有不同的表现。要回答这些问题就必须运用一般均衡分析框架。

第三，在该模型中，可融资规模成为制约投资的唯一因素。在存在信贷约束时，投资的规模受投资需求以及可融资规模的约束，投资需求又受到投资成本以及投资收益的作用，只有当投资需求规模大于可由资金融资的投资规模时，可融资规模才成为唯一的制约因素。该模型的分析也指出投资规模的信贷约束并不一定束紧，在不束紧时决定投资规模的因素是利率成本。但该模型的讨论多是针对信贷约束紧的情况。这样投资要么就表现出几何级数上升，要么就表现出急剧收缩，投资的平稳演变就成为极罕见的情况，这是不合理的。

Krugman（1999）因为有上述的不足，难以借此框架进行货币政策的分析。而开放经济的金融加速器模型，一方面囊括了 Krugman（1999）所提的汇率的资产负债表渠道，另一方面又很好地规避了该模型的上述不足，为新兴市场国的货币政策规则提供了很好的分析平台。首先，开放经济的金融加速器模型是货币模型，可以进行货币政策规则的分析；其次，它同时也已经发展为一般均衡模型，对汇率的分析更全备，给出的汇率政策以及货币政策也更合理；再次，它提出的汇率的金融加速器机制比 Krugman（1999）的汇率的资产负债表效应更合理，更适合对信贷及投资的考察；最后，它对投资的分析也更完备，不仅分析投资的需求约束，同时也考虑对投资的供给约束和信贷约束。为此我们在下面的内容里就重点研究在该类模型中的汇率的金融加速器机制。

二、汇率的金融加速器机制的含义及表达

上节我们从新兴市场国的危机所引发的理论争鸣出发，提出了汇率的资产负债表效应，该效应的引进帮助我们看清诸多争论的中心。事实上开放经济的金融加速器模型中所包含的汇率的金融加速器机制，也能说明为何贬值会产生紧缩效应，从而能回答上节所提的理论争论，而且目前金融加速器模型已发展为开放经济的一般均衡动态模型，这样的模型对汇率的分析很全面，不仅考虑了汇率在新兴市场国的特殊表现，也考虑了汇率所发挥的传统作用，因此在这类的模型框架中进行新兴市场国的货币政策分析是比较合宜的。本节及后面的内容里都着重分析汇率的金融加速器机制，因为该机制是开放经济的金融加速器模型的核心，是金融加速器模型区别于其他新凯恩斯主义的经济模型的关键，同时它又提供了新兴市场国的货币政策争论的答案。

（一）汇率的金融加速器机制的含义

1. 金融加速器机制的含义

金融加速器机制是指，不完全的金融市场放大经济冲击的作用过程。经济冲击被加倍放大的原因和金融市场的信息不完全直接相关。在信息不完全

的金融市场上，金融机构利用企业的资产负债表状况来确定其承担的风险大小，并由此决定风险溢价，这样，融资成本就直接和企业的资产负债表状况有关。在这样的金融市场上，企业的融资成本随资产负债表状况的恶化而提高，也随企业的资产负债表状况的改善而降低。融资成本和资产负债表的这种微妙关系，放大了经济冲击，带来经济的大波动。如在经济体受紧缩性货币政策冲击时，企业的资产负债表状况恶化，这在信息不完全的信贷市场上，会引发融资成本的上升，从而带来企业的投资下降及产出的下降，这又会进一步恶化企业资产负债表……经济被陷于恶性循环之中，企业的投资及产出下降程度被不断加深。可见，金融市场的不完全导致冲击对经济的作用时间被延长，作用力度也被加强。

2. 汇率的金融加速器机制的含义

汇率的金融加速器机制是指，上述的放大经济冲击的作用，是借着汇率的变动来实现的。以国外需求下降的冲击为例，这样的冲击自然会恶化企业的资产负债表，从而在信息不完全的金融市场上引发融资成本上升，在最后会带来投资和产出的加倍下降。在这一过程中，可能还会伴随货币的贬值，而这也会带来企业的资产负债表恶化以及融资成本的上升，由此引发更加剧烈的产出紧缩。如果贬值引发了资产负债表恶化和融资成本的上升，使经济紧缩比贬值前更多，那么就说明存在着汇率的金融加速器机制。当然，如果汇率保持不变，那么就不存在汇率的金融加速器机制。因此汇率的金融加速器机制有两个存在前提：一是汇率能够上下波动。这种波动可以是名义汇率变动也可以是实际汇率变动，当然在更多情况下指名义汇率变动；二是汇率变动带来企业资产负债表的变动，和融资成本的变动，最后带来投资和产出的变动。汇率变动引发企业资产负债表的变化。

由于受汇率的金融加速器机制作用，汇率的变动会助长经济波动，不再像传统理论所强调的汇率浮动具有缓解经济冲击的作用，因此在货币政策安排中到底应给予汇率多大的浮动空间，这个问题变得更加棘手。

3. 金融加速器机制和理论争鸣

虽然不能说开放经济的金融加速器模型的提出直接源于货币政策的争论，但是它的提出的确能回答这些争论。在上一节里，我们证明了 Krugman（1999）所提的汇率的资产负债表效应能够解释为何在新兴市场国如发生本币贬值反倒带来经济紧缩，并且因此能较好地回答上述的理论争论。但由于其内在缺陷性，如是实体经济分析不是货币经济分析，是局部均衡分析不是一般均衡分析等的特点，使该模型在给出货币政策建议方面显得力不从心。但对于本书的金融加速器模型而言，一方面它包含了本币贬值的紧缩效应，因此该模型同样可以回答上一节里提到的几个关于货币政策的理论问题，另一方面它又是一个一般均衡模型，在这样的模型中实施货币政策分析是极方便的。

4. 和汇率的资产负债表效应的比较

从上面分析可以看出汇率的金融加速器机制也说明了本币贬值如何引发经济的紧缩，从而加剧不利冲击影响，而且在其机制当中，资产负债表状况也是关键环节，这一切和汇率的资产负债表效应都是相同的。那么这两者究竟有何区别呢？两者的区别至少可以体现在下面两个方面：

（1）资产负债表变化的表达不同。汇率变动会牵涉企业的资产负债表变动，从而引发投资和产出的变动，这是两类模型所共同的，但是关于汇率变动怎样引发资产负债表的变动，两类模型存在着区别。在 Krugman（1999）为代表的模型中，汇率对资产负债表的影响，体现在企业净值会随汇率而变动，并因此改变信贷规模及最大可能投资规模；而在金融加速器模型中，汇率的资产负债表渠道体现在汇率通过改变杠杆率，从而影响信贷成本及最优投资规模。在 Krugman（1999）模型中，汇率如果改变了净值就必然能改变投资，但在金融加速器模型中，即使净值改变了，投资也并不必然改变，因为如果净值改变的同时资本价值也在改变，那么杠杆率就有可能保持不变。只要杠杆率保持不变，根据金融加速器模型，此时风险溢价和投资规模也就保持不变。

（2）资产负债表对信贷的约束范围的不同。汇率通过资产负债表来影响企业的信贷，这是两者的共同点，但在关于资产负债表状况如何影响信贷上，两者存在细节安排上的差异。一方面，Krugman（1999）突出资产负债表对信贷规模的直接约束，相反金融加速器模型突出的却不是对融资规模的作用①，而是资产负债表对融资成本的作用。另一方面，Krugman（1999）重视

① 其实融资成本也涉及融资规模，因为为了让投资收益和融资成本相配，融资成本的上升要求有高投资回报，而在边际收益递减的规律作用下，这自然要求投资规模的下降以及融资规模的下降。

的是资产负债表对最大投资规模的约束，而金融加速器模型重视的是资产负债表对最优投资规模的约束。就其根本而言，之所以产生这些差异，是因为两类模型对于外国资金借贷者的行为假设不同，以及信息不完全下的合同安排不同。面对呆账发生可能，外国借贷者为确保贷款安全，可能会要求信贷申请者提供抵押品。当抵押品由企业的净值担当时，企业净值的大小就决定了信贷规模的大小，也同时决定了投资规模的大小。在这样的信贷政策下企业的杠杆率不随信贷而变化，贷款规模是净值的固定倍数。Krugman（1999）以及 Aghion 等（2001）的模型遵循的就是这个思路①。此外，著名的 Kiyotaki 和 Moore（1997）也使用抵押物的价值作为信贷规模的约束因子②。在这种信贷安排下，贷款资金提供者通过控制信贷数量来解决信息不对称问题。与这种解决信息不对称问题方法不同的是，另一种模型假设贷款资金提供者发生代理成本，并通过控制信贷价格来补偿代理成本。为确保贷款安全，贷款发放者会对贷款对象进行监督，由监督所引发的成本最终由信贷需求方所支付的风险溢价来承担，我们所介绍的金融加速器模型就属于此类模型。

这样两个模型传递机制上的差异可如图 4－1 所示。

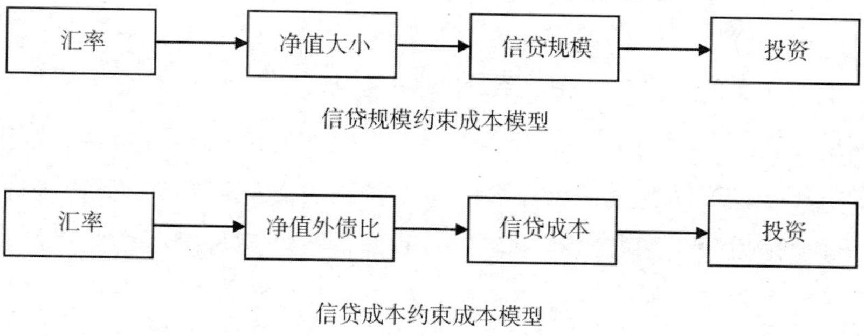

图 4－1　两类资产负债表渠道作用的比较

① Aghion P.，Bacchetta P.，Banerjee A. Currency Crises and Monetary Policy in a Credit－constrained Economy. European Economic Review，2001，45（7）。该文献的扩张模型中提到了贷款规模可以在净值不变的情况下有所变动的情况。

② 沿着此思路的还有 Edison H.，Luangaram P.，Miller M. Asset Bubbles，Domino Effects and "Lifeboats"：Elements of the East Asian Crisis. FRB，International Finance Discussion Paper No. 606，1998；Paasche B. Credit Constraints and International Financial Crises. Journal of Monetary Economics，2001，48（3）。

因此金融加速器模型含有一个重要的变量就是风险溢价，这是 Krugman (1999) 模型所没有的[①]。风险溢价可以包括国家风险溢价、货币风险溢价、信贷风险溢价。在金融加速器模型中涉及的是信贷风险溢价。风险溢价的引进常是为了技术的原因。经济学家对小型开放经济体的建模分析中，发现这些经济体在面对外生的世界利率冲击，即使受到的是平稳的外部冲击，经济也会表现出非平稳的动态过程。此时，常被运用的对数线性的逼近方法不再是非线性均衡体系有效近似。为消除不平稳性，一种方法就是引进风险溢价，并假设风险溢价随其他变量而变化[②]。但是对于新兴市场国经济体，风险溢价还有另一用处，就是和资产负债表渠道建立了明确的关系，并有助于解释新兴市场国特有的现象，如容易受外部冲击、经济波动大等。另外，风险溢价的引进符合事实，从实证角度讲，新兴市场国经济体在国际资本市场上的融资成本的确高于西方发达国家，这个差值可以用风险溢价来体现，这同时也是国际资本市场不完全的体现。如 Uribe 和 Yue（2007）的实证研究表明国家风险溢价可以解释新兴市场国 12% 的经济波动。

（二）汇率的金融加速器机制的表达

从上面所讲的汇率的金融加速器机制的含义，可以知道汇率的金融加速器机制的关键环节，在于企业资产负债表状况如何随汇率变动以及融资成本如何随汇率变动。因为资产负债表的变动牵引着融资成本的变动，融资成本的变动又会触发投资和产出的变动，因此如果我们能写出汇率和资产负债表的关系，或者汇率和风险溢价的关系，就可以确定汇率的金融加速器机制的表现。因此汇率的金融加速器机制有两种表现：一是杠杆率（用资本价值和净值的比例来表示，也可以用债务和净值的比例来衡量）和汇率的关系；二是风险溢价和汇率的关系。如果杠杆率随本币贬值而增加，那么存在着汇率

---

① 也有文献（如 Aghion P.，Bacchetta P.，Banerjee A. Currency Crises and Monetary Policy in a Credit – constrained Economy. European Economic Review，2001，45（7））提到了风险溢价，并提到公司信贷风险溢价的存在降低了公司净值，提高了危机发生可能性。

② Schmitt – Grohe' S. and Uribe M. Stabilization Policy and the Costs of Dollarization. Journal of Money，Credit，and Banking，2001，33（2）.

的金融加速器机制；同样地，如果风险溢价随本币贬值而增加，也同样意味存在着汇率的金融加速器机制。如果风险溢价和杠杆率之间存在一对一的同步变动关系，正如经典金融加速器模型所假定的，那么这两种方法应当是等同的，因为汇率的变动引发杠杆率的变动，杠杆率的变动又引发风险溢价的变动，并因此带来投资以及产出的变动。

1. 风险溢价和汇率关系的建立

金融加速器机制的关键一点是信贷成本和企业的财务状况捆绑在一起。依据 Bernanke（1999），风险溢价的大小由杠杆率决定，即有：

$$1 + \eta_{t+1} = F\left(\frac{P_{Kt}K_{t+1}}{Z_{t+1}}\right), F(1) = 1, F'(.) > 0 \qquad (4-9)$$

其中，η 表示风险溢价，P_K 表示资本品的价格，K 表示资本品，Z 表示企业净值，因此等式右边括号内是公司杠杆率的表达，并且风险溢价是杠杆率的增函数，假设在稳定点附近的 F 函数满足：

$$F(g) = g^u, u > 0$$

式（4－9）可以说是金融加速器机制的关键方程，风险溢价随负向冲击而增加的现象就说明存在着金融加速器机制，如果负向冲击带来本币贬值，风险溢价又随本币贬值而增加，就说明存在着汇率的金融加速器机制。金融加速器模型假设资本家是风险中性者，他们选择借款规模 D_{t+1} 和资本品投资规模 $P_{Kt}K_{t+1}$ 以实现投资的预期回报等于外国借款的成本，借款规模相当于资本品投资规模减去净值规模 Z_{t+1}。如果我们可以知道汇率如何作用式(4－9)的右边各项，就可以知道汇率将会如何作用风险溢价。

2. 汇率的金融加速器机制的表达难度

式（4－9）中隐含了风险溢价和汇率的函数关系，可以通过此函数分析来说明汇率的金融加速器机制的存在性及其影响因素的作用。但是，在多期限或者无限期限的一般均衡中，要通过式（4－9）分析风险溢价和汇率的关系，不是件容易的事。以 Devereux 等（2006）为例，他们也提到了风险溢价是杠杆率的函数，式（4－9）具体表现为：

$$E(R_{KNt+1}) * B(\overline{\omega}_{Nt+1}) / [(1 + i^*_{t+1})E(S_{t+1}/S_t)] = \left(1 - \frac{Z_{Nt+1}}{P^N_{Kt}K_{Nt+1}}\right) \qquad (4-10)$$

在式（4－10）中，所有的上标或下标 N 都表示非贸易部门。R_K 表示资本的投资回报，i^*表示世界利率水平，S 表示名义利率，因此等式的左边表示风险溢价（即要求的回报超过无风险利率水平部分），Z、K、P_K 分别表示净值、资本品及资本价格，等式右边包含了杠杆率，该式表明风险溢价和杠杆率呈正相关。如果能够知道等式右边如何受汇率作用，就可以知晓风险溢价和汇率的确切关系。但是要知道等式右边中每一项如何受汇率作用，并不是一件容易的事情。就净值而言 Devereux 等（2006）有：

$$Z_{Nt+1} = v(1-\phi_{Nt})R_{KNt}P_{Kt-1}^{N}K_{Nt} - v(1+i_t^*)(S_t/S_{t-1})(P_{Kt-1}^{N}K_{Nt} - Z_{Nt}) \tag{4-11}$$

在式（4－11）中，其余变量和式（4－10）中的含义相同，另外 ν 表示未违约厂商继续留在生产领域的可能性，φ 表示信贷合约的监督成本，从式（4－11）可以发现净值如何受汇率作用，还会牵连到前期的资本及价格。因此，在多期限的一般均衡模型中，要考察风险溢价如何由汇率决定是件困难的事情，我们难以用数学等式来表达风险溢价和汇率之间的函数关系。

（三）汇率的金融加速器机制的证实

如何证实汇率的金融加速器机制？如何通过模型模拟来证实汇率的金融加速器机制？当我们认识到汇率的金融加速器机制会改变货币政策的选择时，就应当对上述两个问题予以解决。

通过文献的总结，可以有两种方法来证实汇率的金融加速器机制的存在性：一是代数分析法；二是脉冲图分析法。

1. 代数分析法

证实汇率的金融加速器机制，最直接的方法就是求出风险溢价如何受汇率决定的表达式。这种方法的好处是不仅给出了强有力的证据，而且还可以进行影响因素分析和敏感性分析，缺点是，代数表达式在一般均衡的多期限模型中很难给出。用此方法来证明和表达汇率的金融加速器机制的有 Kruguman（1999）和 Aghion 等（2001）、Chang 和 Velasco（2001）、Céspedes 等（2004）。但是这些证实方法都有明显的局限性。如 Kruguman（1999）和 Aghion 等（2001）用的是局部均衡方法，Chang 和 Velasco（2001）用的是二期限模型，Céspedes 等（2004）虽然用的是多期限模型，却是假设资本是完全折旧，所以这些证实工作难以运用于本书的金融加速器模型。

2. 脉冲图分析法

在多期限的一般均衡模型中，特别是在开放经济的金融加速器模型中，要给出汇率的金融加速器机制的代数表达式是非常困难的。所以，难以运用代数分析法直接证实汇率的金融加速器机制，只能求助于间接方法，就是以脉冲图分析法为代表的间接方法。在这种方法下，通过在共同冲击下，汇率以及杠杆率或风险溢价这些变量的脉冲反应来确定有无汇率的金融加速器机制。

第一种脉冲图分析法，是由 Cook（2004）提出的。他通过在模型中引进扩张性的货币冲击，然后刻画出汇率以及风险溢价的模型模拟结果，比较这些变量的变动情况得出结论：当垄断利润归资本家所有时存在着汇率的金融加速器机制。因为扩张性货币政策作用后，名义汇率趋于贬值，此时如果存在杠杆率以及风险溢价的上升，那么就说明存在着汇率的金融加速器机制。因为受扩张性货币冲击影响，如果不存在汇率的金融加速器机制，风险溢价本应是下降的，因此此时如果有风险溢价上升，那么它只能源于贬值的作用，这样就清楚地证实了本币贬值带来风险溢价的上升，即存在着汇率的金融加速器机制。附录 D 给出了 Cook（2004）所运用的脉冲图。Cook（2004）的方法也存在着局限性，就是当扩张性的货币政策带来风险溢价的下降时，就不能对汇率如何作用风险溢价给出确定的结论①。

第二种脉冲图分析法，是 Gertler 等（2003）运用的。他们保持其他情况如货币政策、外部冲击都不变，考察当信贷约束由本币转向外币后，一些变量（产出和投资）的波动情况，如果波动性加大，就说明存在汇率的放大冲击作用。因为当信贷约束由本币转向外币后，净值就受汇率的直接作用了。Gertler 等（2003）发现当债务从完全本币转向完全外币时，在相同的货币政策及外部冲击下，投资的紧缩会变成原来的两倍，因此间接表明了存在着汇率的金融加速器机制。Gertler 等（2003）对此的证明可见附录 E。但是对于

---

① 因为此时可能存在着汇率的金融加速器机制，只因该机制太小难以抵消传统的汇率作用，所以风险溢价表现出下降。当然也有可能是根本不存在汇率的金融加速器机制。因此当风险溢价受扩张性货币政策作用而表现出下降时，我们不能得出是否存在汇率的金融加速器机制的确定结论。

这种方法，我们应当看到决定投资的不止有风险溢价一个因素①，虽然投资在存在着外币信贷约束下紧缩得更厉害，但还不能简单推定这种加倍的收缩一定是由风险溢价的上升引发的，也就是并不能由此得出结论本币贬值带来风险溢价的上升。所以这种证明方法在证实汇率和风险溢价的关系上（这是汇率的金融加速器机制的关键环节）不够严密。

表4－1总结了各相关文献对汇率的金融加速器机制证明能力、方法以及模型特征。从中可以看到，代数分析法只能运用于局部均衡模型或两期限模型，若要运用于无限期的一般均衡模型，就要对模型的一些参数或函数形式作出特殊的安排，甚至要求资本完全折旧。这些限定都大大降低了我们对这些模型的利用价值。在一般化的无限期一般均衡模型中，只能运用脉冲图分析方法。在本书中所建立的模型是资本不完全折旧的无限期一般均衡模型，因此也运用脉冲图分析方法，对此的说明见下一章。

表4－1　汇率的金融加速器机制的证实

	模型特征	机制存在性	能否证实存在性	机制证实方法	证实工作的局限性
Krugman（1999）、Aghion等（2001）	局部均衡模型	是	能	代数分析法	不是一般均衡模型
Chang和Velasco（2001）	两期限的一般均衡模型	依赖4个变量②	能	代数分析法	不是多期限模型
Céspedes等（2004）	简化的一般均衡模型	依赖4个变量	能	代数分析法	要求资本完全折旧
Cook（2004）	无限期的一般均衡模型	依赖垄断利润分配	能	脉冲图分析法	有些情况下不能证明
Gertler等（2003）	无限期的一般均衡模型	是	能	脉冲图分析法	给出的只是投资的变动

① 在下一章里的模型模拟也说明了风险溢价并非是投资变动的唯一主要因素。

② 这四个变量分别是杠杆率、产出中对资本品的依赖、产出和消费中本国产品的比例以及偿债后产出收入用于企业留成的比重，这四个变量数值越大，存在汇率的金融加速器机制可能性越大。

续表

	模型特征	机制存在性	能否证实存在性	机制证实方法	证实工作的局限性
Cúrdia（2007）	无限期的一般均衡模型	是	不能	—	不能
Devereux 等（2006）	无限期的一般均衡模型	是	不能	—	不能

三、汇率的金融加速器机制的决定因素

在本章第二节里我们看到，汇率的金融加速器机制可以用风险溢价和汇率的关系来表达。式（4－9）可以说是金融加速器机制的关键表达，依据该式如果可以得出风险溢价随本币贬值而增加，就说明存在着汇率的金融加速器机制。式（4－9）又告诉我们杠杆率是风险溢价的决定因素，因此对汇率的金融加速器机制关注，也必须密切关注杠杆率。杠杆率受资本的收益率及资本净值变动影响，同时在资本的不同假定下，资本真实收益率、资本净值及杠杆率如何随汇率变动，都会有着显著的差异。这样汇率的金融加速器机制存在与否，也会因资本的安排不同而有不同的结论。因此应首先检查一下，资本的形成及使用可以有哪些情况，然后对照每种情况，来考察资本收益率表现如何。

（一）资本真实收益率和资本循环

1. 资本循环图

资本的形成过程以及资本的使用过程可以有不同的假定，为方便起见，我们把模型对此的假定叫做资本循环的假定。在不同的资本循环假定下，资本的成本和收益就会有不同的表现。

图4－2给出的是最简单的资本循环假定，在该循环中并不区分初级资本和最终资本①（在这样假设下资本生产商也就是最终商品的生产商），同时假定不存在资本剩余价值，资本在当前被完全折旧。因此资本的收益就是最终商品生产商支付的租金 R_2；资本的成本就是资本的投入成本 P_I，该成本大小取决于投资结构，并由国内产品及进口品的价格决定。Céspedes 等（2004）所给的资本循环就是这种类型。当然如果最终商品生产商（同时也是资本生产商）还是垄断厂商，分配给资本家的垄断利润也是构成了资本收益的一个内容。因此图4－2也可体现这种垄断厂商涉及的资本循环，同时还可用来代表此时资本未完全折旧的情况，那么未折旧的资本价值也构成了资本总收益的内容。

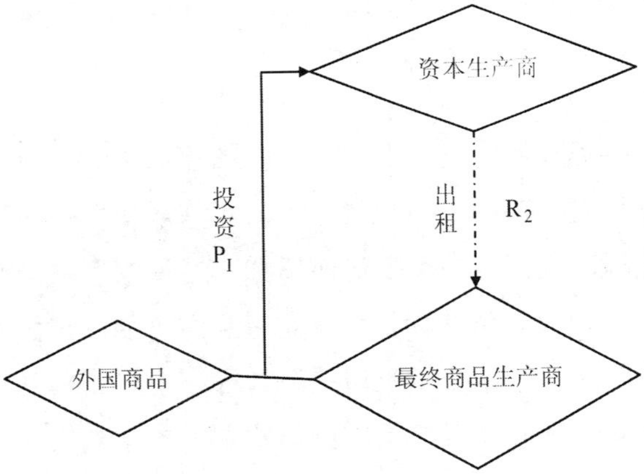

图4－2　资本循环图一

一般而言，在金融加速器模型中需要引入初级资本和最终资本的细分，这样的区分是考虑到资本除了涉及购置成本的概念外，还涉及资产价值，前者体现的是资本的过去价值，可以用初级资本的成本来代表，后者反映的是资本的未来价值，因为资本作为可以在长期中产生收入的资产，应当有各价格来反映产生未来收入的能力，这可以用最终资本的价格来代表。当引入初级资本和最终资本的区分后，资本循环就变得复杂起来。初级资本生产商和

① 被直接用来生产最终商品的资本品叫做最终资本品，还未进入生产最终商品阶段的资本品被叫做初级资本品。初级资本品经被生产出来以后用于形成最终资本品，后者用以生产最终商品。

最终资本生产商之间，以及最终资本生产商和最终商品生产商之间，在资本交易上的关系可以有多种假定。如有的模型假定初级资本生产商将初级资本出售给最终资本生产商后，又从最终资本生产商中买回最终资本以生产初级资本；有的模型假定初级资本生产商并不购买最终资本，而只是承租最终资本；有的假设最终资本生产商同时也是最终商品生产商，因此获得的资本收益还包括垄断利润。细分初级资本和最终资本的资本循环图有图4－3、图4－4和图4－5。

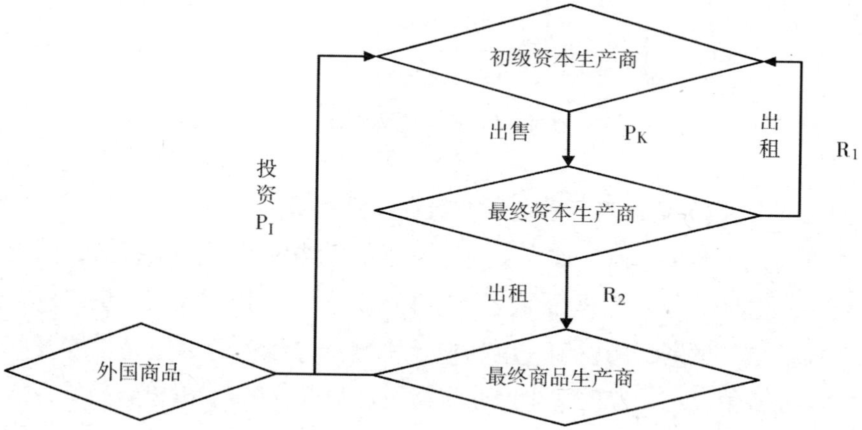

图4－3　资本循环图二

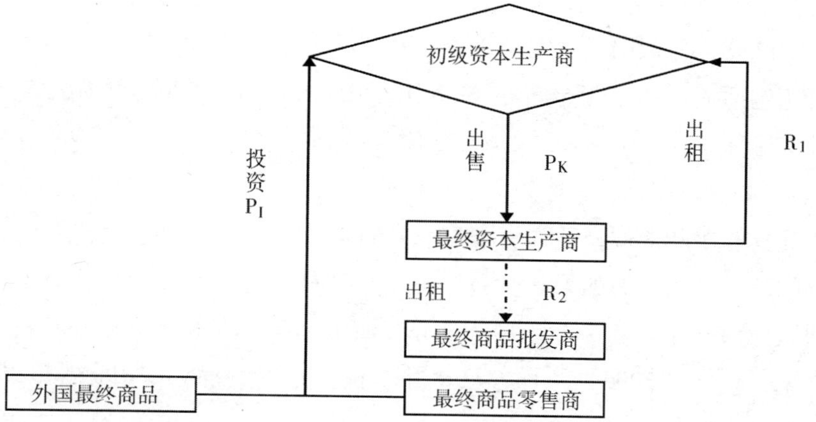

图4－4　资本循环图三

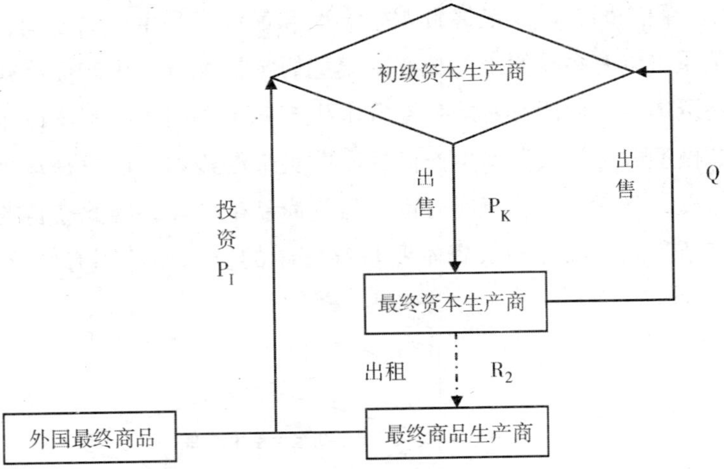

图4-5　资本循环图四

图4-3给出的资本循环区分了初级资本品和最终资本品，并且假定最终商品生产商是垄断生产商。首先，由于资本品在当前并不完全折旧，因此资本的剩余价值（$1-\delta$）P_K也构成了资本收益。另外，该循环假定最终资本品的生产需要信贷融资，所以和金融加速器机制息息相关的依然是最终资本品的成本、收益情况。初级资本生产商将初级资本以价格P_K出售给最终资本生产商，这构成了最终资本生产商的投入成本。为了生产初级资本，初级资本生产商必须购入进口品和国内产品，并且还应租入最终资本，并支付租金费用R_1。最终资本生产商生产出最终资本后，同时出租给初级资本生产商和最终商品生产商，分别用于生产初级资本和最终商品。因此最终资本生产商的资本收益包括了这两个租金价格R_1和R_2。Devereux等（2006）模型就是这样的资本循环。

图4-4中假设此时最终资本生产商同时也是最终商品生产商，而且该商品生产商具有垄断地位，这样资本家所获得的资本收益中还应当包括分配给资本家的垄断利润。但如果此时最终资本生产商是完全竞争的批发商，或者垄断利润全部分配给了工人，并没有分配给资本家，那么资本收益情况和前面的Devereux等（2006）一样，只是并不包含垄断利润。Gertler等（2003）模型就是这样的资本循环。

图4-5体现的是Cook（2004）模型中所假设的资本循环。在该循环中

同样区分了初级资本品和最终资本品，和金融加速器机制息息相关的是最终资本品的成本、收益情况。不同于图 4－3 和图 4－4 所体现的资本循环，此时，初级资本商为了生产初级资本需要买入最终资本。最终资本生产商的投入成本依然是 P_K。最终资本生产商生产出最终资本后，自行用于生产最终商品，也就是说最终资本生产商同时也是最终商品生产商，并且在当前生产结束后将资本在二手市场上以价格 Q 出售给初级资本生产商。因此最终资本生产商的资本收益，包括用于最终商品生产而得的收益以及二手市场上的资本出售价格 Q。由于最终商品生产商具有垄断地位，因此资本收益除了最终商品生产商支付的租金之外还有垄断利润 Π。

2. 资本收益

资本收益的内容和组成因资本循环的不同假定而不同。从上面的分析可以看到资本收益总共涉及五个部分：最终商品生产商支付的租金 R_2、t＋1 期的剩余资产的重置成本（1－δ）P_K、二手资本的价格 Q、出租给初级资本生产商的租金 R_1 以及垄断利润 Π。其中有第三项就不能有第二项和第四项，所有的可能组合如表 4－2 所示。

表 4－2　资本收益情况

<table>
<tr><th colspan="4">情况分类</th><th>资本收益</th></tr>
<tr><td rowspan="2">资本在当前完全被消耗</td><td colspan="3">情况 1：无垄断利润（图 4－2）</td><td>R_2</td></tr>
<tr><td colspan="3">情况 2：有垄断利润（图 4－2）</td><td>$R_2+\Pi$</td></tr>
<tr><td rowspan="6">资本在当期不完全被消耗</td><td rowspan="2">没有资本细分</td><td colspan="2">情况 3：无垄断利润（图 4－2）</td><td>$R_2+(1-\delta)P_I$</td></tr>
<tr><td colspan="2">情况 4：有垄断利润（图 4－2）</td><td>$R_2+(1-\delta)P_I+\Pi$</td></tr>
<tr><td rowspan="4">资本细分为初级资本、最终资本</td><td rowspan="2">最终资本出租给初级资本生产商</td><td>情况 5：无垄断利润（图 4－4）</td><td>$R_1+(1-\delta)P_K+R_2$</td></tr>
<tr><td>情况 6：有垄断利润（图 4－3）</td><td>$R_1+(1-\delta)P_K+R_2+\Pi$</td></tr>
<tr><td rowspan="2">最终资本出售给初级资本生产商</td><td>情况 7：无垄断利润（图 4－5）</td><td>R_2+Q</td></tr>
<tr><td>情况 8：有垄断利润（图 4－5）</td><td>$R_2+Q+\Pi$</td></tr>
</table>

资本根据当期是否完全被消耗，分为两种情况：一是资本在当期完全被消耗，没有剩余资本留给下一期，这时的资本收益中就没有资本剩余价值这一项；二是在当期资本没有完全被消耗，因此剩余资本的价值就成了资本收益中一个重要组成部分。这部分剩余价值的表达形式又受资本循环的其他假定影响。如果资本的形成不分初级资本和最终资本，那么这部分剩余价值就和资本投入价格有关，应当为（$1-\delta$）P_I，其价值大小受资本投入品的价格及投资结构影响。如果资本形成又分为初级资本和最终资本，并且以最终资本来考察金融加速器机制，那么此时的最终资本剩余价值就是（$1-\delta$）P_K，这部分剩余价值如何实现出来又牵涉到最终资本的循环。如果最终资本一直由最终资本生产商所持有，那么该部分价值就是以（$1-\delta$）P_K这样的形式计入最终资本生产商的资本收益当中，并且由于初级资本生产商通过租入最终资本来生产初级资本，这部分的租金收入 R_1 构成了最终资本生产商的资本收益来源。如果最终资本生产商在每一期都将最终资本在二手市场上售出，那么该部分剩余价值就是以最终资本的出售价格 Q 来体现。依据最终商品生产商是否具有垄断地位，这方面的假设也决定了垄断利润能否进入资本收益之中。如果最终资本的生产商同时又是最终商品的生产商，而且因其拥有的资本特殊性而具有垄断地位，那么此时最终资本生产商还可以获得垄断利润，除非该利润完全被假定为由工人持有。

从表 4－2 中可以清晰地看见资本循环在不同假定下，资本收益的组成内容有很大的不同，因此我们也可以想到在不同的资本循环假设下，资本收益以及杠杆率随汇率变动的情况也会有很大不同，风险溢价和汇率的关系也因此会有很大差异。这样对于汇率的金融加速器机制存在与否、汇率的金融加速器机制是否强烈等，依据不同的模型会有不同的结论（见表 4－3）。

表 4－3　汇率的金融加速器机制的大小

文献	固定汇率比浮动汇率更能稳定经济吗	汇率的金融加速器机制存在吗	浮动汇率制度下的金融加速作用是否更大（a）	汇率浮动下的金融加速作用是否够大（b）	原因分析（c）
Cook（2004）	是	是	是	是	垄断利润归资本家所有
Devereux 等（2006）	否	是	未比较	否	垄断利润归工人所有、高汇率传递率
Gertler 等（2003）	否	是	未比较	否	垄断利润归工人所有、高汇率传递率、未考虑非贸易品部门、资本品组成中进口品比例高
Cúrdia（2007）	否	是	未比较	否	垄断利润归工人所有、高汇率传递率、未考虑非贸易品部门、资本品完全由进口品组成
Céspedes 等（2004）	否	是	否（相等）	否	名义工资粘性、资本完全被消耗

注：（a）考虑进其他要素以后金融加速器机制的综合作用力是否比在固定汇率下更强；（b）大大超过在固定汇率制度下所表现的金融加速器机制，并足以抵消原有的汇率对冲击的缓冲作用；（c）针对（b）的结论。

表 4－3 给出的文献回顾总结也证实了我们的分析结论，就是垄断利润的分配情况以及资本是否在当期被完全消耗，这两个因素因为会直接修改资本循环以及资本收益的组成内容，因此也构成了决定汇率的金融加速器机制的大小的因素。

（二）汇率的金融加速器机制的决定因素

表 4－3 不仅让我们看到一些关于资本流转的假设会影响汇率的金融加速器机制大小，而且也让我们看见浮动汇率下的金融加速器机制作用力是否足够大，不同的文章也有不同的观点。Cook（2004）认为浮动汇率下的金融加速器机制作用太强了，使其在稳定经济上不再具有优势。而 Devereux 等

(2006) 和 Gertler 等 (2003) 则认为浮动汇率下的金融加速器机制并不大，汇率的金融加速器机制的存在与否并不影响货币政策选择。可见汇率的金融加速器机制存在与否并不能左右货币政策规则选择。应当重视的是该机制的强弱，而且不仅重视其绝对强弱，还应重视其相对强弱，就是相对于汇率发挥的支出转换效应的大小。这样我们就需寻找决定汇率的金融加速器机制大小的决定因素。资本循环的不同假设下资本的收益情况有不同，因此汇率的金融加速器机制大小也会有不同。除了资本循环外，还有其他决定因素，如杠杆率、债务美元化程度、资本品中进口品的投入比重、汇率传递率、非贸易品的比重、垄断利润分配归属等[①]。下面分析这些因素如何左右汇率的金融加速器机制。

1. 杠杆率

杠杆率越大，本币贬值带来的外债价值上升越快，净值因贬值而减少的速度也越快，这样本币贬值容易带来资产负债表的恶化。因此杠杆率越大，汇率的金融加速器机制作用越强。这是为什么新兴市场国要比发达国家更多重视金融加速器机制的原因。新兴市场国企业的杠杆率要远远高于发达国家，因此新兴市场国在货币政策规则选择中应比发达国家更重视汇率的金融加速器机制。

2. 债务美元化程度

债务美元化的比例越大，汇率的金融加速器机制越有可能存在。因为在此时，因货币不匹配所带来的风险被加大。这也告诉我们为什么外债的金融加速器机制更多是发生在新兴市场国。Moro' na 和 Winkelried (2005) 的实证检验表明债务美元化程度决定汇率的金融加速器机制的存在性，指出超过40%的债务美元化比例的国家可以看作是金融脆弱国，相反，债务美元化较低的国家看作是金融稳健国。他们的实证检验也并表明在金融脆弱国，风险溢价随贬值而上升，存在着汇率的金融加速器机制，相反在金融稳健国不存在汇率的金融加速器机制[②]。

---

① 这些因素的提出乃是基于对所提文献的深入剖析基础上。

② 他们用秘鲁、乌拉圭和澳大利亚、新西兰两组国家分别代表金融脆弱国和金融稳健国，计算风险溢价对汇率的弹性，得出该弹性在这两类国家分别是 0.15 和 -0.1，体现出金融脆弱国风险溢价随本币贬值而增加，而在金融稳健国，风险溢价随本币贬值而降低。

3. 资本品形成中的进口品比重

资本品形成中的进口品比重越大，资本资产的重置成本和债务同方向变化的部分越多，汇率对两者的作用就能更多地彼此抵消，因此汇率的金融加速器作用难以体现出来。同时，在这样的情况下，本币贬值通过支出转换机制改善投资的作用被大大加强。因此该因素会影响汇率的金融加速器机制的相对大小。Cúrdia（2007）的模型中，资本品完全由进口品组成①，因此汇率的金融加速器作用在强大的汇率传统作用面前显得很弱小，难以改变货币政策偏向汇率浮动的倾向。

4. 汇率传递率

汇率传递率越高，资本资产的重置成本以及资产收益和债务随汇率同向变化的部分就越多，汇率的金融加速器机制难以体现出来。同时，汇率传递率越高，传统的支出转换效应也越强。因此汇率传递率越高，汇率的金融加速器机制相对越弱。Gertler 等（2003）以及 Cúrdia（2007）在分析汇率的金融加速器机制时，都假设汇率具有完全传递率，因此汇率的金融加速器机制相对较弱，对货币政策的影响也显得微不足道。

5. 非贸易品对外债的依赖以及对产出的贡献

汇率的金融加速器机制主要存在非贸易部门，而不是出口部门，因为在非贸易部门中货币错配现象更突出②，汇率变动会引发资产、负债、收入的

① 进口品如何进入到生产函数中？在一种安排下，进口品直接进入商品的生产函数，如 Cúrdia V. Monetary Policy under Sudden Stops. Federal Reserve Bank of New York，Staff Reports，No. 278，2007。另一种安排下，进口品是资本品的投入品，因此间接地进入到最终商品的生产函数中，如 Chang R. and Velasco A. Monetary Policy in a Dollarized Economy Where Balance Sheets Matter. Journal of Development Economics，2001，66（2）；Céspedes L.，Chang R.，Velasco A. Balance Sheets and Exchange Rate Policy. American Economic Review，2004，94（4）；Cook D. Monetary Policy in Emerging Markets：Can Liability Dollarization Explain Contractionary Devaluations. Journal of Monetary Economics，2004，51（6）；Devereux M. B.，Lane P.，Juanyi Xu，Exchange Rates and Monetary Policy in Emerging Market Economies. The Economic Journal，2006，116（4）。其中，有的虽然直接将进口品纳入到消费品的生产函数中，却是以滞后一期的形式出现，这种做法在实质上相当于把进口品看成是资本品的投入，如 Cúrdia V. Monetary Policy under Sudden Stops. Federal Reserve Bank of New York，Staff Reports，No. 278，2007。同时 Cúrdia（2007）区分了批发产品和零售产品。进口品以滞后一期的形式出现在批发产品的生产函数中，这样汇率对零售产品的价格影响就显得更滞后。

② 一般来说，非贸易品部门主要是以服务业为主，应当是劳动密集型产业，对资本的需求少，因此对信贷的需求也小。

不同变动。如果非贸易品部门也存在着对外债的依赖，并且非贸易品部门占产出比重比较大，此时在整体经济中汇率所发挥的支出转换机制也有限，汇率的金融加速器机制因此会表现得相对较明显。相反在非贸易品部门占产出比重较小时，汇率的金融加速器机制会显得力量不足，难以对货币政策选择产生影响①。Gertler 等（2003）和 Cúrdia（2007）模型并没有涉及非贸易品，而 Devereux 等（2006）虽然考虑了非贸易品的资本形成也是依赖外债，但是非贸易品部门的资本比重较少，因此这些模型中汇率的金融加速器机制都不够强烈。

6. 垄断利润归资本所有者的比重

资本收益如何随汇率而变化会影响汇率的金融加速器机制的表现，因此影响资本收益的项目都是汇率的金融加速器机制的大小决定因素。最终商品的生产商是否能获得垄断利润以及垄断利润如何分配，这些都会影响资本收益。如果模型假设名义工资弹性，同时对名义价格假设存在调整粘性，那么此时不仅存在着垄断利润，而且该垄断利润会随本币贬值而减少。因为受本币贬值作用，名义工资上升，但名义价格受粘性作用，其上升速度和幅度都赶不上名义工资的上涨，因此垄断利润会下降。当垄断利润归资本所有者的比重较大时，垄断利润成为资本收益中一个重要内容，本币贬值因此降低资本收益、恶化资产负债表状况，这样汇率的金融加速器机制会更明显。在 Cook（2004）模型中资本收益包括了垄断利润这一项目，因此在他的模型中汇率的金融加速器机制作用力表现较强，会影响货币政策规则选择。在 Chang 和 Velasco（2001）、Gertler 等（2003）、Devereux 等（2006）以及 Cúrdia（2007）的理论中没有考虑这部分垄断利润，汇率的金融加速器机制因此也显得不够有力，难以对货币政策施加影响。

① 贸易部门的扩张可以稳定经济，减少冲击造成的波动，这也被证实。Cavallo E. and Frankel J. Does Openness to Trade Make Countries More Vulnerable to Sudden Stops，or Less? Using Gravity to Establish Causality. Journal of International Money and Finance，2008，27（8）。提到贸易开放程度的增加可以减少国家遭受资本逆转的冲击作用。这样如果贸易部门不够大，资本逆转就会给经济带来较大冲击。如阿根廷作为一个贸易相对封闭但资本开放程度却相对较高的国家，在 20 世纪 90 年代遭遇资本流入波动的冲击时，经济剧烈紧缩。

四、汇率的金融加速器机制和货币政策规则选择

前面内容介绍了汇率的金融加速器机制的表现及其大小的影响因素。分析该机制的主要原因在于该机制的存在及强弱会改变新兴市场国的货币政策选择，而且也正因为该机制的存在，使新兴市场国的货币政策问题显得比发达国家更棘手。

从前面的分析知道，如果存在着汇率的金融加速器机制，经济的负向冲击会通过本币贬值进一步恶化公司资产负债表状况，减少投资，这样紧缩程度加剧并持续时间变长。这样的机制存在好像要告诉我们在新兴市场国实施以浮动汇率为特征的货币政策规则是不适宜的。然而，这样的结论不是正确的，原因可以归纳为以下几个方面：

（一）固定汇率并非意味着排除了汇率的金融加速器机制

在新兴市场国，浮动汇率下会存在汇率的金融加速器机制，本币贬值会放大负向冲击的不利影响。但是这一点并不能表明我们就应当转向固定汇率，因为实际上，即使在名义汇率保持固定的情况下，依然存在着汇率的金融加速器机制，而且在固定汇率下，产出的变动同样会通过恶化资产负债表，加大冲击作用。

一方面，固定汇率下依然可以通过实际汇率的变动产生金融加速器作用。当名义汇率保持固定时，虽然可以排除由名义汇率变动所带来的金融加速器机制，但是此时依然存在着实际汇率的金融加速器作用。如 Krugman（1999）证明了实际汇率也可以改变资产负债表状况，在名义汇率保持固定时，只要名义价格具有弹性，实际汇率依然可以自由变动，因此依然存在着实际汇率

的金融加速器机制①。

另一方面，固定汇率下可以通过产出紧缩带来金融加速器作用。如果经济中同时存在汇率固定和价格粘性，这意味着实际汇率固定，排除了实际汇率的金融加速器机制。但是，产出的金融加速器机制被放大了。在不考虑金融加速器作用时，汇率的波动性和产出波动性相互抵消，在浮动汇率下尽管汇率的波动增加了，但产出的波动减少了，相反在固定汇率下虽然汇率波动减少了，但产出的波动要增加。产出影响资产收益和净值，因此产出也具有金融加速器机制。当固定汇率和价格粘性并存时，产出的波动性要大于实际汇率可以自由浮动的情况，因此此时产出的金融加速器作用也较强。Céspedes 等（2004）也提到产出和实际汇率都会通过资产负债表渠道放大冲击，在两种汇率制度下产出和汇率两者综合的放大作用相同，所不同的是总的放大作用如何在产出和汇率上的分配。在固定汇率下消除了汇率通过资产负债表的放大作用，但要承受产出的放大作用，相对照的是浮动汇率制度下取消了产出的放大作用，但要承受汇率的放大作用②。

这样汇率的金融加速器存在性并不足以说明在新兴市场国不适合实行以浮动汇率为特征的货币政策，除非能证实在固定汇率制度下金融加速器整体表现要强于浮动汇率制度下的表现。

（二）固定汇率下的金融加速器作用力并非总要弱于浮动汇率下的金融加速器作用力

前面我们看到不仅存在着汇率的金融加速器机制，而且还存在着产出的金融加速器机制。金融加速器机制的整体表现就要看这两个机制的共同作用。Céspedes 等（2004）的模型中，这两个机制的作用之和不受汇率政策作用。

① 他的模型是表明实际汇率的变动会恶化冲击，延续不利冲击的作用时间，也正因为这个原因得出政策主张：规避货币危机的重点不在汇率制度，因为即使在固定汇率下也存在着这样的放大机制。

② 换个方式说，风险溢价的大小（体现放大机制大小）是和以外国商品衡量的实际产出（由产出和实际汇率共同决定）有关，在浮动汇率下产出变化小，实际汇率变化大，相反在固定汇率下实际汇率变化小产出变化大，但是实际产出在两种制度下保持一致，这样风险溢价不随汇率政策安排而不同。

汇率不管是否浮动，金融加速器的整体作用在不同的汇率安排下都是相同的。这样，Céspedes 等（2004）虽然认定金融脆弱国存在汇率的金融加速器机制，但是其给出的政策建议依然偏向浮动汇率，认为浮动汇率在稳定产出上优于固定汇率，依然强调扩张性的货币政策对经济的总体作用还是扩张的。类似的分析及结论还有 Chang 和 Velasco（2001）。当然 Céspedes 等（2004）的模型并不是一切情况的总结，在许多情况下，汇率及产出的金融加速器机制之和随汇率制度而变。但至少有一种情况，就是 Céspedes 等（2004）给出的情况，金融加速器机制的整体作用不随汇率安排而变化。这样，汇率的金融加速器机制的存在并不意味着应放弃浮动汇率安排。

（三）浮动汇率下的金融加速器强作用并不足以使其丧失稳定上的优势

浮动汇率和固定汇率下都可能存在金融加速器机制，而在浮动汇率下金融加速器机制的作用更强烈，才能给出结论“稳定汇率是上策”。即便如此，浮动汇率依然可以优于固定汇率。

保持汇率固定为稳定产出束缚了货币当局的手脚，因为稳定汇率的措施和稳定产出、投资的需要产生冲突。因此，汇率的浮动可以为货币政策发挥稳定经济的功能铺平了道路。这样，在债务美元化的经济中，汇率浮动在稳定经济方面存在着两方面的作用：一方面，汇率发挥支出转换机制稳定经济，并且也促进货币政策发挥稳定经济的作用；另一方面，汇率的金融加速器机制会引发不稳定性。汇率浮动在稳定经济上的总体表现就要看这两方面的共同作用。如果前者的作用力大于后者，那么此时汇率浮动在总体上还是有助于稳定经济。因此即使浮动汇率下金融加速器机制要强于固定汇率下的表现，但是考虑到浮动汇率下自由灵活的货币政策也能稳定经济，浮动汇率还是有可能优于固定汇率。

（四）货币政策规则中对汇率的重视程度依赖经济特点

汇率的金融加速器机制的存在性，并不是实施固定汇率的充分条件。对于新兴市场国家，在货币政策中到底要在多大程度上重视汇率稳定，就要看该国的金融加速器机制的表现。表4－3列明汇率的金融加速器机制影响因素的不同假设影响汇率的金融加速器机制的表现，进而影响最佳货币政策规则的选择。如在 Cúrdia（2007）模型中，虽然存在着汇率的金融加速器作用，但是受高汇率传递率等四方面因素影响，在浮动汇率制度下该机制作用力并不够大，相比之下，汇率通过支出转换渠道稳定经济的能力显得更突出，这样汇率浮动总体表现还是在发挥缓冲冲击、稳定产出的功能。因此，此时如果货币政策看重汇率的金融加速器机制，以至于过多地调整利率以实现汇率稳定，就会妨碍汇率浮动发挥稳定经济的功能。与此不同的是，在 Moro’na 和 Winkelried（2005）的模型中，金融脆弱国的最优利率规则中对风险溢价的反应系数很大，表明了货币政策对汇率的金融加速器机制的极端重视。因为实际汇率的替代效应对产出需求的作用弹性（体现了汇率平稳经济的作用）远没有利率的财富效应对产出需求的作用弹性（体现了汇率的金融加速器机制）大。

通过上面分析，汇率的金融加速器机制的存在性并不足以支持固定汇率制度。在汇率的金融加速器机制制约下，应如何设计货币政策规则，对此我们必须结合前面给出的影响因素，考虑该机制的作用力大小。在下一章中将结合这些影响因素考察不同货币政策规则的表现。

第五章　金融加速器模型的设计及货币政策分析

在第三和第四章里我们详细介绍了开放经济的金融加速器模型，找出了设计金融加速器模型中的关键点。本章就是在此基础上，设计金融加速器模型，并以此为框架探讨在新兴市场国货币政策规则的选择问题。

一、模型框架

模型的框架涉及三部分，分别是微观经济主体行为、货币政策规则以及外部冲击①。本节主要介绍几类微观经济主体的行为特征，包括工人、进口部门、非贸易商品生产部门、出口商品生产部门、初级资本生产商和最终资本生产商。

（一）工人

1. 效用函数

具有代表性的消费者，寻求下面形式的效用最大化②：

---

① 在完全的模型框架中，也应当包括政府部门，但对于本书来讲，并不分析政府支出的冲击影响，所以就没有引入政府部门。这对于模型的求解并没有大碍，因为模型的求解依赖对数线性方程，所以政府支出的水平以及税收的多少不影响模型的求解。不过在参数的设定中，考虑了政府支出在总支出构成中的比重，见附录 A 和附录 B。

② 可以看到效用函数中并没有货币，因此不能为货币需求函数提供微观基础。如果要引进货币需求函数建立货币需求和消费以及利率的关系，只需在消费者效用中引进货币或建立现金约束模型。如果仅考察利率规则，那么货币需求就显得不太重要，模型对货币需求的缺失并无大碍。

$$U = E_0 \sum_{t=0}^{\infty} \beta^t \left(\frac{C_t^{1-\sigma}}{1-\sigma} - \eta \frac{L_t^{1+\chi}}{1+\chi} \right) \tag{5-1}$$

在式（5－1）中 C_t 是消费组合指数，是非贸易品和进口品的 CES 函数，即

$$C_t = \left[a^{\frac{1}{\rho}} C_{Nt}^{\frac{\rho-1}{\rho}} + (1-a)^{\frac{1}{\rho}} C_{Mt}^{\frac{\rho-1}{\rho}} \right]^{\frac{\rho}{\rho-1}} \tag{5-2}$$

其中，下标 N 和 M 分别表示非贸易品和进口品（以下均同）。之所以考虑贸易品和非贸易品的区分，是因为在第四章中，影响汇率对货币政策以及冲击的传递。这样得出消费价格指数是：

$$P_{Ct} = \left[a P_{Nt}^{1-\rho} + (1-a) P_{Mt}^{1-\rho} \right]^{\frac{1}{1-\rho}} \tag{5-3}$$

如果把通货膨胀率定义为 $\pi_t = p_t - p_{t-1}$，那么可以得到消费品通胀率和非贸易以及进口品通胀率的关系：

$$\pi_{Ct} = a\pi_{Nt} + (1-a)\pi_{Mt} \tag{5-4}$$

依据消费者成本最小化，容易得到消费者对非贸易品和进口品的需求分别是：

$$C_{Nt} = a\left(\frac{P_{Nt}}{P_{Ct}}\right)^{-\rho} C_t \tag{5-5}$$

$$C_{Mt} = (1-a)\left(\frac{P_{Mt}}{P_{Ct}}\right)^{-\rho} C_t \tag{5-6}$$

假设不同的非贸易品之间是差别产品，不同产品之间的替代率是 λ（λ > 1），这样非贸易品的组合是：

$$C_{Nt} = \left[\int_0^1 C_{Nt}(i)^{\frac{\lambda-1}{\lambda}} d(i) \right]^{\frac{\lambda}{\lambda-1}} \tag{5-7}$$

2. 预算约束

关于本模型的预算约束，分几方面予以说明：

（1）关于国际债券等类的资产。有些文献在家庭预算中加入了国际资产①，因此消费的变动就与世界利率有关，如 Devereux 等（2006）。家庭预算

① 但是也有一些文献在家庭预算式中缺失了国际资产，如 Chang R. and Velasco A. Monetary Policy in a Dollarized Economy Where Balance Sheets Matter. Journal of Development Economics，2001，66（2）。

中纳入本国金融资产是正常的，一是这样的安排使跨期消费选择和本国利率有关；二是这也符合实际。本国资产和国际资产同时出现在家庭预算式中，在实践上需要有资本项目的开放背景，在理论上则为套补利率平价奠定了微观基础。

从表5－1可以看出对于新兴市场国，借入外债的主体主要是政府和公司。如果工人是公司的最后拥有者和政府行为的受惠者，那么国际资产进入家庭预算的安排也许是较合理的。因此在模型中加入了国际资产。在预算式中分别以 B、D 表示以本币计值和以外币计值的金融资产，外币资产经名义汇率S转换为以本币计值SD，本币资产和外币资产的利率分别是r、r^*。

表5－1　外债承担主体结构

单位:%

	政府	中央银行	商业银行	家庭	公司	跨国公司
巴西	23.0	1.6	25.5	0	22.5	27.4
哥伦比亚	52.6	2.0	4.8	0.1	40.2	0.3
厄瓜多尔	48.1	0	0.2	0	40.6	11.1
韩国	6.4	9.9	44.0	0	38.4	1.3
墨西哥	33.3	4.3	2.4	0	58.0	0.2
秘鲁	57.5	0.3	13.5	0	28.7	0
印度	27.1	0.3	20.2	0	52.5	0
罗马尼亚	15.8	8.3	28.3	0.2	26.7	0.1

资料来源：World Bank Quarterly External Debt Statistics, 2009.

（2）关于货币和税收因素。本书并不打算考虑货币，同时也不考虑税收[①]。

（3）关于国家风险溢价。加入风险溢价的好处是可以保证净资产头寸遵

① 非现金经济模型下讨论货币政策会有何缺陷，以及对税收以及财政政策做抽象简化处理会产生哪些不妥，这些问题的讨论可见 Schmitt－Grohe' S. and Uribe M. Optimal Simple and Implementable Monetary and Fiscal Rules. Journal of Monetary Economics，2007，54（6）。

循平稳的运动过程，并且经济变量可以收敛于一个稳定解①，此外还可以方便在模型中引入资本项目开放所带来的冲击。在世界利率和本国的货币利率之间有两种溢价：一是国家风险溢价（新兴市场国的美元利率和世界美元利率之间的差异）；二是货币风险溢价（新兴市场国美元利率和本币利率之间不能由汇率变动解释的差异部分）。对于货币风险溢价可以理解为居民对汇率的预计偏差②，在结构模型中该溢价常被作为未抵补利率平价冲击来处理③。国家风险溢价多被认为是和净外币资产持有相关，也和出口等因素有关。出于这些考虑，我们可以假设风险溢价的对数线性运动方程④是：

$$\psi_{D,t} = \rho_d(d_t + d_t^e - p_t^* - y_{Xt}) + \varepsilon_t^{\psi} \tag{5-8}$$

在式（5－8）中，左边 ψ_D 是风险溢价，右边 d 和 d^e 分别表示工人和资本家所借外债规模对稳定值的偏离，p^* 和 y_X 分别是外国商品价格以及本国出口对稳定值的偏离，ε^{ψ} 表示未预料到的风险溢价冲击。不过，在后面的脉

① 为了保证收敛于稳定解及资产净值的平稳运动，方法包括：第一，将外币资产的持有纳入国家风险的决定方程之中。见 Mendoza E. G. and Uribe Devaluation Risk and the Business – cycle Implications of Exchange – rate Management. Carnegie – Rochester Conference Series on Public Policy 53，2000；Kollmann R. Monetary Policy Rules in the Open Economy：Effects on Welfare and Business Cycles. Journal of Monetary Economics，2002，49（5）；Senhadji A. S. External Shocks and Debt Accumulation in A Small Open Economy. Review of Economic Dynamics，2003，6（1）；Adolfson M. Incomplete Exchange Rate Pass – through and Simple Monetary Policy Rules. Journal of International Money and Finance，2007，26（3）。第二，引进债券调整成本。见 Laxton D. and Pesenti P. Monetary Rules for Small，Open，Emerging Economies. Journal of Monetary Economics，2003，50（5）；Devereux M. B.，Lane P.，Juanyi Xu，Exchange Rates and Monetary Policy in Emerging Market Economies. The Economic Journal，2006，116（4）。第三，建立代际交替模型，引进人口因素。见 Ghironi F. and Rebucci A. Monetary Rules for Emerging Market Economies. IMF，Working Paper 02/34，2002；Ghironi F. The Role of Net Foreign Accest in a New Keyneisan Small Open Economy Model. Journal of Economic Dynamics and Control，2008，32（6）。第四，通过对效用函数、贴现值等的特定假设来实现收敛。见 Ghironi F. The Role of Net Foreign Accest in a New Keyneisan Small Open Economy Model. Journal of Economic Dynamics and Control，2008，32（6）。

② Froot K. and Frankel J. Forward Discount Bias：Is It An Exchange Risk Premium. Quarterly Journal of Economics，1989，104（1）.

③ Mark N. and Wu Y. Rethinking Deviations from Uncovered Interest Parity：The Role of Covariance Risk and Noise. Economic Journal，1998，108（451）.

④ 和这个方程的处理方法相近的有 Kollmann R. Monetary Policy Rules in the Open Economy：Effects on Welfare and Business Cycles. Journal of Monetary Economics，2002，49（5）；Adolfson M. Incomplete Exchange Rate Pass – through and Simple Monetary Policy Rules. Journal of International Money and Finance，2007，26（3）。表明这个风险溢价是和本国的外债相对出口的规模呈正相关，另外加入一个变量，为体现风险溢价除了受基本面之外，还受预期以及制度等因素作用。

冲分析中，并没有考虑该风险溢价的运动，这有待今后研究。

（4）关于资本。在许多模型中假设消费者拥有多种形式资产，包括资本资产、现金资产、债券资产、国际债券资产等，它们共同构成了消费者的财富。但是在本书的模型中，将工人和资本所有者区分开来，资本归资本家所有，因此资本就不再出现在工人的预算函数中。

（5）关于垄断利润。垄断利润如何在工人和资本家之间分配，对汇率的金融加速器机制影响很大，这一点已被 Cook（2004）证明。但是垄断部门的利润如何在工人和资本家之间进行分配，对此的实证研究还是空白。为研究其他变量如汇率传递率对金融加速器机制的影响，假设非贸易部门和进口部门的垄断利润并非完全归工人所有①，归工人的比例用变量 η_w 表示。在本书的模型中假设进口部门和非贸易部门都是垄断部门，因此都有垄断利润，分别用 Π_M、Π_N 表示。但由于假设进口部门主要是将国外的产品经过简单的包装或其他加工进入国内消费市场，不需资本，因此全部的垄断利润就归工人。

（6）关于工资设定。名义粘性的形式假定对汇率的金融加速器效应大小也起到决定作用。正如在前面提到的，不同模型在名义工资粘性和名义价格粘性之间的选择，使汇率的金融加速器机制呈现出较大差异。对于新兴市场国到底是更多表现为名义工资粘性，还是更多表现为名义价格粘性，还未搜集到有力的实证结论，因此本书只能简单假定工资具有弹性②，名义粘性的形式是以价格粘性的形式存在。用 W 表示名义工资，用 L 表示劳动。

这样所假设的预算函数就是：

$$P_tC_t = W_tL_t + \eta_w\Pi_{Nt} + \Pi_{Mt} - S_tD_{t+1} - B_{t+1} + (1 + r_t^*)(1 + \psi_{D,t})S_tD_t + (1 + r_t)B_t \tag{5-9}$$

并且可以得到最优决策的一阶条件有：

$$\frac{1}{1 + r_{t+1}} = \beta E_t\left(\frac{C_t^{\sigma}P_t}{C_{t+1}^{\sigma}P_{t+1}}\right) \tag{5-10}$$

---

① 在前面的章节里提到除了个别文章如 Cook D. Monetary Policy in Emerging Markets：Can Liability Dollarization Explain Contractionary Devaluations. Journal of Monetary Economics，2004，51（6），其余的相关文献都假设垄断利润全归工人所有，导致汇率的金融加速器机制并不强烈。

② 同时考虑了价格粘性和工资粘性并存现象的有 Batini N.，Harrison R.，Millard S. P. Monetary Policy Rules for an Open Economy. Journal of Economic Dynamics & Control，2003，27（11－12）。

$$\frac{1}{(1+r_{t+1}^{*})(1+\psi_{D,t+1})}=\beta E_{t}\left[\frac{C_{t}^{\sigma}P_{t}}{C_{t+1}^{\sigma}P_{t+1}}\frac{S_{t+1}}{S_{t}}\right] \tag{5-11}$$

$$W_{t}=\eta L_{t}^{\chi}P_{t}C_{t}^{\sigma} \tag{5-12}$$

（二）进口部门

对于进口部门，很重要的一个设定是对进口的本币价格的设定。因为这会涉及汇率的传递率。对于汇率传递率，现有的实证检验已经非常丰富，这些实证检验表明无论是发达国家还是新兴市场国，汇率传递率都是不完全的，实证检验还显示近二十年来在各国汇率传递率都处于下降趋势之中①。

为了在模型中引进汇率的不完全传递，可以有下列几种做法：第一，像 Devereux 等（2006）、Adolfson（2007）那样假设进口部门的价格存在价格调整成本，用价格调整成本体现汇率的不同传递率，如为零的价格调整成本代表了完全的汇率价格传递率，随着价格调整成本的上升，汇率的传递率在下降。第二，像 Smets 和 Wouters（2002）、Batini 等（2003）那样，假设进口部门产品价格存在分阶段的调整，并假设厂商依据上期的信息（如汇率信息）进行价格调整，这样就引进了汇率对价格的不完全传递及滞后传递。第三，用厂商定价货币的选择来区分汇率传递率，如果以目标市场货币为定价货币即 LCP，那么汇率传递率就是零，如果以生产商货币为定价货币即 PCP，

① 有文章（如 Ho C. and McCauley R. N. Living with Flexible Exchange Rates：Issues and Recent Experience in Inflation Targeting Emerging Market Economies. BIS，Working Papers No. 130，2003）列举了汇率对通货膨胀率的传递率四个可能影响因素：收入、通胀历史、货币危机以及美元化，最后确认了收入和通胀历史为决定变量。收入通过影响物价指数的构成而影响汇率通胀传递率。Corsetti G. and Pesenti P. International Dimensions of Optimal Monetary Policy. Journal of Monetary Economics，2005，52（2）提到，汇率到价格的传递率可能的决定变量包括：货币冲击、实际冲击、进口商和出口商的关系、分配成本、市场份额、贸易商的规避汇率风险能力。

那么传递率就是100%①。Corsetti 和 Pesenti（2005）虽然也以目标市场货币作为定价货币，但通过设定实际价格（受当期汇率影响）和定价价格（提前一期制定并受汇率预期影响）之间的差异，引入了不完全的汇率传递率。

本书运用第二种方法。假设每一期，可以调整价格的厂商是随机抽取的，调整价格的厂商占总厂商的比例是 $1-\theta_M$，而其余比例为 θ_M 的厂商不能调价。厂商的定价决策就是要选择 $P_{Mt}(i)$ 使下式最大化：

$$E_t\sum_{s=0}^{\infty}(\theta_M\beta)^s\Gamma_{s,t+s}\left[\left(\frac{P_{Mt}(i)}{P_{Mt+s}}\right)-MC_{Mt+s}(i)\right]P_{Mt+s}Y_{Mt+s}(i) \tag{5-13}$$

其中，面临的产品需求函数是：

$$Y_{Mt}(i)=\left[P_{Mt}(i)/P_{Mt}\right]^{-\lambda_M}Y_{Mt} \tag{5-14}$$

$MC_{Mt+s}(i)$ 是达到成本最小化的实际边际成本，并且

$$MC_{Mt+s}(i)=S_tP_{Mt}(i)/P_{Mt} \tag{5-15}$$

$\Gamma_{s,t+s}$ 贴现因子等于 $C_{t+s}^{-\sigma}/P_{Ct+s}$。

考虑所有可以自由调整价格的厂商，由最优化决策可以得到最优价格设定方程：

$$\overline{\overline{P_{Mt}}}=\frac{\lambda_M}{\lambda_M-1}\frac{E_t\sum_{s=0}^{\infty}(\theta_M\beta)^s(C_{t+s}^{-\sigma}/P_{Ct+s})Y_{Mt+s}P_{Mt+s}^{\lambda_M}MC_{Mt+s}}{E_t\sum_{s=0}^{\infty}(\theta_M\beta)^s(C_{t+s}^{-\sigma}/P_{Ct+s})Y_{Mt+s}P_{Mt+s}^{\lambda_M}} \tag{5-16}$$

进口部门总体价格方程和通货膨胀率的方程：

$$P_{Mt}=\left[(1-\theta_M)\overline{\overline{(P_{Mt})}}^{1-\lambda_M}+\theta_M(P_{Mt-1})^{1-\lambda_M}\right]^{\frac{1}{1-\lambda_M}} \tag{5-17}$$

$$\pi_{Mt}=\beta E\pi_{Mt+1}+\tilde{\kappa}_M mc_{Mt} \tag{5-18}$$

其中，

① 分析了 PCP 情况的有 Obstfeld M. and Rogoff K. Exchange Rate Dynamics Redux. Journal of Political Economy，1995，103（3）；Obstfeld M. and Rogoff K. New Directions for Stochastic Open Economy Models. Journal of International Economics，2000，50（1）；Obstfeld M. and Rogoff K. Global Implications of Self-oriented National Monetary Rules. Quarterly journal of economics，2002，117（2）；Benigno G. and Benigno P. Price Stability in Open Economies. Review of Economic Studies，2003，70（4）。分析了 LCP 情况的有 Chari A. and Henry P. Capital Account Liberalization：Allocative Efficiency or Animal Spirits. NBER Working Paper 8908，2002。对 PCP 和 LCP 作了比较的有 Devereux M. B. and Engel C. Monetary Policy in The Open Economy Revisited：Price Setting and Exchange Rate Flexibility. Review of Economic Studies，2003，70（4）。

$$\tilde{k}_M = \frac{(1-\theta_M)(1-\beta\theta_M)}{\theta_M} \tag{5-19}$$

由于进口品的边际成本是进口品的价格，因此：

$$\pi_{Mt} = \beta E\pi_{Mt+1} + \tilde{\kappa}_M(p_{Mt} + s_t - p_{Mt}) \tag{5-20}$$

定义

$$\Delta_t \equiv p_{Mt} + s_t - p_{Mt} \tag{5-21}$$

反映对一价定律的偏离程度，这样式（5-21）可以改写为：

$$\pi_{Mt} = \beta E\pi_{Mt+1} + \tilde{\kappa}_M\Delta_t \tag{5-22}$$

进口部门的利润：

$$\Pi_{Mt} = (1 - MC_{Mt})P_{Mt}Y_{Mt} \tag{5-23}$$

（三）非贸易部门

许多研究开放经济货币政策的模型，在关于生产部门的设定上存在许多差异。如 Cook（2004）不区分批发部门和零售部门，也不区分非贸易产品和贸易产品，并将资本生产商和消费品生产商（同时也是出口商）归为一体①。这样的做法是简单化了分析，但是不能突出非贸易部门对汇率作用的影响。相比之下，Gertler 等（2003）虽然也没有区分贸易品和非贸易品，也把最终资本的生产商和最终商品生产商归为一体，但是却将商品的批发商和零售商区分出来，并且将最终资本生产商同时设定为消费品的批发商。Crúdia（2007）区分了批发商和零售商，其中批发商是竞争性，需要借入外币用以融资进口的中间产品（因为中间产品是来自进口，因此就没有资本生产商）。零售商同时也是出口商，是垄断竞争者②。Batini 等（2003）的最终商品包括了进口品、非贸易品和出口品，为生产非贸易品和出口品需要有进口中间投入品，进口中间品和进口最终产品分别由不同的厂商进行，生产函数中的投入品是进口中间产品而不是常见的资本，因此没有资本的生产商。Adolfson（2007）的思路和 Batini 等（2003）相近，但是省去了中间产品进口商以及

① 其实资本生产商就是消费产品的批发生产商。

② 这样的安排也是很有智慧的：一方面引进有外债需求的竞争性批发商，方便了金融加速器机制的分析；另一方面引进零售商的价格粘性，方便了货币政策的分析。

出口商。Devereux 等（2006）的最终商品包括了非贸易品和出口品以及进口品，其中非贸易品和出口品的生产都需最终资本，最终资本的形成又需进口品和非贸易品，模型中不仅将资本生产和最终产品生产归不同的厂家，并且也将资本生产细分为初级资本和最终资本，以及用于非贸易品的资本和贸易品的资本。Kollmann（2002）模型中，最终产品的生产需要国内中间产品和国外中间产品，其中国内中间产品的生产需要劳动和资本，其资本来自最终产品。另外，Laxton 和 Pesent（2003）所运用的全球经济模型（GEM），最终产品集合中包括了非贸易品和贸易品以及进口品，为生产最终产品所需的中间产品又包括非贸易中间产品以及贸易中间产品，其中中间产品的生产需要资本、劳动以及原材料，原材料包含了国内原材料和进口原材料，国内原材料的生产又需劳动、资本以及土地，资本的形成来自最终商品，因此也是个相当复杂的模型。

部门的细分程度一方面是依据研究的具体需要，另一方面也要考虑对模型处理的需要。若是为了更加逼近实际，那么就需要更为细致的划分，但为了便于分析处理就要忽视许多细节，平衡两者的过程中应当考虑具体的研究任务。本书的模型建设是为了在一个更贴近新兴市场国的模型中分析货币政策，特别是要考虑债务美元化、金融市场不完全、资本逆转、资本流动强顺周期等特征，研究在新兴市场国的汇率金融加速器机制对货币政策规则的影响。照此需要，本书的模型设计主要借鉴 Cook（2004）的做法，所不同的是区分了贸易品和非贸易品。因为非贸易品在产出中的比重将加大汇率的金融加速器机制。对于中间投入品以及原材料等，出于简化模型的需要就不再考虑。另外对于资本品的安排参照 Devereux 等（2006），分析初级资本品和最终资本品，并且两者又可以分为用于非贸易部门的资本品和用于出口部门的资本品。

对于非贸易品，生产要素包括劳动和资本，其中劳动又分为工人的劳动和企业家提供的劳动，假设企业家提供的劳动力是固定的。因此非贸易品的生产函数就有如下形式。其中，L^e 表示企业家提供的劳动。

$$Y_{Nt} = A_{Nt}(L_{Nt})^{\gamma_N}(L_t^e)^{\gamma_N^e}K_t^{1-\gamma_N-\gamma_N^e} \tag{5-24}$$

非贸易部门的垄断利润为：

$$\Pi_{Nt} = (P_{Nt} - MC_{Nt})Y_{Nt} \tag{5-25}$$

由最优生产决策可以得出对工人劳动的需求、对资本的需求以及对资本家劳动的需求，分别是式（5－26）、（5－27）、（5－28）。

$$\frac{W_t}{P_{Nt}} = \gamma_N MC_{Nt} \frac{Y_{Nt}}{L_{Nt}} \tag{5-26}$$

$$\frac{R_{Nt}}{P_{Nt}} = (1 - \gamma_N - \gamma_N^e) MC_{Nt} \frac{Y_{Nt}}{K_t} \tag{5-27}$$

$$\frac{W_t^e}{P_{Nt}} = \gamma_N^e MC_{Nt} \frac{Y_{Nt}}{L_t^e} \tag{5-28}$$

价格制定和进口品类似，存在价格调整粘性，因此通货膨胀的运动方程也与进口品的通货膨胀运动方程类似：

$$\pi_{Nt} = \beta E\pi_{Nt+1} + \tilde{\kappa}_N mc_{Nt} \tag{5-29}$$

其中，

$$\tilde{k}_N = \frac{(1 - \theta_N)(1 - \beta\theta_N)}{\theta_N} \tag{5-30}$$

其中，θ_N 是非贸易部门厂商保持价格不变的比例。

非贸易部门商品的需求主要是：工人和资本家的消费，初级资本（包括非贸易部门的初级资本品和出口部门的初级资本品）的生产。

（四）出口部门

和非贸易部门类似，出口部门的生产也需资本、工人劳动以及资本家的劳动，出口部门生产函数为：

$$Y_{Xt} = A_X (L_{Xt})^{\gamma_X} (L_{Xt}^e)^{\gamma_X^e} (K_{Xt})^{1-\gamma_X-\gamma_X^e} \tag{5-31}$$

这样得到最优劳动和资本需求分别是式（5－32）和式（5－33），其中，R 表示资本收益。

$$W_t = P_{Xt}\gamma_X \frac{Y_{Xt}}{L_{Xt}} \tag{5-32}$$

$$R_{Xt} = P_{Xt}(1 - \gamma_X - \gamma_X^e) \frac{Y_{Xt}}{K_{Xt}} \tag{5-33}$$

出口商品价格满足一价定律，即：

$$P_{Xt} = S_t P_{Xt} \tag{5-34}$$

在本书的模型中假设出口部门是完全竞争部门，这样出口量取决于国内的供给条件。仅从出口部门看，本币贬值当然具有扩张效应，因为最终产品以本币计价的价格上升，降低了实际工资，因此劳动需求增加，这就带来出口部门产量的增加。

（五）初级资本生产商

资本的生产函数是：

$$K_{t+1} = \left[\frac{I_t}{K_t} - \frac{\psi_I}{2}\left(\frac{I_t}{K_t} - \delta\right)^2\right]K_t + (1-\delta)K_t \tag{5-35}$$

其中，ψ_I、δ 分别表示资本调整成本和折旧率。投资来自进口品和本国的非贸易品，假设其构成结构和消费品有差异：

$$I_t = [a_I^{\frac{1}{\rho_I}} C_{Nt}^{\frac{\rho_I-1}{\rho_I}} + (1-a_I)^{\frac{1}{\rho_I}} C_{Mt}^{\frac{\rho_I-1}{\rho_I}}]^{\frac{\rho_I-1}{\rho_I}} \tag{5-36}$$

可得投资中对非贸易品和进口品的需求是：

$$I_{Nt} = a_I\left(\frac{P_{Nt}}{P_{It}}\right)^{-\rho_I} I_t \tag{5-37}$$

以及

$$I_{Mt} = (1-a_I)\left(\frac{P_{Mt}}{P_{It}}\right)^{-\rho_I} I_t \tag{5-38}$$

这样形成投资价格指数：

$$P_{It} = \left[a_I P_{Nt}^{1-\rho} + (1-a_I)P_{Mt}^{1-\rho}\right]^{\frac{1}{1-\rho}} \tag{5-39}$$

假设资本生产商分为初级资本生产和最终资本生产，并且无论是初级资本还是最终资本，用于出口部门和非贸易部门的资本是不能相互替代的。其中初级资本的生产商以 Q 的价格购入已有的最终资本，然后买入投资品，生产出初级资本，这些初级资本以 P_K 的价格出售给最终资本生产商获得收入。由初级资本生产商完全竞争假设可以得到关于 P_K 和 $\frac{I}{K}$ 的表达式（5－40）、（5－41）、（5－42）、（5－43）。当然由于初级资本在两部门之间不能替代，因此应当各自独立方程，所以对应非贸易部门的初级资本和出口部门的初级资本，下标（也可能是上标）N 和 X 就表示两部门的初级资本价格。

$$P_{Kt}^{N} = \frac{P_{It}}{1 - \psi_I(I_{Nt}/K_{Nt} - \delta)} \tag{5-40}$$

$$P_{Kt}^{X} = \frac{P_{It}}{1 - \psi_I(I_{Xt}/K_{Xt} - \delta)} \tag{5-41}$$

$$1 - \delta + \frac{I_{Nt}}{K_{Nt}}\psi_I\left(\frac{I_{Nt}}{K_{Nt}} - \delta\right) = \frac{Q_{Nt-1}}{P_{Kt}^{N}} \tag{5-42}$$

$$1 - \delta + \frac{I_{Xt}}{K_{Xt}}\psi_I\left(\frac{I_{Xt}}{K_{Xt}} - \delta\right) = \frac{Q_{Xt-1}}{P_{Kt}^{X}} \tag{5-43}$$

（六）最终资本生产商

假设最终资本的生产商同时也是最终产品的生产商，这样最终资本生产商集中在非贸易部门。并且因为生产商具有独特的技术而具有垄断利润，垄断利润依据工人和最终资本生产商的谈判在两者之间进行分配，假设工人所得的利润比例是 η_w 。这样在非贸易部门的最终资本的生产商，其收益就由三部分构成：资本因用于最终商品的生产而实现的租金收入、分配的垄断利润以及出售给初级资本生产商的资本价格。最终资本的回报率就有：

$$1 + r_{Kt}^{N} = \frac{(1 - \eta_w)\Pi_t/K_{Nt} + R_{Nt} + Q_{Nt}}{P_{Kt-1}^{N}} \tag{5-44}$$

而对于在出口部门的最终资本生产商，由于出口部门是完全竞争的，因此没有垄断利润。资本的回报组成包括两部分，资本用于出口商品生产而实现的租金收入及出售给初级资本生产商的资本价格。这样出口部门的最终资本的回报率由式（5－45）决定：

$$1 + r_{Kt}^{X} = \frac{R_{Xt} + Q_{Xt}}{P_{Kt-1}^{X}} \tag{5-45}$$

对于最终资本生产商，为了组织生产一方面利用自身的资金积累，就是来自企业净值部分，另一方面必须借入外币。为了购买初级资本，他们必须融入的外币规模等于初级资本的购买价格减去企业净值部分，如果不考虑是用于非贸易部门生产还是用于出口部门生产，表达式就如式（5－46）所表示。

$$D_{t+1}^{ej} = \frac{1}{S_t}(P_{Kt}K_{t+1}^j - Z_{t+1}^j) \tag{5-46}$$

假设投资的期望回报是 $E_t\left[(1+r_{Kt+1})P_{Kt}K_{t+1}^j\right]$。企业家所组织的生产资本品的项目存在个别风险，体现在生产力 ω 有个随机分布。企业家本身知道这个生产力的具体值，但对于外国资金的发放者来讲只有在支付了监督成本以后才能观察到该值。这样由外国贷款发放者和企业家之间所签订的资金借贷合约，必须有信息约束。监督成本的存在以及私人信息的约束下所能安排的最佳合约的特点是：规定了借贷的具体数量以及阈值 $\bar{\omega}$。如果企业家所报告的生产力超过了这个阈值，那么资本回报的 $\bar{\omega}$ 倍支付给外国投资者；如果所报告的生产力没有达到这个阈值，那么外国投资者必须支付监督成本以确定情况是否属实，并且获得投资项目的所有收入。同时假设监督成本是该项目收入的 μ 倍。

在这样的合约安排下，企业家所获得的收入占投资项目收入的期望比重是 $A(\bar{\omega}_{t+1})$，外国投资者所获得的收入所占的期望比重是 $B(\bar{\omega}_{t+1})$。这两者满足条件 $A(\bar{\omega}_{t+1})+B(\bar{\omega}_{t+1})=1-\phi_{t+1}$。其中，$\phi_{t+1}$ 表示监督成本的期望值①。最优合约要求在满足外国贷款者参与的约束下，实现企业家的收益最大化，即：

$$\max_{\bar{\omega}_{t+1},K_{t+1}} E_t[A(\bar{\omega}_{t+1})(1+r_{Kt+1})K_{t+1}]$$

$$\text{s. t.}\ \frac{(1+r_{Kt+1})S_t}{S_{t+1}}B(\bar{\omega}_{t+1}) = (1+r_{t+1}^*)(1+\psi_{Dt+1})\left(1-\frac{Z_{t+1}}{P_{Kt}K_{t+1}}\right) \tag{5-47}$$

在这样约束下得到的最优条件是：

$$\frac{E_t\{(1+r_{Kt+1})[B(\bar{\omega}_{t+1})A'(\bar{\omega}_{t+1})/B'(\bar{\omega}_{t+1}) - A(\bar{\omega}_{t+1})]\}}{[B'(\bar{\omega}_{t+1})S_{t+2}/S_{t+1}]} = (1+r_{t+1}^*)(1+\psi_{Dt+1}) \tag{5-48}$$

风险溢价是：

---

① 可得出 $A(\bar{\omega}) = \int_{\bar{\omega}}^{\infty}\omega f(\omega)d\omega - \bar{\omega}\int_{\bar{\omega}}^{\infty}f(\omega)d\omega$，$B(\bar{\omega}) = \bar{\omega}\int_{\bar{\omega}}^{\infty}f(\omega)d\omega + (1-\mu)\int_0^{\bar{\omega}}\omega f(\omega)d\omega$ 以及 $\phi_N = \mu\int_0^{\bar{\omega}}\omega f(\omega)d\omega$，从而得出 A′（ω）≤0 和 B′（ω）≥0。

$$(1+r_{Kt+1})/[(1+r_{t+1}^{*})(1+\psi_{Dt+1})E(S_{t+2}/S_{t+1})] = \left(1-\frac{Z_{t+1}}{P_{Kt}K_{t+1}}\right)/B(\overline{\omega}_{t+1}) \quad (5-49)$$

可以看出当项目净值减少（如因本币贬值引发债务增加导致项目本币净值减少），风险溢价因杠杆率的上升而上升，这样项目的外部资金融资成本上涨，减少了投资需求，此关系如式（5－50）所表达，其中，υ表示的是风险溢价和杠杆率之间的弹性关系。

$$r_{Kt+1} - r_{t+1}^{*} - \psi_{Dt+1} - s_{t+2} + s_{t+1} = -\upsilon(z_{t+1} - p_{Kt} - k_{t+1}) \quad (5-50)$$

那么项目的净值如何确定呢？根据 Carlstrom 和 Fuerst（1997），假设企业家为了生产最终资本品总是要从外部获得资金，为此就可以假定每个时期有新的企业家进入，又有一些企业家退出，这样就可以保证企业家的净值积累永远不会足够到不需外部资金，相反项目的运营始终面临信贷约束。在每一期的开始，不违约的企业家在非贸易部门获得的投资回报是 $(1+r_{Kt})P_{Kt-1}K_t(j)[\omega_t(j)-\overline{\omega}_t]$。

如果每一期企业家退出的概率是（1－v），并假设在退出时的企业家消费所有的收入。这样总体而言每期有（1－v）的企业家投资的资本回报被消费，因此可用于下期净值增加的是 v 部分。因此企业家净值的运动表达式为：

$$Z_{t+1} = v(1+r_{Kt})P_{K,t-1}K_tA(\overline{\omega}_t) \quad (5-51)$$

代入

$$A(\overline{\omega}_{t+1}) = 1-\phi_{t+1}-B(\overline{\omega}_{t+1})$$

以及由

$$\frac{(1+r_{Kt+1})S_t}{S_{t+1}}B(\overline{\omega}_{t+1}) = (1+r_{t+1}^{*})\left(1-\frac{Z_{t+1}}{Q_tK_{t+1}}\right)$$

所给出的企业家的期望收入 $A(\overline{\omega}_t)$，就可以得出企业家净值的运动式①，

$$Z_{t+1} = v(1-\phi_t)(1+r_{Kt})P_{K,t-1}K_t - v(1+r_t^{*})(1+\psi_{Dt})(S_{t+1}/S_t)(P_{K,t-1}K_t - Z_t) \quad (5-52)$$

① 均衡时得到 $Z=\dfrac{v\left[(1-\phi)(1+r_K)-\dfrac{1}{\beta}\right]}{1+\dfrac{v}{\beta}}QK$

另外，也可以得到企业家的消费（假设都是进口品）：

$$C_t^e = \frac{(1-v)(1+r_{Kt})P_{Kt-1}K_tA(\overline{\omega}_t)}{P_{Mt}} \tag{5-53}$$

这样通过对工人、进口部门、出口部门、非贸易部门、初级资本生产商、最终资本生产商的行为描述，我们已经初步建立了本书的金融加速器模型框架。在下一节中再对参数予以规定，然后结合具体的外部冲击以及货币规则，就可以进行更详细的讨论了。

二、汇率金融加速器机制的证实

（一）冲击、均衡及参数设定

1. 外部冲击

自 Mendoza（1995）以来，外部冲击（External Shock）对开放小国经济体的影响被越来越多地关注。研究发展中国家经济波动的诸多文章都指明，外部冲击是重要的解释变量①。对宏观经济波动的研究表明，对于新兴市场国而言，三类冲击是必须注意的：世界价格冲击；世界利率冲击；国家风险溢价冲击。

新兴市场国要比发达国家更重视世界价格冲击的主要原因有这样几点：第一，出口收入中的产品结构单一，因此价格波动对经济影响较大。第二，对国外的债务偿还能力严重依靠出口收入。新兴市场国在经济处于不妙境界时，难以从国际市场上获得所急需的资金，不得不依靠以贸易为主的经常项目的改善。因此世界价格的波动成为发展中国家波动的重要来源。第三，国内生产对进口

① 这些文章包括 Schmitt-Grohe S. and Uribe M. Stabilization Policy and the Costs of Dollarization. Journal of Money，Credit，and Banking，2001，33（2）；Neumeyer P. A. and Perri F. Business Cycles in Emerging Economies：The Role of Interest Rates. Journal of Monetary Economics，2005，52（2）；Uribe M. and Yue V. Z. Country Spreads and Emerging Countries：Who Drives Whom. Journal of International Economics，2007，69（1）。

资本品的依赖性较大，中间投入品对进口依赖也很大，因此，世界价格波动会影响这些国家的生产成本。正是因为以上这些原因，所以新兴市场国应当重视世界价格对本国宏观冲击的影响。在 Kose（2002）的估计中，世界价格解释了开放的发展中国家 88% 的总产出波动，90% 的投资波动。

新兴市场国更多融入到国际资本市场，所带来的结果就是世界利率以及国家风险溢价成为其重要的外部冲击。Uribe 和 Yue（2007）提到美国利率对新兴市场国短期利率及汇率影响都很大，美国利率波动可以解释新兴市场国 20% 的总体波动，国家风险溢价对此的解释能力同样可以达到 12%。

对于货币政策研究，更是要紧密结合外部冲击。这是因为货币政策的主要任务就是在经济受到外生冲击作用，发生较大波动时，通过利率等关键变量的变动能够缓和经济冲击的影响，稳定经济。而且，在不同的冲击下，最佳货币政策规则也会有所差异。因此不能只以一类冲击为例，来比较不同货币政策规则的效果，应当尝试在不同的冲击下对各类货币政策规则的表现予以比较。

因此，在本书的模型中也应当考察这三类冲击下的货币政策规则的表现。不过由于时间限制，本书只能考虑两类冲击即世界价格冲击和世界利率冲击，其中世界价格冲击选择以进口品外币价格为代表，对于风险溢价的冲击只能有待将来分析。

假设世界价格冲击以及世界利率外部都是 AR（1）过程，系数都是 0.8，各自的标准差分别是 0.1 及 0.01。

本节及本章的第三节里，我们将在上节所建立的开放经济的金融加速器模型中，分别观察在世界价格冲击以及世界利率冲击下不同的货币政策规则的作用效果。这两个冲击的相关方程见附录 B。

2. 稳定均衡点特征

线性动态系统要求有稳定均衡点的存在。在稳定均衡点附近对各方程予以线性对数近似，然后再在线性对数方程组中，运用数学方法判定系统是否收敛，是否存在唯一的归向稳定均衡点的路径，这些都是动态随机一般均衡模型所必需的。

均衡点要求，各市场都出清。在本书的模型中，包括非贸易部门商品的供求平衡、进口部门的供求均衡、出口部门的供求均衡、劳动的供求均衡、非贸易部门的最终资本品的供求均衡、出口部门的最终资本品的供求均衡等。

稳定点的特征是各通胀率为零，并且每种冲击都是在均值水平上，经济体各方没有预期错误。另外为了能解出方程，必须要对名义变量有所规定。为了方便求解，设定名义汇率以及进口品的世界价格、出口产品的世界价格（两者都以外币计值）都是单位1，另外又规定贸易条件为单位1。均衡点其他变量的值设定见附录F。这些设定本应都以实证检验数据为依据，但由于有关方面的实证检验非常缺乏，因此更多是参考常见文献的做法。在以后随实证数据更丰富后，可以修改这些设定，以使模型更接近实际。

3. 参数设定

有关参数的设定及讨论见附录F。关于参数选择的原因，可以看附录中的脚注说明。在这些参数数值的安排下，不但为保证可以得到稳定值，而且也为尽可能地与新兴市场国或我国的数据相符合。基于第一节所给出的具体模型框架以及本节的参数设定，可以得到描述经济的方程组以及均衡点附近的对数线性运动方程组，如附录A和附录B所示。

4. 模型求解

由于是一般均衡的随机动态模型，涉及的方程众多，所以求解过程是件不容易的事。本书的模型求解运用了Uhlig的Matlab编程，关于此类模型的求解可看DeJong和Dave（2007），他们不仅介绍了Uhlig的方法，还介绍了其他多种模型求解方程。

（二）汇率金融加速器机制的证实检验

为了检验在这样的模型中，汇率的金融加速器机制是否明显，参照Cook（2004）的做法，假设经济只受到本国扩张性货币政策冲击作用，即利率下降一个百分点，观察受此冲击影响后风险溢价的表现。在一般情况下，受扩张性的货币政策作用，经济应当是扩张的，投资应当增加，但是如果存在汇率的金融加速器机制，那么扩张性的货币政策引发本币贬值，反倒带来债务的增加和风险溢价的提高，因此会有降低投资的作用。如果风险溢价随扩张性货币冲击作用而有上升，那就说明存在着汇率的金融加速器机制①。

① 正如前面所提到的，这种证实方法不是完全的，因为风险溢价的下降也不能排除汇率金融加速器机制存在的可能。但是如果风险溢价是上升的，那么汇率的金融加速器机制是必存无疑的。

关于证实检验可以得出以下几个结论：

1. 存在汇率的金融加速器机制

从附录 G 可以看出，在扩张性货币政策实施后引发的本币贬值，这在非贸易部门所带来的结果包括杠杆率的上升以及风险溢价的上升，表明存在着由债务美元化引发的汇率金融加速器机制。虽然本币贬值可以带来以本币计值的资本总价值的增加，但是外债的本币价值增长更快，这样虽然以本币计值的净值增加，杠杆率却上升了，由此带来风险溢价的上升。如果从净值的美元价值来看也得出相同的结论。本币贬值后，以美元计值的资本总价值下降，这样净值的美元价值下降，由于此时债务美元价值不变，因此杠杆率上升。

2. 非贸易部门比贸易部门的金融加速器机制效果明显

从附录 G 可以看出非贸易部门和贸易部门相反，风险溢价在此时是下降的，这证实了汇率的金融加速器效应更多是发生在非贸易部门。因为非贸易部门的资本租金收入以及利润都是以本币计值，这样货币错配的现象更严重，汇率的金融加速器机制作用空间也越大。在贸易部门，汇率的金融加速器机制之所以存在，是因为该贸易部门的资本总价值构成的第三部分，就是资本出售价格的收入是以本币计值的，其价值大小并不完全随汇率做相同程度的变动，这样货币错配现象还是存在。因此，即使贸易部门也存在着汇率的金融加速器机制，但总体上，在贸易部门，汇率的金融加速器机制要微弱些。这是因为，和非贸易部门不同，在贸易部门，资本总价值构成的第二部分是以外币计值的①，本币贬值可以带来该部分价值的上升，货币错配问题因此减弱许多。这样在总体上，在受贬值冲击时，贸易部门以本币计值的资本总价值增加幅度更加接近外债的本币价值上升幅度，杠杆率的上升幅度要比非贸易部门小，汇率的金融加速器机制也因此更小。

（三）金融加速器效应和汇率传递率

汇率的传递率是汇率金融加速器机制的影响因素，在较低水平的汇率传递率中，金融加速器机制作用力就越大。对此可以检验在本书模型中，金融

---

① 在出口部门的资本总价值构成中并没有第一项，因为我们假设出口部门是完全竞争，没有垄断利润。

加速器机制作用力如何因汇率传递率变动，验证一下在这样的模型中汇率传递率的影响力是否够大。为此，需调整进口部门价格调整比例，基础模型中进口部门的价格保持固定的企业比例是0.75，现在将这一比例分别设定为1和0.01，这样菲利普斯曲线 κ_M 的系数分别是0.00001和98，以此表示接近0的汇率传递率以及接近100%的汇率传递率，由此得到的冲击图如附录G所示。从中可以得到结论如下：

1. 随着汇率传递率的下降，汇率的金融加速器机制被加强

在低水平的汇率传递率下，非贸易部门的杠杆率变动增加到19%，相比之下在基础模型中受同样大小冲击作用，非贸易部门的杠杆率的变动幅度只有7.8%。可见，在低水平的汇率传递率下，非贸易部门在贬值作用下杠杆率上升得更快，因此风险溢价也上升得更多。之所以如此的原因是，在低水平的汇率传递率下，资本本币价值变动对汇率变动并不敏感，但是受债务美元化影响，外债的本币价值对汇率变动敏感，因此在低水平的汇率传递率下，净值随汇率的变动幅度会更大。在基础模型中，非贸易部门的净值变动幅度是5.5%，在接近零的汇率传递下，该变动幅度上升为10%，几乎是前者的2倍。

2. 随着汇率传递率的上升，汇率的金融加速器机制减弱

在接近完全的汇率传递下，非贸易部门杠杆率随贬值而增加的幅度非常小，只增加了2.7%。在接近完全的汇率传递率下，资本价值和资本债务变动幅度极接近，因此净值随汇率而做出的变动较小。在基础模型中，非贸易部门的净值变动幅度是5.5%，在接近完全的汇率传递下，该变动幅度下降为4%。

3. 汇率传递率和汇率的金融加速器机制作用力是非线性负相关

当汇率传递率下降时，汇率的金融加速器机制变得更强烈，而当汇率传递率上升时，汇率的金融加速器机制就变得更微弱。也就是说，汇率的金融加速器机制大小，受汇率传递率作用，随汇率传递率的下降而上升，两者呈反相关，证实了前面所得的结论。不过汇率的金融加速器机制，随汇率传递率而发生的变动并非是对称的：汇率传递率的下降带来的汇率金融加速器机制的加强较明显；相比之下，汇率传递率上升带来的金融加速器机制的减弱

较缓慢。对此可以看附录 G 所显示的两者之间的关系图①。汇率传递率和汇率的金融加速器机制大小呈反相关，并且是非线性关系。在汇率传递率较低时，汇率传递率的微小变动可以带来汇率金融加速器机制的大幅变动。随着汇率传递率的提升，汇率传递率对汇率金融加速器机制的影响渐渐见衰。

从上可见，汇率传递率对汇率的金融加速器机制的作用是不对称的，汇率传递率的下降对金融加速器机制作用力更加明显。这对新兴市场国的货币政策有着重要的启示。因为，汇率传递率的下降被认为是近十年的货币政策的一个重要背景，同时更是许多新兴市场国所经历的。因此，对新兴市场国货币政策的分析、设计、选择，就应重视汇率传递率下降的事实及影响。

（四）其他结论

附录 G 不仅告诉我们存在着汇率的金融加速器机制，而且还告诉我们汇率的金融加速器机制大小和汇率传递率呈非线性负相关，此外，还可以从中得到以下结论：

1. 风险溢价变动对投资波动影响有限

当投资受融资资金约束时，融资成本就成了投资的决定变量。在存在监督成本的信息不完全的借贷市场上，融资成本更多是和风险溢价有关，因此风险溢价也就成了投资的主要决定变量，风险溢价的波动也就成了投资波动的主要来源。故此，风险溢价的大幅变动会引发投资的大幅变动，降低风险溢价的波动会有助于投资的稳定。然而在附录 G 所能观察到的是，投资受风险溢价波动的影响并不像想象的那样大。三个图分别显示了不同汇率传递率下的经济变量情况，当汇率传递率上升到接近 1 时，虽然杠杆率以及风险溢价的波动降到最小，但是其投资的波动却并非降到最小，反倒是在三种情况下最大的。在三种汇率传递率下，是处于中间的汇率传递率水平下投资波动最小。究其原因，在完全的汇率传递率下，虽然杠杆率以及风险溢价波动减少了，但是进口品的本币价格的波动增大了，这同样会带来投资品价格波动，因此投资波动也被放大了。

① 为了得到汇率传递率和汇率的金融加速器机制的关系，我们模拟了多种汇率传递率下的脉冲反应。

2. 汇率传递率也会影响实际变量稳定和名义变量稳定的关系

一般认为，以利率规则为代表的货币政策在稳定名义变量和实际变量上存在着政策两难，如果降低了名义变量的波动性，那么就不得不承受更大的实际变量的波动性，反之则反①。因此那些影响名义变量和实际变量稳定关系的因素也就成了货币政策所应当重视的因素。从附录G的冲击图可以发现汇率传递率会影响名义变量和实际变量的稳定关系。在受货币政策冲击时，名义变量和实际变量的波动性关系，在不同的汇率传递率下有不同的表现。正如上面对投资以及价格波动所讨论的。具体地讲，在高汇率传递率下，汇率的波动带来投资的波动，投资和物价波动更多体现为互补性，在低汇率传递率下，投资水平受本国物价的影响降低了，投资和物价波动的替代性增强了。这一点在理论上也是很容易理解的，因为汇率传递率直接改变了通胀动态过程，也就改变了通胀和产出或投资的关系。

三、冲击下的货币政策规则选择

（一）供选择的货币政策规则

1. 利率规则还是货币供应量规则

货币当局选择控制货币供应量还是控制利率②？这个问题③曾经引发激烈的争论。我们在这里讨论的货币政策规则选择利率规则，主要的原因如下：

---

① 因此，最优利率规则的设定还要考虑由社会福利函数所得名义变量和实际变量的关系，以此为根据选择利率规则中对产出以及通货膨胀率的反应系数的大小。

② Ball 比较了利率作为工具和以货币市场作为工具在开放经济体中的差异，见 Ball L. Policy Rules and External Shocks. NBER，Working Paper 7910，2000。

③ 受理性预期理论的影响，现在的货币政策选择更多是在不同的货币政策规则之间的选择，而不是像过去那样在特定事件发生时去选择具体的行为，见 McCallum B. T. Recent Developments in Monetary Policy Analysis：the Roles of Theory and Evidence. NBER，Working Paper 7088，1999。货币政策规则可以指导公众预期。

第一，从各国实践看，大多数的新兴市场国选择使用利率规则。为了让本书的理论工作和实际联系更加紧密，因此也使用利率规则。其实，正是这个原因，所以就是有货币主义倾向的学者，以及那些偏向实际货币余额为操作工具，认为这样会提高货币政策效果的学者，也在分析中运用利率①。第二，新兴市场国资本项目的开放，使得对货币供应量的控制性越来越差，并且对货币需求的预测也受更多不确定因素的作用，这样货币供应量作为工具的弊端就日益加大。因为根据 Poole（1970）的分析，当冲击主要来自国内实际部门时，应当选择货币供应量为操作工具，相反，当冲击主要来自货币需求时，则应当选择利率作为操作目标。新兴市场国随着资本项目的开放程度加深，金融市场对经济的重要性日显突出，利率的优越性就更加明显了，因此我们应当多研究利率规则。

2. 最优规则还是简单规则

利率规则可以有最优规则和简单规则的比较②。最优规则依赖于模型的具体设定，并且也依赖于目标函数的具体设定。在一个模型下所得的最优规则在其他模型下就不再是最优的了，在实现一个目标下是最优的，在另一个目标函数下也不再是最优的。而且，更糟糕的情况是，在一个模型中所得的最优规则，在其他模型下甚至不能带来稳定解。正如 Carlstrom 和 Fuerst（2000）所提出的，对于利率规则首先考虑的不是最优与否，而是能否带来稳定。此外，最优规则和次优规则之间的差别实在不大，Carlstrom 和 Fuerst（2000）经过对有关不同政策规则的福利优劣的理论分析，总结出一个基本结论就是，最优规则比起排在第 10 位的规则，其福利利益增加得很少。相比之下，简单规则虽然没有实现最优目标，但是，所得出的结果和最优规则的结果差别并不大，是最优规则的极好的近似③；简单规则的稳健性也强于最优规则④，在一个模型中表现较好的简单规则，在另一个模型中还是表现不

①③ McCallum B. T. Recent Developments in Monetary Policy Analysis: the Roles of Theory and Evidence. NBER, Working Paper 7088, 1999.

② 关于利率规则的目标规则和工具规则的比较可见 Svensson L. E. O. Targeting Rules vs. Instrument Rules for Monetary Policy: What Is Worng with McCallum and Nelson? NBER, Working Paper 10747, 2004; McCallum B. T. and Nelson E. Targeting vs. Instrument Rules for Monetary Policy. Federal Reserve Bank of St. Louis Working Paper, 011A, 2004。

④ 丁福云. 货币政策规则及其应用问题研究. 厦门大学，2007.

错。简单规则在可操作性上也占有优势，也是对现实中操作的很好的近似①。考虑到这些，我们的利率规则设计不是寻找最优利率规则，而是寻找合适的简单规则。

3. 几个比较的利率规则

利率规则主要集中在能带来稳定解的规则上，分别考虑对稳定产出、CPI物价指数、非贸易品物价指数以及名义汇率的重视程度。以考虑产出和通货膨胀率为主的 Taylor 规则作为基础规则，其他的规则是在此基础上做出的修改。之所以以 Taylor 规则作为基础规则，是因为许多发达国家的利率规则可以总结为 Taylor 规则，此外 Ball（1997）也从理论上证明任何有效的利率规则都可以表达为 Taylor 规则的表达形式。对通货膨胀率我们选择 CPI 形式的通货膨胀率以及非贸易品通货膨胀率。选择 CPI 物价指数是因为它和消费者效用的关系最紧密。在过去的中央银行历史中，经济增长、促进就业、稳定物价以及平衡国际收支是其货币政策的最终目标。现在经济理论的发展使宏观政策的分析结合微观经济主体行为，受此影响，若以消费者效用最大化为中央银行货币政策目标，可以得知 CPI 物价指数应当是货币政策所注重的，因为它直接影响到消费的波动及消费者的效用水平②。非贸易通货膨胀率被选中，是因为该值的稳定被认为是能恢复浮动价格下经济表现的政策渠道。此外，对货币政策规则文献的阅读，也可以发现学者们对通货膨胀率的选择还有涉及贸易品物价指数③以及核心通货膨胀率④等，由于篇幅有限，对这些不予讨论。

对于汇率是本书考虑的重点，不仅因为开放经济，更重要的是，新兴市场国债务美元化等特点引发了汇率的金融加速器机制，前面也证明了汇率的

---

① McCallum B. T. Recent Developments in Monetary Policy Analysis：the Roles of Theory and Evidence. NBER，Working Paper 7088，1999.

② Devereux 和 Engel 从理论上说明了消费者福利如何和价格稳定联系在一起，见 Devereux M. B. and Engel C. Monetary Policy in The Open Economy Revisited：Price Setting and Exchange Rate Flexibility. Review of Economic Studies，2003，70（4）；Smets 和 Wouters 得出如何从消费者效用函数产生中央银行货币政策的福利损失函数，见 Smets F. and Wouters R. An Estimated Stochastic Dynamic General Equilibrium Model of The Euroarea. Journal of the European Economic Association，2003，1（5）。

③ 可见有关对开放经济小国货币政策规则讨论。

④ 可见对通货膨胀目标制的讨论。

金融加速器大小会改变汇率对经济的作用机制，故此应重新考虑汇率的作用。

此外，许多对开放经济的利率规则讨论还包括对是否包含资产价格以及国家风险溢价等的考虑，还有的是将贸易条件也放入利率规则中，在此我们的研究并没有涉及。

具体说，主要是讨论四个规则：一是固定汇率。二是标准的 Taylor 规则，其中对国内产出以及通货膨胀率的反应系数分别是 1.5 和 2。三是货币政策利率规则，可对 CPI 的通货膨胀改为对国内非贸易品的通货膨胀率。四是利率规则，也是在泰勒规则的基础上做出的修改，就是加进了对汇率的兼顾，其中对汇率的反应系数是 2。之所以选择这些数值的系数主要是为了让系统得到稳定解。货币规则的方程可见附录 B。

4. 货币政策规则比较标准

如何对货币政策规则进行排序？参照什么标准？在最优化的模型中，货币政策的最终目标表达都是在个人效用和生产函数的基础上得出的，因此货币政策最终目标得出的最优规则，也是完全依赖模型的设定。因此，对于什么才是货币政策合理的目标在理论上并没有达成共识。在实际操作上，中央银行的目标一般是，保持实际的通胀接近零（一般高于零，允许有测量误差），并保持产出接近自然产出水平，后者是随资本存量、劳动力以及技术的进步而变化的。从逻辑上看，这些实际操作中所确认的目标并不是最优的，因为并不是从消费者效用角度出发，但是，在经济实际中，这些目标的确为中央银行的货币政策效果提供了较好的标准。

现在，无论是发达国家还是新兴市场国都格外重视对通货膨胀率的影响（通货膨胀目标制被很快普及起来这一现象可以说明这点），认为货币政策的主要目标应当是稳定通货膨胀。理论界对中央银行货币政策的反思，有助于达成这样的共识：从货币政策能够做什么看，越来越多的学者承认货币政策从长期看只对物价有作用，并不能影响实际部门；从货币政策应当做什么看，人们也普遍承认无论是通货膨胀还是通货紧缩都会危害经济效率，因此应当将通货膨胀率保持在较低的水平。

那么，对于新兴市场国的货币政策目标是否也应当以确保低水平的通货膨胀率为目标？我们说，新兴市场国当然也应重视通货膨胀率的稳定，但是考虑到新兴市场国的独特性，像发达国家那样低的通货膨胀率并不是明智的选择。第一，新兴市场国的统计工作比发达国家落后，在通货膨胀率的衡量上误差、错误多，应当允许较大幅度的通货膨胀率。第二，新兴市场国的经济增长的任务严峻，所以允许牺牲通货膨胀率的稳定来满足经济增长的需要。稳定通货膨胀有助于提高经济效益，但从政策角度，稳定通货膨胀很多时候也会危及产出目标的实现。第三，新兴市场国更易受冲击影响，这样也要求允许有更大的波动空间，免得政策工具变动太频繁，反倒成为经济波动的来源。第四，新兴市场国对世界价格的发言权有限，世界价格对国内价格影响大，这也增加了新兴市场国货币政策稳定通货膨胀率的难度，因此也要求新兴市场国允许有更大的通货膨胀率。

目前，对于货币政策目标的讨论也有许多人提到稳定资产价格的必要性。不过，从相关的研究看，是否加入资产价格稳定的考虑要看该目标是否有助于稳定产出和稳定通货膨胀。因此资产价格的讨论更多应当是在中介目标的选择中。

针对新兴市场国的实际情况，我们认为货币政策的规则选择是应重视稳定通货膨胀率的能力，但不能以实现零通货膨胀率为标准。另外也应重视对产出的稳定。不过既然具体的中央银行目标函数会因模型的改变而改变，所以本书并不打算以一个具体标准来对各不同的货币政策规则做一个排序。对货币政策规则分析，主要是看不同的规则在稳定通货膨胀率及产出方面的比较，并且看其表现是否随冲击、汇率传递率等因素的影响。

（二）世界价格冲击下的货币政策规则比较

对于新兴市场国而言，世界价格冲击是重要的冲击之一，因此要分析这种冲击下不同的货币政策规则所带来的结果。我们选择的世界价格是进口价格，重点分析的是潜在的汇率的金融加速器机制是否对货币政策规则产生重要的约束。在本书模型安排下，进口品是投资的构成，因此进口价格其实也间接影响投资收益。

受世界进口价格上升冲击作用，在四个利率规则作用下的经济变量脉冲图可见附录G。从中可以得到结论如下：

1. 固定汇率在稳定投资以及消费等实际变量上，表现要优于浮动汇率

固定汇率下，排除了因名义汇率变动而引发的风险溢价变动，因此风险溢价变动最小，受此影响投资的变动也最小。相比之下，泰勒规则及其修改的对非贸易目标规则为代表的浮动汇率安排下，投资和消费的波动都要更大。对于第四个规则，就是在泰勒规则基础上考虑进汇率的规则，在此情况下实际变量的波动介于两者中间。

2. 在物价稳定上，固定汇率不如浮动汇率

固定汇率下，如果在同一时期所有贸易企业都可以改变价格，那么进口品的本币价格将完全随着进口品世界价格的变动而变动。而在浮动汇率下，汇率的浮动可以消化部分进口品外币价格的变动。因此在面临外来价格冲击时，浮动汇率安排更能带来物价的稳定。同时不仅对于进口品价格在浮动汇率下更稳定，就是非贸易品价格也是在浮动汇率下表现出更强的稳定性。这样消费物价指数也是在浮动汇率下的稳定性高于固定汇率下的表现。

3. 在泰勒规则中加入对汇率的系数，有助于稳定产出

加入对汇率的反应后，汇率波动变小，因此汇率的金融加速器机制所引发的风险溢价的变动也小，这样投资及其产出的波动就减少了。

4. 对 NPI（非贸易品物价指数）的利率规则比对 CPI 的利率规则更能稳定实际部门经济

在 CPI 规则下同时要兼顾减少进口品本币价格的波动，因此要求的汇率变动浮动要更大，以消化世界价格的变动。这样汇率波动引发更多的风险溢价和投资等实际变量的波动。因为 NPI 规则并不重视进口品的物价稳定，因此当受到进口品的世界价格冲击时并不要求汇率做同样大的调整，风险溢价以及投资等自然就显得更稳定些。

总之，这四个规则在不同的标准下排序是不同的，如果以稳定实际部门为标准，那么固定汇率最优，其次考虑汇率的利率规则，表现最差的就是标准的泰勒规则。但如果是以稳定 CPI 来看，排序正好相反。如果以稳定 NPI 来看，最优的当然是对 DPI 的反应规则，固定汇率表现最差。

（三）世界利率冲击下的货币政策规则比较

世界利率冲击是新兴市场国所面临的非常重要的外部冲击，对此已经在前面讨论过，并且也提到有文献可以将新兴市场国所面临的世界利率冲击和风险溢价冲击所区分开来，但就本书而论，并不打算对两者作出清晰的区分。在开放的金融加速器模型中如何讨论这两种不同的外部冲击，留给今后的研究，在此仅分析在世界利率上升时所带来的结果。

从附录G所显示的不同规则下经济变量脉冲图中可以得到如下结论：

1. 固定汇率无论在稳定实际部门还是稳定名义变量等方面都不如浮动汇率

固定汇率政策下无论是实际变量还是名义变量，波动性都要大于其他三种情况。虽然和浮动汇率政策相比，在实施固定汇率政策的情况下，以外币计值的资本投资回报收益的波动较小，但是此时以本币计值的投资回报收益波动却较大，风险溢价的波动并没减少，相反风险溢价的波动性在固定汇率下要高于在浮动汇率下的表现。除了进口部门的通货膨胀率在固定汇率下可以实现零通货膨胀率，对于DPI物价指数和CPI物价指数，固定汇率下的稳定性都大大不如在浮动汇率下的表现。这是因为非贸易品的通货膨胀率还和预期的边际成本有关，而这是受利率以及资本品的投资回报作用的。

固定汇率在稳定实际变量和名义变量上都不如浮动汇率，这个结论和大多数的文献结论相同。该结论表明，对于一个经济体，即使存在着汇率的金融加速器机制，因本币的贬值，会扩大不利冲击对经济的负面作用，虽然如此，最优的政策还是浮动汇率而不是固定汇率。也就是说汇率金融加速器机制并不足以推翻汇率浮动所带来的稳定性，因为汇率浮动可以为利率留下更多的调整空间，抵消不利冲击的作用。

2. 浮动汇率规则下，在泰勒规则基础上加入对汇率的考虑加剧了经济波动

既然经济体存在着汇率的金融加速器机制，那么如果能稳定汇率就可以减少冲击对经济的冲击。但在泰勒规则的基础上考虑进对汇率的反应，反倒加剧了CPI和NPI的波动，加剧了非贸易部门的风险溢价以及产出的波动。

因此可见，汇率的金融加速器机制的存在性并不必然要求要稳定汇率。稳定汇率带来的稳定经济的作用倒不如利率自由调整所带来的稳定性。

3. 对 CPI 的反应在稳定经济上要优于对 NPI 的反应

对 NPI 的反应要求利率调整得更多，汇率的变动也更大。过多的利率调整产生的本币贬值幅度太大，反倒使汇率的金融加速器机制的作用被突出，因此风险溢价和投资波动都更大。

4. 冲击不同，选用的利率规则也有差异

在世界价格冲击下，就稳定投资、消费而言，固定汇率表现要优于浮动汇率，但是在世界利率冲击下，如要稳定非贸易部门的投资以及产出，固定汇率就远不如浮动汇率。所以，本书的结论和 Deveurex 等（2006）不同，他们认为冲击来源的不同并不会影响利率规则的排序。产生这样差异的原因，恐怕是在模型安排下，汇率的金融加速器机制更强烈，因为本书考虑了企业家拥有较高比例的垄断利润，在第四章的分析中曾提到是否加入这个因素会引发汇率的金融加速器机制的强弱变化。

这样，新兴市场国在选择货币政策以及汇率政策时，要极为重视其外部冲击的来源。如果世界价格冲击是该国的主要冲击，为稳定实际变量，应当更多选用固定汇率，当然这样做要承受较大的通货膨胀率。相反，如果该国的冲击更多是来自世界利率冲击，那么无论是从稳定名义变量还是从稳定实际变量而言，浮动汇率规则是更好的选择。考虑到新兴市场国更多地融入到国际金融市场，以及资本流动的规模要远大于国际贸易的规模，浮动汇率的优势会越发地显现出来。

5. 汇率的金融加速器机制在新兴市场国的表现并没有我们想象得那样大

虽然在模型安排下存在着汇率的金融加速器机制，但是冲击的脉冲图却告诉我们，这并不意味着固定汇率优于浮动汇率，也不意味着对汇率的反应要优于不对汇率反应的利率规则，换句话说，汇率的金融加速器机制在新兴市场国并不像我们想象得那样大。在存在汇率的金融加速器机制的经济背景中，究竟哪个货币政策规则更优，这要看冲击来源。在世界进口价格冲击下，就稳定实际部门而言固定汇率要优于泰勒规则，但就稳定通货膨胀率来讲，还是以泰勒规则等为代表的浮动汇率取胜。而在世界利率冲击下，标准的泰勒规则表现出更能稳定实际部门和通货膨胀率。这说明汇率的金融加速器机制是有限的。新兴市场国大可不必因存在债务美元化以及金融市场不完全等因素，而表现出汇率浮动恐惧症。汇率的金融加速器机制的存在是否构成货币政策规则的强有力的约束，这和冲击来源有关。当新兴市场国更多地和国际金融市场相联合，当利率变动比价格变动更频繁时，保持国内利率的灵活变动，而不被汇率所束缚，是更明智的货币政策规则选择。因此本书的结论和 Gertler 等（2003）、Céspedes 等（2004）、Devereux 等（2006）以及 Cúrdia（2007）类似，而和 Cook（2004）不同。汇率的金融加速器机制在新兴市场国是存在的，但是就货币政策规则选择而言，该机制并不够强大，并不是在一切环境中都构成了货币政策规则的严重约束。

要说明的一点是，虽然可以得出结论在新兴市场国，汇率的金融加速器机制作用不大，但并不可以忽略新兴市场国的汇率金融加速器机制，特别是在汇率传递率不断下降的背景下，汇率的金融加速器机制有被强化的可能，新兴市场国不应忽视在货币政策规则选择中考虑到该机制的影响。此外，不应忘记汇率的金融加速器机制的存在与否，会修改货币政策规则的最优反应系数，即便它在一些情况下没有彻底修改货币政策规则的选择。

第六章 结论及今后的研究方向

一、结论及启示

本书的主要工作：首先，围绕金融全球化背景，从资本项目开放的成本、收益等角度分析新兴市场国对资本项目所应当持有的态度。其次，在广泛借鉴已有的实证检验基础上，指明新兴市场国因资本项目开放而有独特的经济表现。在此基础上，又分析了这些经济表现对货币政策的影响，和对所分析货币政策的理论框架选择的影响。在这样的铺垫下，介绍了金融加速器的开放经济模型，特别是重点分析了在这类模型中的汇率的特殊作用机制，即我们所称的“汇率的金融加速器机制”，介绍了该机制的含义、作用原理，也研究了该机制的实证检验方法，以及左右该机制大小的作用因素，目的是为了找到建立金融加速器开放经济模型应当重视的因素。最后，结合这些因素，建立金融加速器开放经济模型，重点分析汇率的金融加速器机制对货币政策规则的作用，并在不同的外来冲击下比较了不同的汇率政策。

（一）结论

本书所得的结论如下：

1. 关于新兴市场国资本项目开放必要性

考虑进当今国际资本流动的特点，新兴市场国实施资本项目管制的效率日渐减少，成本日渐上升。因此新兴市场国的明智选择是积极地适应资本项目开放的国际大趋势。但是资本项目开放也意味着危机和机会并存，为了能够降低由资本项目开放引发的损失，更大程度地汲取由资本项目开放带来的收益，新兴市场国应重视配套的宏观政策以及微观层面的改革。

2. 关于新兴市场国资本项目开放结果

新兴市场国的资本项目开放后，虽然资本流动的规模有了极大增长，但是新兴市场国的资本流动和发达国家相比还存在较大差异。新兴市场国资本流动的稳定性较差，具有强烈的顺周期性；资本流动发生逆转的可能性大大超过发达国家，并且引发债务美元化及货币错配现象。新兴市场国的这些经济表现，以及落后的金融市场、绝对的财政主导、资本对进口的严重依赖……都使新兴市场国的货币政策、汇率政策问题远比发达国家更难理解。

3. 关于新兴市场国货币政策分析框架选择

为分析货币政策，比较不同的货币政策规则，必须要有合适的货币政策分析框架。本书在介绍了当今流行的货币政策分析框架后，指出如此的货币政策分析框架难以适应新兴市场国的需要。本书证明了金融加速器的开放经济模型是分析新兴市场国货币政策的合宜选择。

4. 关于金融加速器的开放经济模型

即使同是金融加速器的开放经济模型，对模型参数以及假设的不同规定都会带来结论的差异。因此，有必要找出那些能左右货币政策规则表现的关键因素。本书对多个模型的分析、比较，得出能够决定汇率的金融加速器机制，从而影响货币政策规则表现的因素有：汇率传递率、资本或投入品形成中的进口品比重、杠杆率、债务中的以外币计值的比例即债务美元化程度、非贸易品对外债的依赖以及非贸易产出对总产出的贡献、价格粘性部门的垄断利润归资本所有者的比重。因此在构建金融加速器模型中这些因素的设定是关键环节。从理论上看，前面两个变量在数值上的下降会加强汇率的金融加速器机制的作用力，浮动汇率的优势会下降；后四个变量正好相反，数值的变大会削弱浮动汇率的优势。

5. 关于模型的模拟结果

依据模型设定，在两种冲击下模拟各变量的动态变化路径，得出结论如下。第一，汇率的金融加速器机制的存在，并不意味着固定汇率优于浮动汇率，也不意味着对汇率的反应要优于不对汇率反应的利率规则。政策规则的选择依赖冲击来源，也依赖政策的具体目标。在世界进口价格冲击下，就稳定实际部门而言，固定汇率优于泰勒规则；但就稳定通货膨胀率来讲，还是泰勒规则等为代表的浮动汇率取胜。而在世界利率冲击下，标准的泰勒规则表现出更能稳定实际部门和通货膨胀率。考虑到新兴市场国将会更多地融入国际金融市场，在今后金融全球化将成为全球经济的特征，新兴市场国应更多重视世界利率冲击的作用。从这方面考虑，以泰勒规则为代表的货币政策规则更适应新兴市场国的政策需要。第二，汇率的金融加速器机制大小也受汇率传递率影响。当汇率传递率增大时，汇率的金融加速器机制减弱；相反，当汇率传递率下降时，汇率的金融加速器机制就增大。而且两者相比较，在汇率传递率下降时，汇率的金融加速器机制的作用被加强的趋势更明显。第三，汇率的金融加速器机制的作用力是有限的。新兴市场大可不必因存在着债务美元化以及金融市场不完全等因素，而表现出汇率浮动恐惧症。汇率是否保持稳定应当考虑冲击来源。当新兴市场更多地和国际金融市场相联合，当利率变动比价格变动更频繁时，保持国内利率的灵活变动，而不被汇率所束缚，是更明智的货币政策规则选择。

（二）对我国的政策建议

本书的研究虽然是以新兴市场国经济体作为研究对象，但是其研究的结论对我国具有重要的启示。一方面，我国属于新兴市场国，符合本书所列指标；另一方面，我国资本项目开放的过程正在不断加快中。所以我国也应积极探寻资本项目开放下的货币政策研究问题。本书就我国的资本项目开放以及货币政策规则等方面得出下列政策建议：

1. 坚持以资本项目开放作为我国资本项目的政策取向

严格的资本项目管制一定不是我国的长期选择。我国和其他新兴市场国一样，在金融体系、政府职能以及完善法律等方面都有了长足的进步，这为我国利用国际资本流入提供了极为有利的宏观条件，我们有更多的理由相信国际资本的流动可以促进我国的经济增长。当然也必须正视资本项目的开放所引发的问题，特别是对经济稳定的冲击及引发货币危机等现象。不过，考虑到在国际投资机构崛起、金融创新不断深化带来的金融全球化的影响下，我国将面临更突出的资本项目管制效率日益下降的问题。因此资本项目管制最多只能是我国当前的权宜之计，绝对不是我国的长期选择。特别是一些实证检验表明，对于新兴市场国，加剧经济波动并不是资本项目开放的必然结果，如果新兴市场国的货币错配问题并不严重、金融不完全性有所缓解，资本项目开放就不会带来经济波动，甚至可以成为平稳经济的渠道。因此，我国的政策重点不应在限制资本流入方面，而是应在改善国内金融市场等方面。曾经为维持我国货币政策独立而做出的资本项目管制，在浮动汇率如此普遍的今天，将不再是我国合适的政策选择。

2. 加快国内经济、金融的配套改革

资本项目开放在新兴市场国容易引发危机，并加大这些国家的经济波动，正是这些现象让新兴市场国对资本项目开放产生畏惧之心。但是在金融全球化的今天，新兴市场国与其裹足不前，倒不如积极应对。因此，我国应当重视国内经济和金融方面的改革，由此降低由资本项目开放引发危机的可能性，减少经济波动。具体地讲，我国应当推进资本市场建设，推广企业的股权融资，降低债务比率；加强信息建设，建立信息披露制度，支持信息中介机构的发展；完善外汇市场，大力发展外汇远期市场，加大外汇市场的金融创新，增加规避汇率风险的市场手段；发展并壮大我国的长期债券市场，为远期汇率及长期利率提供市场基础，由此减少货币错配；加强金融监管，提高本国商业银行、企业等规避风险意识，规范其经营活动；提高政府治理水平，提高国内执法效力；等等。希望通过这类改革，一方面稳定流进、流出本国的资本，另一方面也减少由资本项目开放引发的种种不利现象的发生。

3. 汇率政策、货币政策应当积极地适应资本项目开放的需要

我国过去对货币政策、汇率制度安排以及资本项目政策这三者关系的处理中，应当说是压制了资本项目的开放的要求，为了在汇率稳定的背景中保证货币政策的独立性。这是符合以蒙代尔－弗莱明模型为代表的传统开放经济理论观点，也符合我国的经济需要。但现在，经过我们对资本项目开放的收益和成本的详细综合考察，发现对三者的关系应当重新审视。在强大的金融全球化背景下，资本项目开放的需要不应再被忽略或压制，相反，货币政策、汇率安排应当重视资本项目开放的背景。

4. 我国的货币政策分析需要有新的理论框架

无可否认，当前在我国理论界已有不少文章探讨资本项目开放下的货币政策，但是无论是探讨货币政策规则，还是货币政策传导机制，大多都是基于传统理论。但是本书的结论告诉我们，传统理论没有考虑到新兴市场国的经济特征，因此并不适合新兴市场国的货币政策分析需要。对于新兴市场国的经济特征，如货币错配、金融市场不完全等方面，在我国也都存在，虽然目前我们对资本流动的强顺周期性以及资本逆转现象等，一方面没获得充分的实证检验，另一方面也因为我国的资本项目开放方面相对本书提及的资本逆转国，还不够深入，因此，我们还难以说我国也存在严重的资本流动强顺周期性以及资本逆转现象。但是，鉴于中国目前的经济状况和金融状况，当我国也加大资本项目步伐时，难免也会表现出资本流动的强顺周期，也难免会陷入资本逆转的危机中。因此我国的货币政策分析不能在传统的理论框架中进行，甚至新开放经济的宏观经济模型也不适应中国的货币政策分析需要。本书所研究及运用的含汇率金融加速器机制的模型，比起传统模型，能更适应我国的货币政策分析需要。我国理论界应当加快这方面的研究及运用。

5. 我国对汇率浮动也不需有过多的恐慌，但前提是必须发展外汇市场和长期债券市场

本书的模型模拟结果表明，汇率的金融加速器机制在新兴市场国存在，但并不会完全修改货币政策规则选择，说明汇率的金融加速器机制的作用力是有限的。但是这并非就是说，我国可以在货币政策规则选择上不再考虑此机制引发的约束，特别是汇率稳定的要求。但是，在我国外汇市场和长期债券市场欠发达的条件下，我国的经济体还是缺乏规避汇率风险的有效手段，我国经济的发展还是承受不起频繁或幅度较大的汇率波动。因此我国还是应重视由这些问题引发的隐患，应当加快外汇市场和长期债券市场的培育及发展，这也有助于我国货币政策利率规则的运用。本书的分析以利率规则分析为主，正如在本书的第五章提到，除此之外，货币政策的规则选择还可以以货币供应量为规则。在我国有不少学者提到，面对我国资本项目不断开放的趋势，货币供应量规则不再适合我国货币政策规则需要，而应当转向利率规则。这就要求要有发达的长期债券市场，以形成市场化的长期利率，使利率规则有通畅的传导渠道。

二、不足及今后的研究方向

由于投入的时间、精力有限，更因为受本人研究水平、领悟能力等的限制，本书的研究分析是很不完全的，存在着许多的不足，还有许多值得完善、改进的地方。

（一）关于汇率的金融加速器机制

本书对资本项目开放对货币政策的选择影响，主要关注汇率所发挥的独特作用，特别关注汇率的金融资产负债表机制。无可否认，资本项目的开放对货币政策的作用影响是多方位的，就以资产负债表渠道而言资本项目开放除了可以对公司的资产负债表之外，对个人以及对金融机构的资产负债表都有影响，本书重点是考察公司、个人，未涉及金融机构。此外，在对公司的资产负债表考察中，也是重点考察开放对债务的影响以及对收入的影响，并没有考察资本项目开放对资产价格的影响。资本项目开放下，公司所持有的金融资产价格会有浮动，包括自身的股权价格也会变动，当这些价格发挥抵押品作用时会影响公司的信贷。也就是说，证券市场开放和信贷市场的开放，这两者相互作用使资产负债表渠道更复杂：证券市场的资本流出（和基本面没有关系）引发证券价格下跌，使信贷萎缩，信贷市场的资本流入减少，又会带动证券市场的资本流出，形成一个不断恶化的过程。因此，如果考虑进这两种市场同时开放和相互的影响，对货币政策来讲，一方面，冲击来源增加了，另一方面，作用渠道变得更复杂。所以对此的研究也是要紧的。

（二）对于货币政策规则的比较选择

在本书拟选择的货币政策规则并不够多，只限于四类，分别是固定汇率、泰勒规则及对泰勒规则的两个修改。事实上，在国际学者对开放经济的货币政策规则研究已经相当丰富，有分析包含贸易条件的利率规则、包含贸易品物价指数的利率规则、包含资产价格的利率规则、包含核心通货膨胀率的利率规则，就是对汇率的选择也有多种，实际汇率、有效汇率等是否放入在货币政策规则中更合适，这些问题都有涉及。不过这些问题的讨论并不是在开放经济的金融加速器模型中进行。本书中虽然建立了含汇率的金融加速器机制的模型，却没有对这么多的货币政策规则做分析。所以如何在开放经济的金融加速器模型中，进行这些货币政策规则的更广泛的研究，可以是今后的研究方向。

（三）货币政策规则的选择标准

本书所建立的模型具有新凯恩斯模型的优点，就是具有强有力的微观基础。对消费者的效用函数的设立，可以此为基础建立社会效用函数或中央银行损失函数，并以此为基础得出最优的货币政策规则。这样，对货币政策的选择标准就更科学、更可靠。

（四）对冲击的分析

货币政策应当重视冲击。在第三章里，提到新兴市场国的冲击来源有特殊的表现，在第五章里，也得出结论，新兴市场国在存在汇率的金融加速器机制背景中，货币政策规则的选择依赖冲击来源。因此，我们有更多的理由重视冲击源的确认和考察。本书只分析了两种冲击即进口品的世界价格冲击以及世界利率冲击，并没有分析风险溢价冲击。虽然风险溢价冲击被认为是新兴市场国不可忽视的冲击，并且在本书的模型中，给出了风险溢价的决定式，以及风险溢价冲击的包含式，但是受种种客观和主观的影响，笔者却没有分析考察这类冲击下的汇率金融加速器机制表现，以及各货币政策规则的表现。有兴趣的读者可以在这方面有所尝试。

（五）关于参数设定、模型假设及其他

不同的参数设定以及假设安排会影响模型的结论。因此若要通过金融加速器模型得到合适的货币政策规则方面的指导，合理的参数设定以及模型假设就是需要的。如果能从实证检验中得出参数值，使模型能更好地接近实际，对货币政策分析来讲是件好事。但是，这方面的实证检验是非常缺乏的，对于垄断利润在工人和资本家之间的分配，又如工资的粘性程度以及名义价格的粘性程度，不仅在新兴市场国的实证检验是极为缺乏的，就是在发达国家有关这方面的计量工作也是很少见到的。

另外，本书对资本项目开放的考察重点还是放在信贷市场的开放，对于在股票市场的开放下货币政策的调整本书没有涉及。这是很大的遗憾。在过去的十几年中，新兴市场国的股票市场的地位上升得很快。因此考察股权市场的开放特别是二级市场的对外开放，给货币政策带来的冲击，是今后研究所应重视的。

附录

A 描述经济的方程系列

A.1 最优消费决策及相关方程

$$P_t^C = \left[a(P_t^N)^{1-\rho} + (1-a)(P_t^M)^{1-\rho} \right]^{\frac{1}{1-\rho}} \tag{A.1-1}$$

$$C_{Nt} = a\left(\frac{P_t^N}{P_t^C}\right)^{-\rho} C_t \tag{A.1-2}$$

$$C_{Mt} = (1-a)\left(\frac{P_t^M}{P_t^C}\right)^{-\rho} C_t \tag{A.1-3}$$

$$C_{N,et} = a\left(\frac{P_t^N}{P_t^C}\right)^{-\rho} C_{et} \tag{A.1-4}$$

$$C_{M,et} = (1-a)\left(\frac{P_t^M}{P_t^C}\right)^{-\rho} C_{et} \tag{A.1-5}$$

$$C_{et} = C_{et}^N + C_{et}^M \tag{A.1-6}$$

$$P_t^C C_t = W_t L_t + \eta_w \Pi_{Nt} + \Pi_{Mt} + S_{t+1} D_{t+1} + B_{t+1} - (1+r_t^*)(1+\psi_{D,t}) S_{t+1} D_t - (1+r_t) B_t \tag{A.1-7}$$

$$\frac{1}{1+r_{t+1}} = \beta E_t\left(\frac{C_t^\sigma P_t}{C_{t+1}^\sigma P_{t+1}}\right) \tag{A.1-8}$$

$$\frac{(1+r_t^*)(1+\psi_{D,t})S_{t+1}}{S_t}=(1+r_t) \tag{A.1-9}$$

$$W_t=\eta L_t^X P_t C_t^\sigma \tag{A.1-10}$$

A.2 各部门生产最优方程

$$Y_t^N=A_t^N\left[(L_t^N)^\Omega(L_{et}^N)^{1-\Omega}\right]^{\gamma_N}(K_t^N)^{1-\gamma_N} \tag{A.2-1}$$

$$Y_t^X=A_t^X[(L_t^X)^\Omega(L_{et}^X)^{1-\Omega}]^{\gamma_X}(K_t^X)^{1-\gamma_X} \tag{A.2-2}$$

$$\frac{W_t}{P_t^N}=\Omega\gamma_N MC_t^N\frac{Y_t^N}{L_t^N} \tag{A.2-3}$$

$$W_t=\Omega\gamma_X P_t^X\frac{Y_t^X}{L_t^X} \tag{A.2-4}$$

$$\frac{R_t^N}{P_t^N}=(1-\gamma_N)MC_t^N\frac{Y_t^N}{K_t^N} \tag{A.2-5}$$

$$R_t^X=(1-\gamma_X)P_t^X\frac{Y_t^X}{K_t^X} \tag{A.2-6}$$

$$\frac{W_{et}^N}{P_t^N}=(1-\Omega)\gamma_N MC_t^N\frac{Y_t^N}{L_{et}^N} \tag{A.2-7}$$

$$W_{et}^X=(1-\Omega)\gamma_X P_t^X\frac{Y_t^X}{L_t^X} \tag{A.2-8}$$

A.3 垄断部门最优定价决策及利润等方程

$$\overline{\overline{P_t^M}}=\frac{\lambda_M}{\lambda_M-1}\frac{E_t\sum_{s=0}^{\infty}(\theta_M\beta)^s(C_{t+s}^{-\sigma}/P_{t+s}^C)Y_{t+s}^M(P_{t+s}^M)^{\lambda_M+1}MC_{t+s}^M}{E_t\sum_{s=0}^{\infty}(\theta_M\beta)^s(C_{t+s}^{-\sigma}/P_{t+s}^C)Y_{t+s}^M(P_{t+s}^M)^{\lambda_M}} \tag{A.3-1}$$

$$P_t^M=\left[(1-\theta_M)\left(\overline{\overline{P_t^M}}\right)^{1-\lambda_M}+\theta_M\left(P_{t-1}^M\right)^{1-\lambda_M}\right]^{\frac{1}{1-\lambda_M}} \tag{A.3-2}$$

$$\overline{\overline{P_t^N}}=\frac{\lambda_N}{\lambda_N-1}\frac{E_t\sum_{s=0}^{\infty}(\theta_N\beta)^s(C_{t+s}^{-\sigma}/P_{t+s}^C)Y_{t+s}^N(P_{t+s}^N)^{\lambda_N+1}MC_{t+s}^N}{E_t\sum_{s=0}^{\infty}(\theta_N\beta)^s(C_{t+s}^{-\sigma}/P_{t+s}^C)Y_{t+s}^N(P_{t+s}^N)^{\lambda_N}} \tag{A.3-3}$$

$$P_t^N = \left[(1-\theta_N)\left(\overline{\overline{P_t^N}}\right)^{1-\lambda_M} + \theta_N\left(P_{t-1}^N\right)^{1-\lambda_N}\right]^{\frac{1}{1-\lambda_N}} \tag{A.3-4}$$

$$\Pi_{Nt} = (1-MC_t^N)P_t^N Y_t^N \tag{A.3-5}$$

$$\Pi_{Mt} = (1-MC_t^M)P_t^M Y_t^M \tag{A.3-6}$$

$$MC_t^M = \frac{S_t P_t^{M*}}{P_t^M} \tag{A.3-7}$$

A.4 最优投资及相关决策

$$K_{t+1}^N = \left[\frac{I_t^N}{K_t^N} - \frac{\psi_I}{2}\left(\frac{I_t^N}{K_t^N} - \delta\right)^2\right]K_t^N + (1-\delta)K_t^N \tag{A.4-1}$$

$$K_{t+1}^X = \left[\frac{I_t^X}{K_t^X} - \frac{\psi_I}{2}\left(\frac{I_t^X}{K_t^X} - \delta\right)^2\right]K_t^X + (1-\delta)K_t^X \tag{A.4-2}$$

$$P_t^I = \left[a_I(P_t^N)^{1-\rho_I} + (1-\mathrm{a_I})(\mathrm{P_t^M})^{1-\rho_I}\right]^{\frac{1}{1-\rho_I}} \tag{A.4-3}$$

$$I_{N,t} = a_I\left(\frac{P_t^N}{P_t^I}\right)^{-\rho_I}\mathrm{I_t} \tag{A.4-4}$$

$$I_{M,t} = (1-a_I)\left(\frac{P_t^M}{P_t^I}\right)^{-\rho_I}\mathrm{I_t} \tag{A.4-5}$$

$$I_t = I_t^N + I_t^X \tag{A.4-6}$$

$$P_{Kt}^N = \frac{P_{It}}{1-\psi_I(I_t^N/K_t^N - \delta)} \tag{A.4-7}$$

$$P_{Kt}^X = \frac{P_{It}}{1-\psi_I(I_t^X/K_t^X - \delta)} \tag{A.4-8}$$

$$Q_{t-1}^N = P_{Kt}^N\left[1-\delta+\frac{2}{\psi_I}\left(\frac{I_t^N}{K_t^N}\right)^2 - \frac{2}{\psi_I}\delta^2\right] \tag{A.4-9}$$

$$Q_{t-1}^X = P_{Kt}^X\left[1-\delta+\frac{2}{\psi_I}\left(\frac{I_t^X}{K_t^X}\right)^2 - \frac{2}{\psi_I}\delta^2\right] \tag{A.4-10}$$

A.5 最优合约方程

$$\frac{(1+r_{Kt}^{N})S_t}{S_{t+1}}B(\varpi_t^N) = (1+r_t^*)(1+\psi_{D,t})\left(1-\frac{Z_t^N}{P_{Kt}^N K_t^N}\right) \tag{A.5-1}$$

$$\frac{(1+r_{K}^{X})S_t}{S_{t+1}}B(\varpi_t^X) = (1+r_t^*)(1+\psi_{D,t})\left(1-\frac{Z_t^X}{P_{Kt}^X K_t^X}\right) \tag{A.5-2}$$

$$\frac{E_t\left\{(1+r_{Kt}^{N})[B(\varpi_t^N)A'(\varpi_t^N)/B'(\varpi_t^N)-A(\varpi_t^N)]\right\}}{B'(\varpi_t^N)S_{t+1}/S_t} = (1+r_t^*)(1+\psi_{D,t}) \tag{A.5-3}$$

$$\frac{E_t\left\{(1+r_{Kt}^{X})[B(\varpi_t^X)A'(\varpi_t^X)/B'(\varpi_t^X)-A(\varpi_t^X)]\right\}}{B'(\varpi_t^X)S_{t+1}/S_t} = (1+r_t^*)(1+\psi_{D,t}) \tag{A.5-4}$$

A.6 企业家净值、消费及相关方程

$$P_t^C C_{et}^N = (1-v^N)(1+r_{Kt}^N)P_{Kt-1}^N K_t^N A(\overline{\omega}_t^N) \tag{A.6-1}$$

$$P_t^C C_{et}^X = (1-v^X)(1+r_{Kt}^X)P_{Kt-1}^X K_t^X A(\overline{\omega}_t^X) \tag{A.6-2}$$

$$Z_{t+1}^N = v^N(1-\phi_t^N)(1+r_{Kt}^N)P_{Kt-1}^N K_t^N - v^N(1+r_t^*)(1+\psi_{Dt})(S_{t+1}/S_t)(P_{Kt-1}^N K_t^N - Z_t^N) + W_{et}^N \tag{A.6-3}$$

$$Z_{t+1}^X = v^X(1-\phi_t^X)(1+r_{Kt}^X)P_{Kt-1}^X K_t^X - v^X(1+r_t^*)(1+\psi_{Dt})(S_{t+1}/S_t)(P_{Kt-1}^X K_t^X - Z_t^X) + W_{et}^X \tag{A.6-4}$$

$$1+r_{Kt}^N = \frac{(1-\eta_w)\Pi_{Nt}/K_t^N + R_t^N + Q_t^N}{P_{Kt-1}^N} \tag{A.6-5}$$

$$1+r_{Kt}^X = \frac{R_t^X + Q_t^X}{P_{Kt-1}^X} \tag{A.6-6}$$

A.7 产品及劳动力市场均衡方程

$$Y_t^N = a\left(\frac{P_t^N}{P_t^C}\right)^{-\rho}(C_t + C_{et} + G) + a_I\left(\frac{P_t^N}{P_t^I}\right)^{-\rho}(I_t^N + I_t^X) \quad (A.7-1)$$

$$Y_t^M = (1-a)\left(\frac{P_t^M}{P_t}\right)^{-\rho}(C_t + C_{et} + G) + (1-a_I)\left(\frac{P_t^M}{P_t^I}\right)^{-\rho}(I_t^N + I_t^X) \quad (A.7-2)$$

$$L_t = L_t^N + L_t^X \quad (A.7-3)$$

$$L_{et}^N = 1 \quad (A.7-4)$$

$$L_{et}^X = 1 \quad (A.7-5)$$

A.8 国际收支平衡方程

$$P_t^C(C_t + C_{et}) + P_t^I I_t + (1 + r_t^*)(1 + \psi_{D,t})S_{t+1}(D_t + D_{et}) + \phi_t^N(1 + r_{Kt}^N)P_{Kt-1}^N K_t^N + \phi_t^X(1 + r_{Kt}^X)P_{Kt-1}^X K_t^X = S_{t+1}(D_{t+1} + D_{e,t+1}) + \Pi_{Mt} + P_t^N Y_t^N + P_t^X Y_t^X \quad (A.8-1)$$

A.9 货币规则方程

$$1 + r_t = (1 + r_{t-1})^{\rho_r}\left(\frac{P_t^N}{P_{t-1}^N \pi^N}\right)^{\rho_{\pi N}}\left(\frac{P_t^C}{P_{t-1}^C \pi^C}\right)^{\rho_{\pi C}}\left(\frac{S_t}{S}\right)^{\rho_s}\left(\frac{P_t^M}{P_t^N T}\right)^{\rho_T}\left(\frac{Y_t^N}{Y}\right)^{\rho_{YN}} \quad (A.9-1)$$

B　线性动态系统

B.1　需求方程

$$y_t^N = a\left\{\overline{\frac{C+C_e+G}{Y^N}}\left[-\rho(p_t^N - p_t^C)\right] + \overline{\frac{C}{Y^N}}c_t + \overline{\frac{C_e^N}{Y^N}}c_{et}^N + \overline{\frac{C_e^X}{Y^N}}c_{et}^X\right\} +$$

$$a_I\left\{\overline{\frac{I^N}{Y^N}}\left[i_t^N - \rho_I(p_t^N - p_t^I)\right] + \overline{\frac{I^X}{Y^N}}\left[i_t^X - \rho_I(p_t^N - p_t^I)\right]\right\} \quad (B.1-1)$$

$$c_t = E_t c_{t+1} - \frac{1}{\sigma}(r_{t+1} - E_t \pi_{t+1}^C) \quad (B.1-2)$$

$$z_{et+1}^N = \frac{v}{1-v}\frac{P^C C_e^N}{Z^N}(c_{et}^N + p_t^C) + \frac{W_e^N}{Z^N}w_{et}^N \quad (B.1-3)$$

$$z_{et+1}^X = \frac{v}{1-v}\frac{P^C C_e^X}{Z^X}(c_{et}^X + p_t^C) + \frac{W_e^X}{Z^X}w_{et}^X \quad (B.1-4)$$

$$\pi_t^N = p_t^N - p_{t-1}^N \quad (B.1-5)$$

$$\pi_t^M = p_t^M - p_{t-1}^M \quad (B.1-6)$$

$$\pi_t^C = a\pi_t^N + (1-a)\pi_t^M \quad (B.1-7)$$

$$w_t = \chi l_t + \sigma c_t + p_t^C \quad (B.1-8)$$

$$l_t = \alpha_{lN} l_{Nt} + (1-\alpha_{lN}) l_{Xt} \quad (B.1-9)$$

$$p_t^C = a p_t^N + (1-a) p_t^M \quad (B.1-10)$$

$$p_t^I = a_I p_t^N + (1-a_I) p_t^M \quad (B.1-11)$$

$$p_{Kt}^N = a_I p_t^N + (1-a_I)p_t^M + \frac{\psi_I \overline{I^N/K^N}(i_t^N - k_t^N)}{1-\psi_I(\overline{I^N/K^N}-\delta)} \quad (B.1-12)$$

$$p_{Kt}^X = a_I p_t^N + (1-a_I)p_t^M + \frac{\psi_I \overline{I^X/K^X}(i_t^X - k_t^X)}{1-\psi_I(\overline{I^X/K^X}-\delta)} \quad (B.1-13)$$

$$E_t r_{Kt+1}^N - r_{Kt+1}^* = -v^N(z_{t+1}^N - p_{Kt}^N - k_{t+1}^N) \quad (B.1-14)$$

$$\upsilon^N = \frac{\psi'(\varpi^N)}{\psi(\varpi^N)} + \frac{\Gamma'(\varpi^N)}{1-\Gamma(\varpi^N)} \tag{B.1-15}$$

$$\psi(\varpi^N) = 1 - \Gamma(\varpi^N) + \lambda(\varpi^N)[\Gamma(\varpi^N) - \mu G(\varpi^N)] \tag{B.1-16}$$

$$E_t r_{Kt+1}^X - r_{Kt+1}^* = -\upsilon^X(z_{t+1}^X - p_{Kt}^X - k_{t+1}^X) \tag{B.1-17}$$

$$r_{Kt}^* = r_t^* + \psi_t + s_{t+1} - s_t \tag{B.1-18}$$

$$r_t - r_t^* - \psi_{Dt} = E_t s_{t+1} - s_t \tag{B.1-19}$$

$$r_{K,t+1}^N = \varepsilon_1(y_{t+1}^N + p_{t+1}^N - 5mc_{t+1}^N - k_t^N) + \varepsilon_2(y_{t+1}^N + p_{t+1}^N + mc_{t+1}^N - k_t^N) + \varepsilon_3 q_{t+1}^N - p_{Kt}^N \tag{B.1-20}$$

（这里 ε_1、ε_2、ε_3 三个系数分别表示在稳定状态下利润、租金和净值占非贸易部门资本总收入的比重）

$$r_{Kt+1}^X = \varepsilon_4(p_{t+1}^{X*} + s_{t+1} + y_{t+1}^X - k_{t+1}^X) + \varepsilon_5 q_{t+1}^X - p_{Kt}^X \tag{B.1-21}$$

（这里 ε_4、ε_5 两个系数分别表示租金和净值占资本总收入的比重）

$$q_{t-1}^N = p_{Kt}^N + \frac{\psi_I\left[2\left(\frac{\overline{I^N}}{\overline{K^N}}\right)^2 - \left(\frac{\overline{I^N}}{\overline{K^N}}\right)\delta\right]}{1-\delta+\psi_I\left[\left(\frac{\overline{I^N}}{\overline{K^N}}\right)^2 - \left(\frac{\overline{I^N}}{\overline{K^N}}\right)\delta\right]}(i_t^N - k_t^N) \tag{B.1-22}$$

$$q_{t-1}^X = p_{Kt}^X + \frac{\psi_I\left[2\left(\frac{\overline{I^X}}{\overline{K^X}}\right)^2 - \left(\frac{\overline{I^X}}{\overline{K^X}}\right)\delta\right]}{1-\delta+\psi_I\left[\left(\frac{\overline{I^X}}{\overline{K^X}}\right)^2 - \left(\frac{\overline{I^X}}{\overline{K^X}}\right)\delta\right]}(i_t^X - k_t^X) \tag{B.1-23}$$

B.2 总供给方程

$$y_t^N = \gamma_N l_t^N + (1-\gamma_N)k_t^N \tag{B.2-1}$$

$$y_t^N - l_t^N + mc_t^N + p_t^N = w_t \tag{B.2-2}$$

$$y_t^N + mc_t^N + p_t^N = w_{et}^N \tag{B.2-3}$$

$$y_t^X = \gamma_X l_t^X + (1-\gamma_X)k_t^X \tag{B.2-4}$$

$$y_t^X + s_t + p_t^{X*} = w_t \tag{B.2-5}$$

$$y_t^X + s_t + p_t^{X*} = w_{et}^X \tag{B.2-6}$$

$$\pi_t^N = \beta E\pi_{t+1}^N + \tilde{\kappa}_N mc_t^N \tag{B.2-7}$$

$$\pi_t^M = \beta E\pi_{t+1}^M + \tilde{\kappa}_M(p_t^{M*} + s_t - p_t^M) \tag{B.2-8}$$

B.3 状态变量

$$k_{t+1}^N = \delta i_t^N + (1-\delta)k_t^N \tag{B.3-1}$$

$$k_{t+1}^X = \delta i_t^X + (1-\delta)k_t^X \tag{B.3-2}$$

$$z_{t+1}^N = v\frac{\overline{P_K^N K^N}}{Z^N}(r_{Kt}^N - r_{Kt}^*) + z_t^N + r_{Kt}^* + \frac{\overline{[(1+r_{Kt}^N)/(1+r_{Kt}^*)-1]P_K^N K^N}}{Z^N}(r_{Kt}^N + p_{Kt-1}^N + k_t^N) + \frac{\overline{W_N^e}}{Z^N}(mc_t^N + y_t^N) \tag{B.3-3}$$

$$z_{t+1}^X = v\frac{\overline{Q^X K^X}}{Z^N}(r_{Kt}^X - r_{Kt}^*) + z_t^X + r_{Kt}^* + \frac{\overline{[(1+r_{Kt}^X)/(1+r_{Kt}^*)-1]K^N}}{Z^X}(r_{Kt}^X + p_{Kt-1}^X + k_t^X) + \frac{\overline{W^{Xe}}}{Z^X}(p_t^{X*} + s_t + y_t^X) \tag{B.3-4}$$

B.4 货币规则和冲击

$$r_t = \rho_r r_{t-1} + \rho_{\pi C}\pi_t^C + \rho_{\pi Nt}\pi_t^N + \rho_S s_t + \varepsilon_t^r \tag{B.4-1}$$

$$p_t^{M*} = \rho_{pM*}p_{t-1}^{M*} + \varepsilon_t^{pM*} \tag{B.4-2}$$

$$r_t^* = (1-\rho_{r*})\overline{r^*} + \rho_{r*}r_{t-1}^* + \varepsilon_t^{r*} \tag{B.4-3}$$

C 资本项目开放及经济增长

表 C－1 资本项目开放和经济增长关系的实证检验文献总结

文章	国家数目	年份	对增长的作用
Vanassche（2004）	45	1980～1997	正向作用
Quinn, Inclan & Toyoda（2001）	76	1960～1998	正向作用
Bekaert, Harvey & Lundblad（2001）	30	1981～1997	正向作用
Klein & Olivei（2000）	92	1986～1995	正向作用
Quinn（1997）	58	1975～1989	正向作用
Edison, Klein, Ricci & Sløk（2002）	89	1973～1995	有正有负
Chanda（2001）	16	1976～1995	有正有负
Arteta, Eichengreen & Wyplosz（2001）	51～59	1973～1992	有正有负
Arteta, Eichengreen & Wyplosz（2001）	61	1973～1992	满足条件：同时贸易开放
Reisen & Soto（2001）	44	1986～1997	有正有负
Bailliu（2000）	40	1975～1995	满足条件：银行发展到一定水平
Bosworth & Collins（1999）	58	1978～1995	结论模糊：FDI 对国内投资有积极促进作用，证券投资作用不明显，贷款的作用介于两者之间
Edison, Levine, Ricci & Sløk（2002）	57	1980～2000	无作用
Edwards（2001）	62	1980～1989	满足条件：经济和金融发展到一定水平
O'Donnell（2001）	94	1971～1994	无作用
Kraay（1998）	117	1985～1997	无作用
Rodrik（1998）	95	1975～1989	无作用

续表

文章	国家数目	年份	对增长的作用
Grilli & Milesi – Ferretti（1995）	61	1966 ~ 1989	无作用
Alesina, Grilli & Milesi – Ferretti（1994）	20	1950 ~ 1989	无作用

资料来源：Prasad E.，Rogoff K.，Wei S.，Kose M. A. Effects of Financial Globalization on Developing Countries：Some New Evidence. IMF，Occasional Paper. 220，2003；Kose M. A.，Prasad E.，Rogoff K.，Shang – Jin Wei. Financial Globalization：A Reappraisal. NBER，Working Paper 12484，2006.

表 C－2　FDI 促进经济增长的满足条件

文献	样本数	时间	满足条件
Balasubramanyam, Salisu & Sapsford（1996）	46	1970 ~ 1985	取决于经济类型：在出口导向国家具有正向作用
Borensztein, De Gregorio & Lee（1998）	69	1970 ~ 1989	取决于人力资本：在人力资本较丰富的国家具有正向作用
De Mello（1999）	31	1970 ~ 1990	取决于外国资本和国内资本的替代和互补性
Haveman, Lei & Netz（2001）	74	1970 ~ 1989	正向作用
Lensink & Morrisey（2002）	88	1970 ~ 1998	微弱正向作用
Hermes & Lensink（2003）	67	1970 ~ 1995	取决于金融体系发育：在金融体系好的国家有正向作用
Alfaro, Chanda, Kalemli – Ozcan & Sayek（2004）	71	1975 ~ 1995	取决于金融市场：在金融市场发育好的国家有正向作用
Blonigen & Wang（2005）	69	1970 ~ 1989	取决于教育水平：在教育水平较高的发展中国家有正向作用
Carkovic & Levine（2005）	72	1960 ~ 1995	和其他因素有关
Aykut & Sayek（2005）	37	1990 ~ 2002	取决于流入的部门：在制造业部门的直接投资有正向作用，基础行业和服务业引进的直接投资正向作用不明显
Choe（2003）	80	1971 ~ 1995	微弱正向作用：更多体现为经济表现推动直接投资

资料来源：Kose M. A.，Prasad E.，Rogoff K.，Shang – Jin Wei. Financial Globalization：A Reappraisal. NBER，Working Paper 12484，2006.

表 C－3　股票市场开放对经济增长作用的实证检验总结

研究	国家数目	时间期限	主要结论
Henry（2000）	11	1977～1994	促进作用：股票市场自由化带来实际私人投资的增长
Bekaert, Harvey & Lundblad（2001）	30	1980～1997	促进作用：在教育水平高的国家，股票市场自由化带来实际私人投资的增长
Li（2003）	95	1975～2000	促进作用：在中高收入国家资本开放因提高了生产力而促进了经济增长，在低收入国家资本开放因增加了资本积累而促进了经济增长
Bekaert, Harvey & Lundblad（2005）	95	1980～1997	促进作用：资本自由化促进了经济增长，并且在立法、投资以及金融等方面较好的环境中有更强的促进作用
Gupta & Yuan（2005）	31	1981～1998	促进作用：股票市场自由化在外债依赖部门带来增长
Hammel（2006）	13	1982～1995	混合：在股票资本值占国内生产总值较大比例的国家，股票市场自由化带来外债依赖部门的附加值增长
Mitton（2006）	28	1980～2000	促进作用：公司股权对外国投资者开放带来销售的增长

资料来源：Kose M. A.，Prasad E.，Rogoff K.，Shang－Jin Wei. Financial Globalization：A Reappraisal. NBER，Working Paper 12484，2006.

表 C－4　微观层面实证检验总结

文献	对经济作用
Henry（2000a）、Chai & Henry（2004，2005）、Bekaert & Harvey（2001）、Bekaert 等（2001）、Chari & Henry（2002）以及 De Jong & De Roon（2001）	降低股票资本的融资成本
Harrison 等（2004）、Laeven（2003）、Love（2003）、Gallego & Hernández（2003）、Gelos & Werner（2001）	放松公司的金融约束，特别是小公司
Chai & Henry（2004）、Galindo 等（2003）、Jaramillo 等（1992）	资本分配效率提高
Lopez－Cordova（2003）、Alfaro & Rodriguez－Clare（2004）、Blalock & Gertler（2005）	技术溢出效应带来生产力提高

续表

文献	对经济作用
Claessens, Demirguc – Kunt & Huizinga（2001）, Errunza（2001）, Levine（2001）, Claessens & Laeven（2003）, Clarke, Cull, Martinez Peria & Sanchez（2003）, Schmukler（2003）	金融部门的效率提高

资料来源：Kose M. A. , Prasad E. , Rogoff K. , Shang – Jin Wei. Financial Globalization: A Reappraisal. NBER, Working Paper 12484, 2006; Forbes K. J. The Microeconimic Evidence on Capital Contrals: No Free Lunch. NBER, Working Paper 11372, 2005.

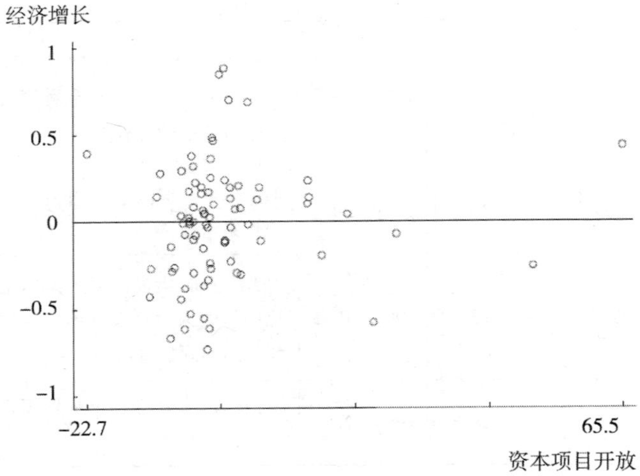

图 C – 1　资本项目开放和经济增长

资料来源：Prasad E. , Rogoff K. , Wei S. , Kose M. A. Financial Globalization, Growth and Volatility in Developing Countries. NBER Working Paper 10942, 2004.

D Cook（2004）的金融加速器机制证明

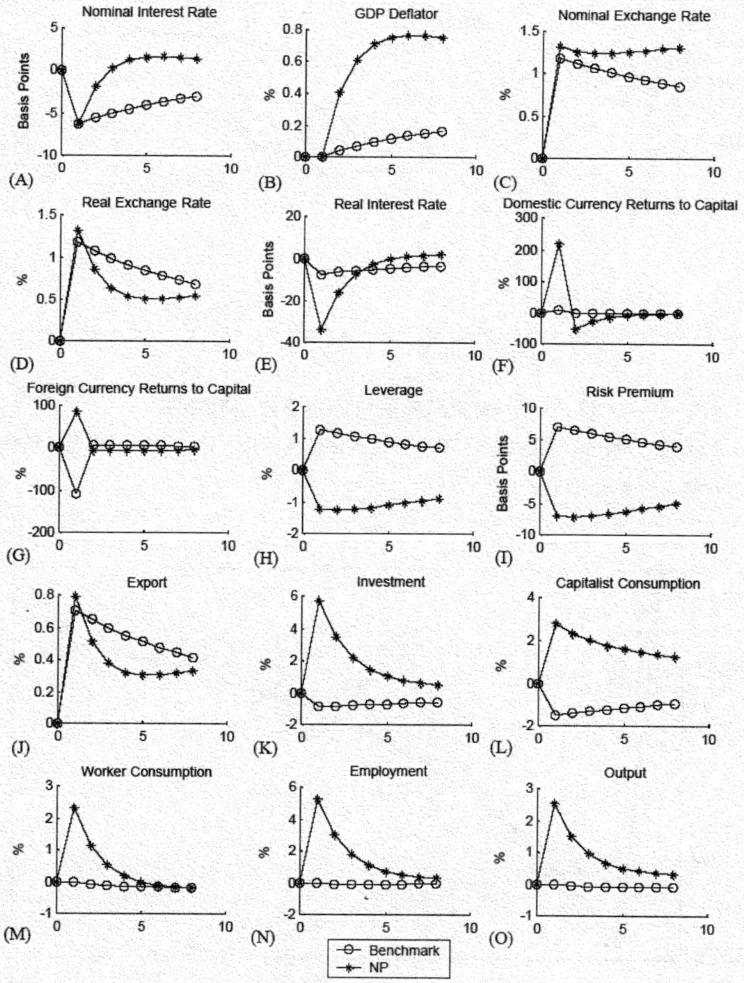

Fig. 1. Dynamic response to an expansionary monetary policy shock. This figure describes the impulse responses of some macroeconomic aggregates to a 25 annualized basis point innovation to the Inflation Target Interest Rate rule ($\varepsilon = -0.0625$). The unexpected shock occurs in period 1. The figure reports impulse responses for the Benchmark model (in which monopolistic profits accrue to capitalists) and the NP model (in which monopolistic profits are paid to workers).

E Gertler 等（2006）的金融加速器机制证明

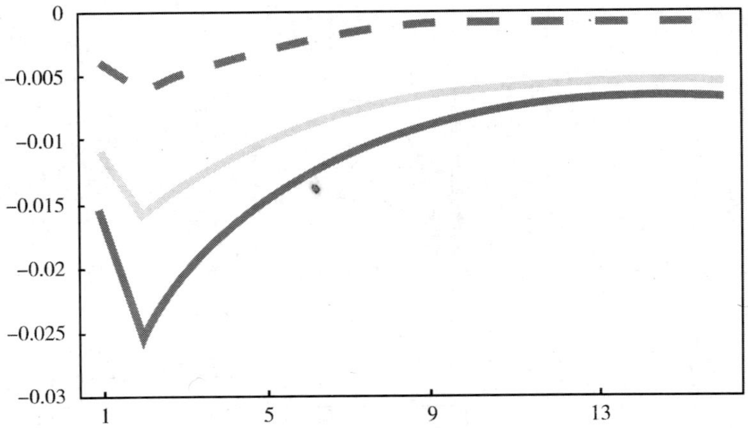

图 E-1 国家风险溢价冲击下产出脉冲图

注：从上到下三条线分别表示浮动汇率下存在本币债务约束、浮动汇率下存在外币债务以及固定汇率这三个政策及债务约束背景。

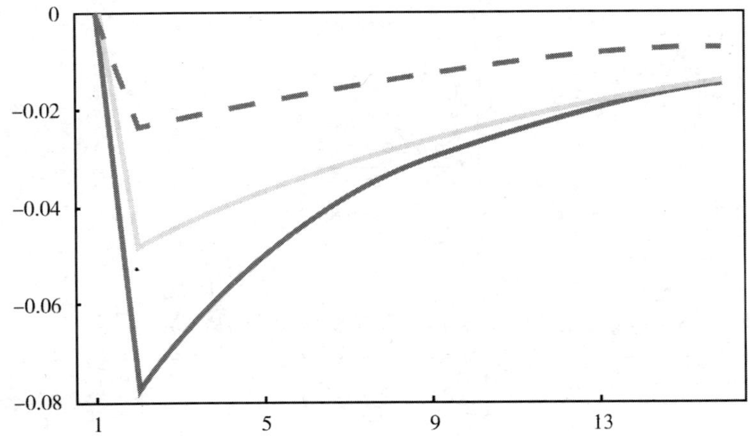

图 E-2 国家风险溢价冲击下投资脉冲图

注：从上到下三条线分别表示浮动汇率下存在本币债务约束、浮动汇率下存在外币债务以及固定汇率这三个政策及债务约束背景。

F　模型参数及稳定值的设定

表 F－1　稳定点的变量值设定

变量	变量名称	设定值	说明	和其他文献比较
$\overline{\frac{QK}{Z}}$	杠杆比例	2.447	以此来设定模型系数 $\sigma_{\omega}\mu$	Devereux 等（2006）设为 3，Crúida（2007）设为 1，Gertler 等（2003）设为 2
$\overline{r*}$	外国名义利率	4%	外生假设	和 Crúida（2007）相同，Devereux 等（2006）设为 6%
$\overline{\psi_D}$	国家风险	0.62%（季度）	由此及 r^* 再来决定模型系数中的 β	Crúida（2007）中设定的年利率为 2.5%
$\frac{(1+\overline{r_K})}{(1+\overline{r*})(1+\overline{\psi_D})}$	信贷风险	1.08%（季度）	以此来设定模型系数 $\sigma_{\omega}\mu$	Devereux 等（2006）设定的年利率为 2%，Gertler 等（2003）设为 3.5%，Crúida（2007）设为 4%
A_N	非贸易部门技术	1	外生假设	
A_X	出口部门技术	1	外生假设	
$\overline{Y_X}$	外国对本国产品需求	1	外生假设	
$\frac{\overline{Y_X}}{\overline{Y_N}}$	出口和国内非贸易品产出的比重	0.5	影响模型系数 aa_I 的设定	Gertler 等（2003）设定稳定状态时的出口占国内产出为 0.4
$\overline{S}$	名义汇率	1	外生假设	
$\overline{\frac{P_M}{P_N}}$	贸易条件	1	外生假设	
$\overline{P_M^*}$	进口商品外币价格	1	外生假设	
$\overline{P_X^*}$	出口商品外币价格	1	外生假设	

表 F-2　模型参数设定

参数名称	对参数的描述	数值	说明	和其他文献比较
β	贴现因子	0.984	确保 $(1+\overline{r^*})(1+\overline{\psi_D})\beta=1$	Cook（2004）并不假设该变量，而是假设本国债务占国内产出的比重，以此推定这两个变量
σ	消费跨时替代弹性的倒数	5	替代弹性 0.2 体现预期消费增长对实际利率的敏感性不高	同 Gertler 等（2003），Devereux 等（2006）和 Cook（2004）设为 2，Crúida（2007）设为 1
ρ	在消费中进口品和非贸易品之间的替代弹性	1	消费品中的替代性比投资品中的替代性要高	同 Gertler 等（2003），Devereux 等（2006）和 Mendoza（1995）设为 0.67，Cook（2004）设为 0.6
ρ_I	在投资中进口品和非贸易品之间的替代弹性	0.25	消费品中的替代性比投资品中的替代性要高	同 Gertler 等（2003）
λ_N	非贸易部门不同商品之间的替代弹性	6	垄断利润的加成是 20%	同 Crúida（2007），Devereux 等（2006）设为 11
λ_M	进口部门不同商品之间的替代弹性	6	垄断利润的加成是 20%	
η	效用中闲暇的权重	1.0	和稳定状态的劳动有关	Gertler 等（2003）设为 2.0，Batini 等（2003）设为 1.815，Cook（2004）并不假设该变量，而是假设了稳定状态劳动时间为总时间的 1/4
χ	劳动供给的弹性的倒数	2.0	考虑我国劳动力市场缺乏弹性	同 Crúida（2007），Devereux 等（2006）设为 1.0
a	在 CPI 中非贸易品的比重	0.8	和其他因素一起决定了消费占 GDP 的比重约为 0.55	Gertler 等（2003）设为 0.5，Devereux 等（2006）设为 0.55，Cook（2004）设为 0.72，Crúida（2007）设为 0.75

续表

参数名称	对参数的描述	数值	说明	和其他文献比较
a_I	在投资价格指数中非贸易品的比重	0.427	和其他因素一起决定了投资占GDP的比重约为0.3	
γ_N	在非贸易品生产中的工人劳动比例	0.6	设定为贸易品部门高	Gertler等（2003）设为0.5，Devereux等（2006）设为0.7，Cook（2004）设为0.48，Crúida（2007）设为0.55
Ω	企业家劳动占总劳动比例	0.01	5%	Gertle等（2003）为1%
γ_X	出口商品生产中劳动的比例	0.3	和我国数据相配	同Devereux等（2006），Batini等（2003）设为0.632
δ	季度资本折旧率	0.025	标准数字	
θ_N	非贸易品部门价格不变的概率	0.4		
θ_M	进口品部门价格不变的概率	不同值	以体现汇率传递率	
η_w	非贸易部门垄断利润分配给工人的比例	0.8	同Cook（2004）	
ψ_I	资本价格对投资－资本比例弹性	10	为保证投资资本比例对托宾q的弹性是4	Devereux等（2006）设为12，Gertle等（2003）设为0.5，Bernanke等（1998）设为0.25，Cook（2004）设为10
$\sigma_{\ln\omega}$	资本家技术冲击的标准差	0.28	确保违约风险溢价以及杠杆率是3	同Gertler等（2003），Devereux等（2006）设为0.5，Crúida（2007）设为0.3922
μ	外国金融机构的监督成本系数	0.12		同Gertler等（2003），Devereux等（2006）设为0.2，Crúida（2007）设为0.019

续表

参数名称	对参数的描述	数值	说明	和其他文献比较
υ	资本家用于消费的比例	3.93	确保违约风险溢价以及杠杆率	Gertler 等（2003）设为 2.72%，Devereux 等（2006）设为 6%
ρ_{PM*}	世界进口价格冲击自回归系数	0.8		
ρ_{r*}	世界利率冲击自回归系数	0.8		
σ_{PM*}	世界进口价格标准差	0.1		
σ_{r*}	世界利率标准差	0.01		

G　各类冲击

表 G－1　变量说明

变量	代表含义	变量	代表含义
pN	非贸易品价格	S2	下一期汇率预期
pKN	非贸易品新资本价格	c 消费	pi－N 非贸易部门通货膨胀率
iX	出口部门投资	pi_ C	消费部门通货膨胀率
kN	非贸易部门资本存量	pI	投资成本
zN	非贸易部门企业净值	－r	负向利率冲击
S1	即期汇率	qX	出口部门旧资本出售价格
yN	非贸易部门产出	rKX	出口部门资本投资收益率
pi_ M	进口部门通货膨胀率	rpx	出口部门杠杆率
mcN	非贸易部门边际成本	rKX－f	出口部门资本投资美元收益率
pC	消费品价格	pM	进口品价格
qN	非贸易部门旧资本出售价格	pKX	出口部门新资本品价格
rkN	非贸易部门资本投资收益率	iN	非贸易品部门投资
rpn	非贸易部门杠杆率	kX	出口部门资本存量
rkN－f	非贸易部门资本投资美元收益率	zX	出口部门企业净值

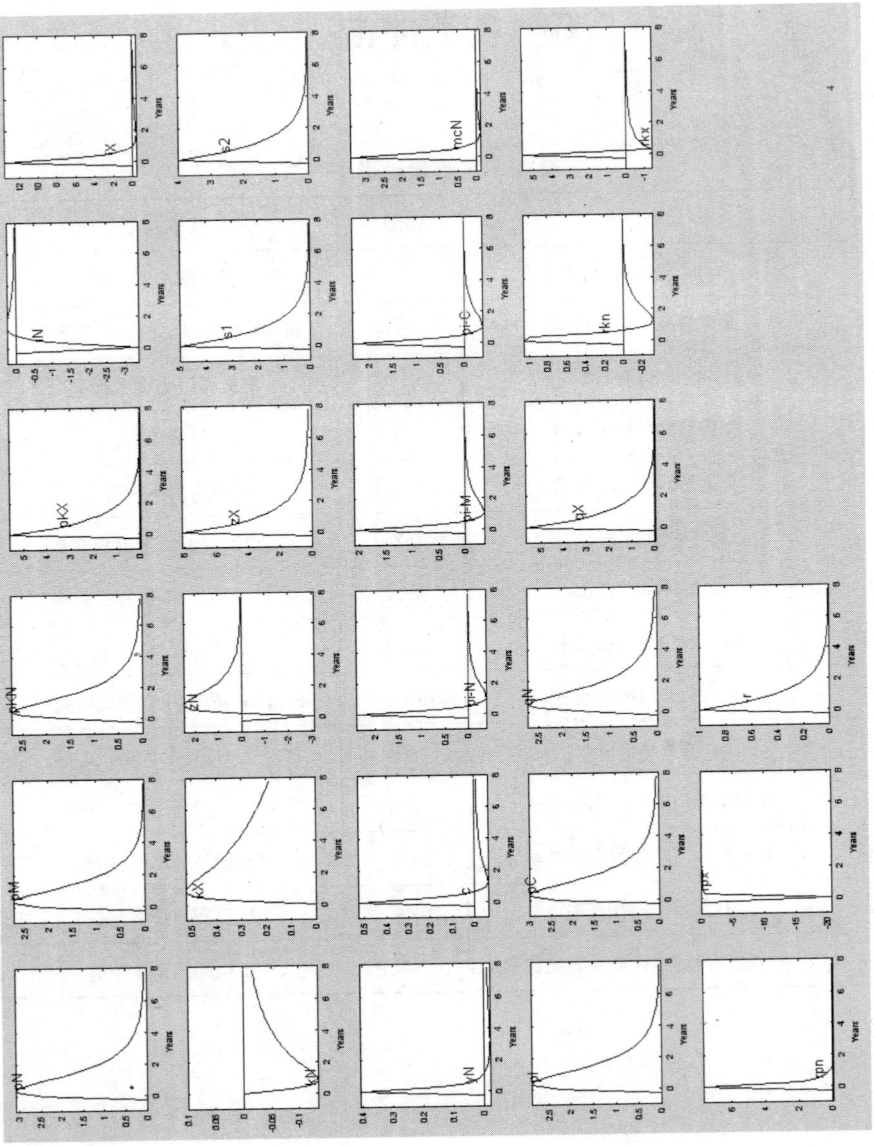

图G-1　汇率金融加速器机制证实图：扩张性货币冲击脉冲反应

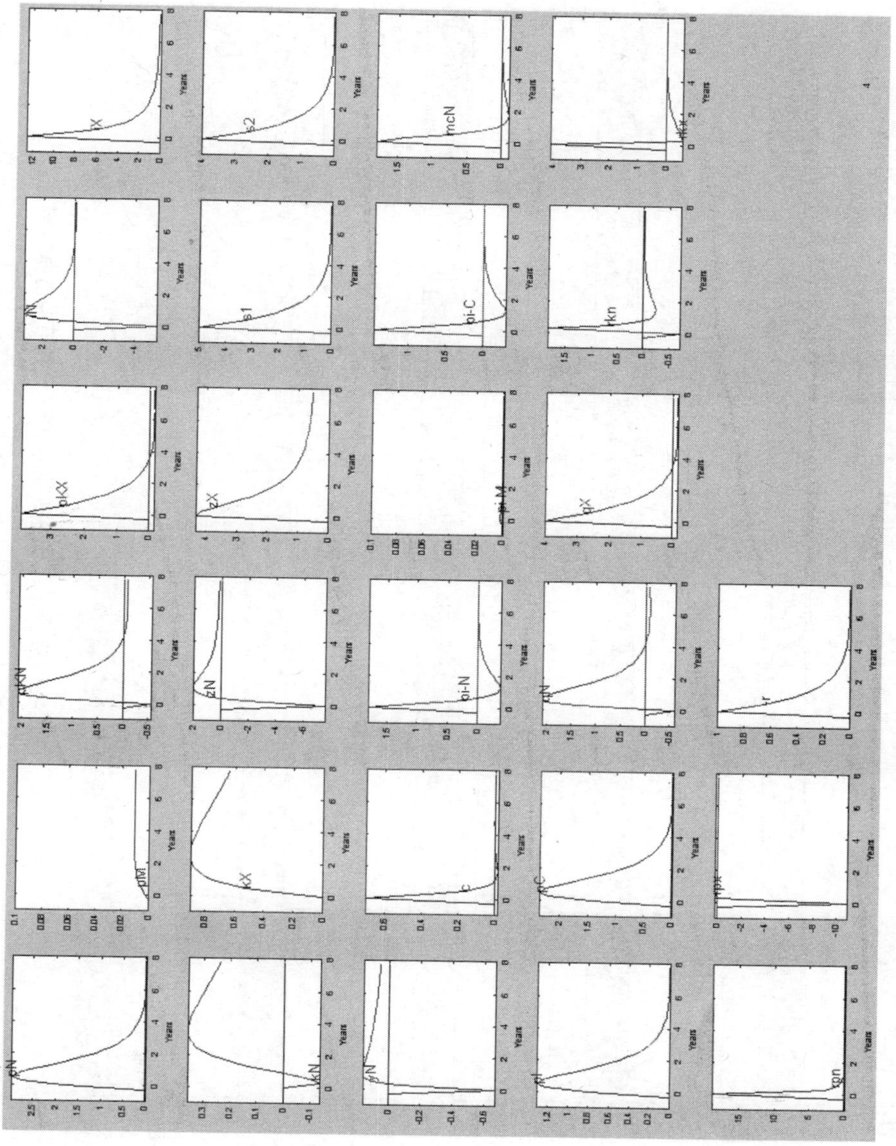

图G-2　低汇率传递率下：扩张性货币冲击脉冲反应

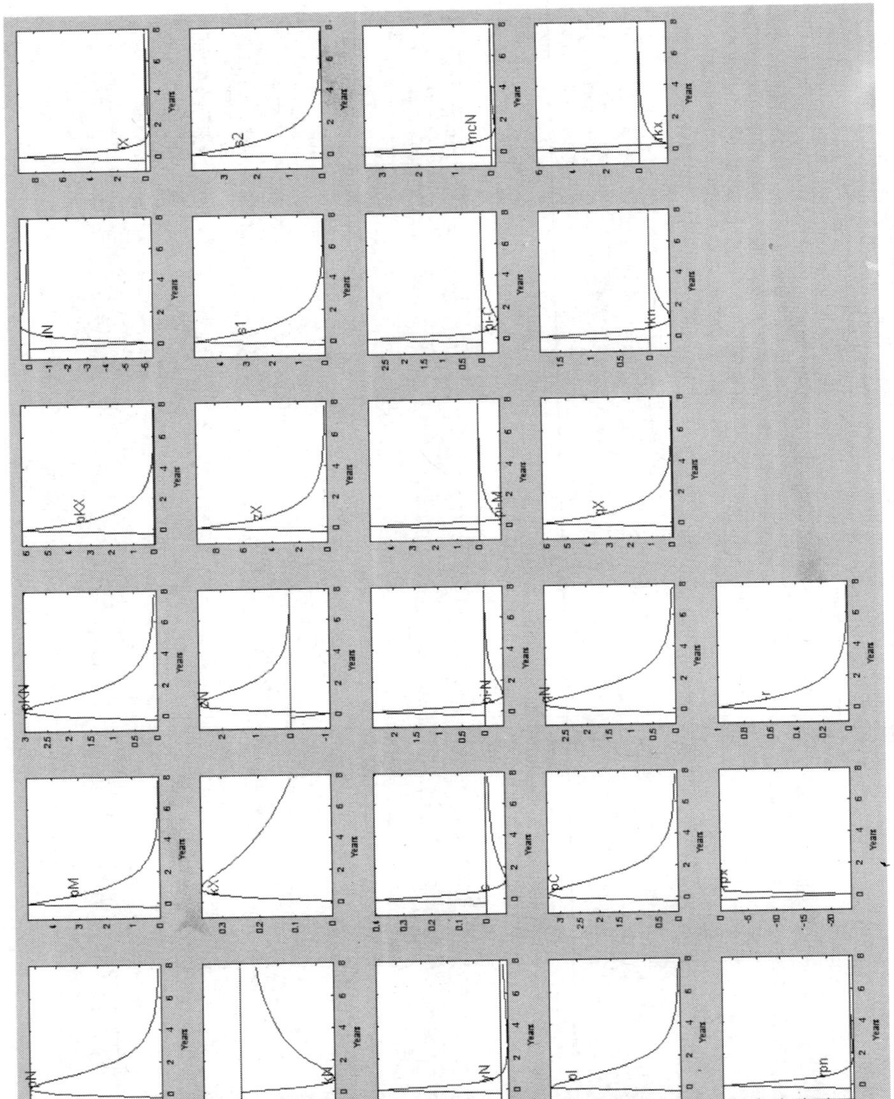

图G-3　完全汇率传递率下：扩张性货币冲击脉冲反应

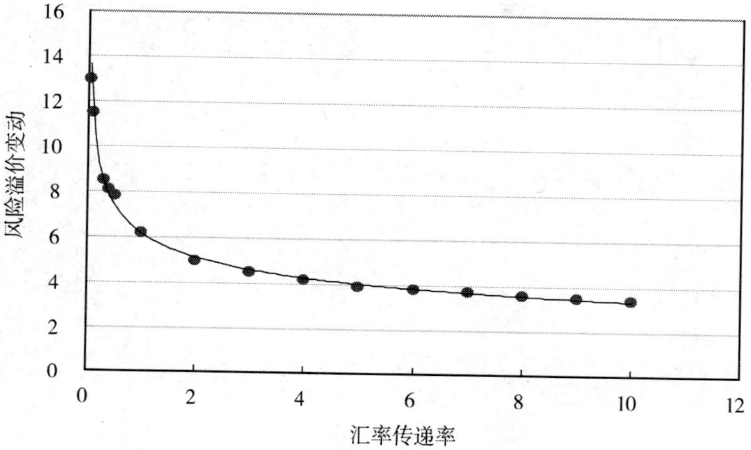

图 G－4　风险溢价变动和汇率传递率关系

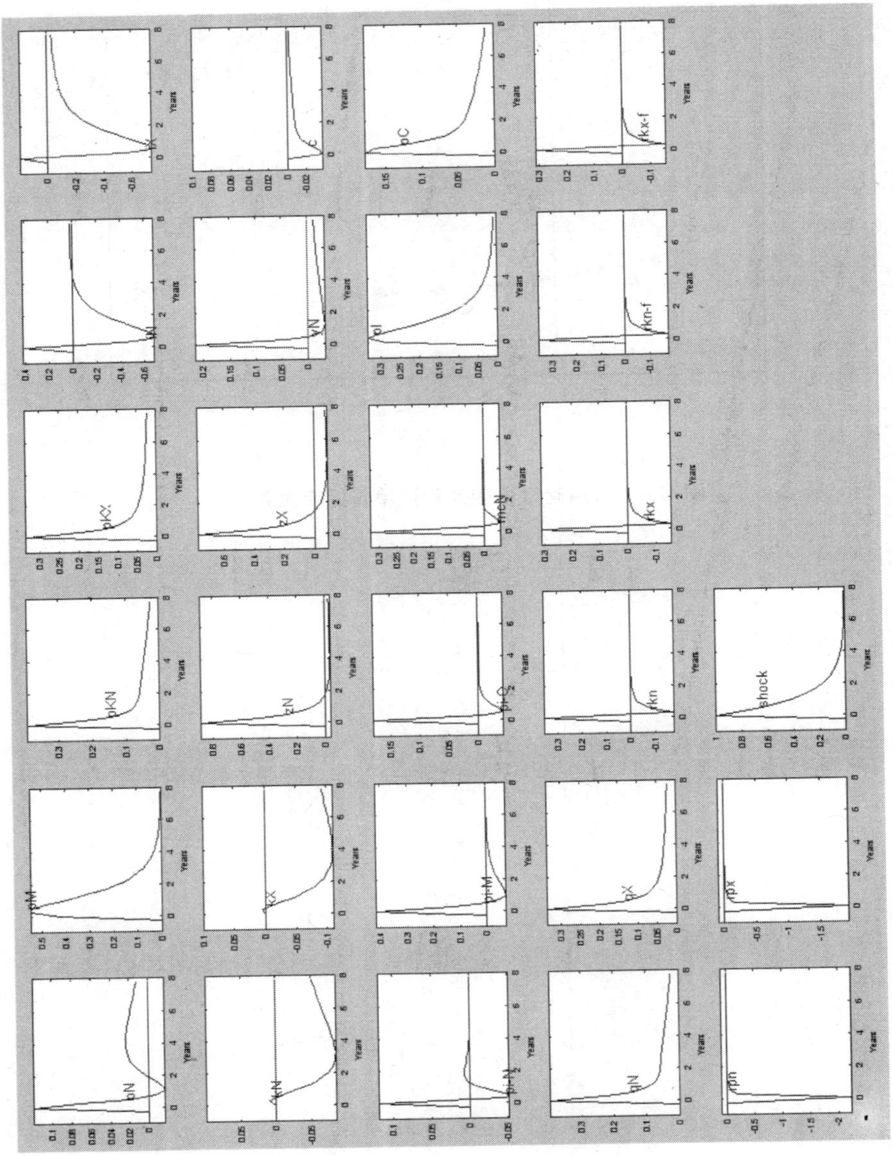

图G-5　固定汇率下：世界进口价格冲击脉冲反应

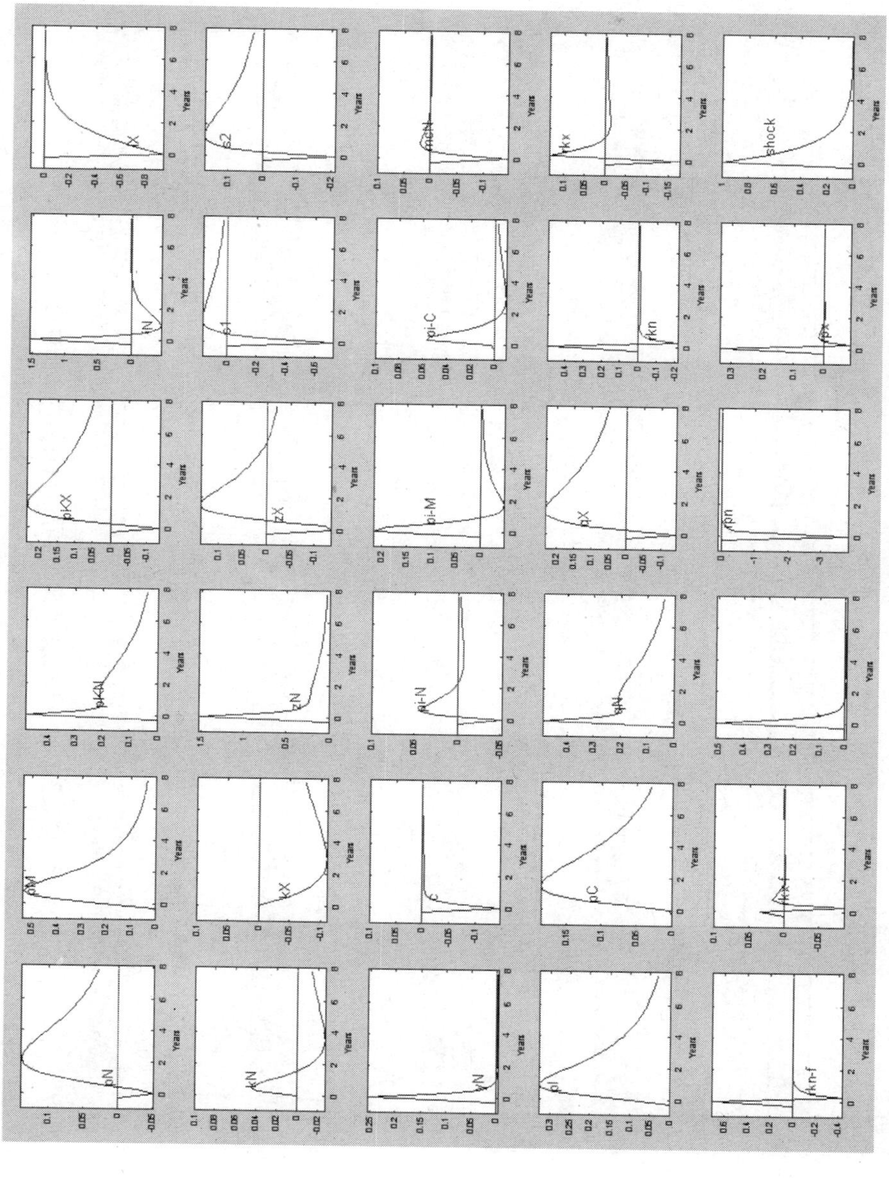

图G-6　泰勒规则下：世界进口价格冲击脉冲反应

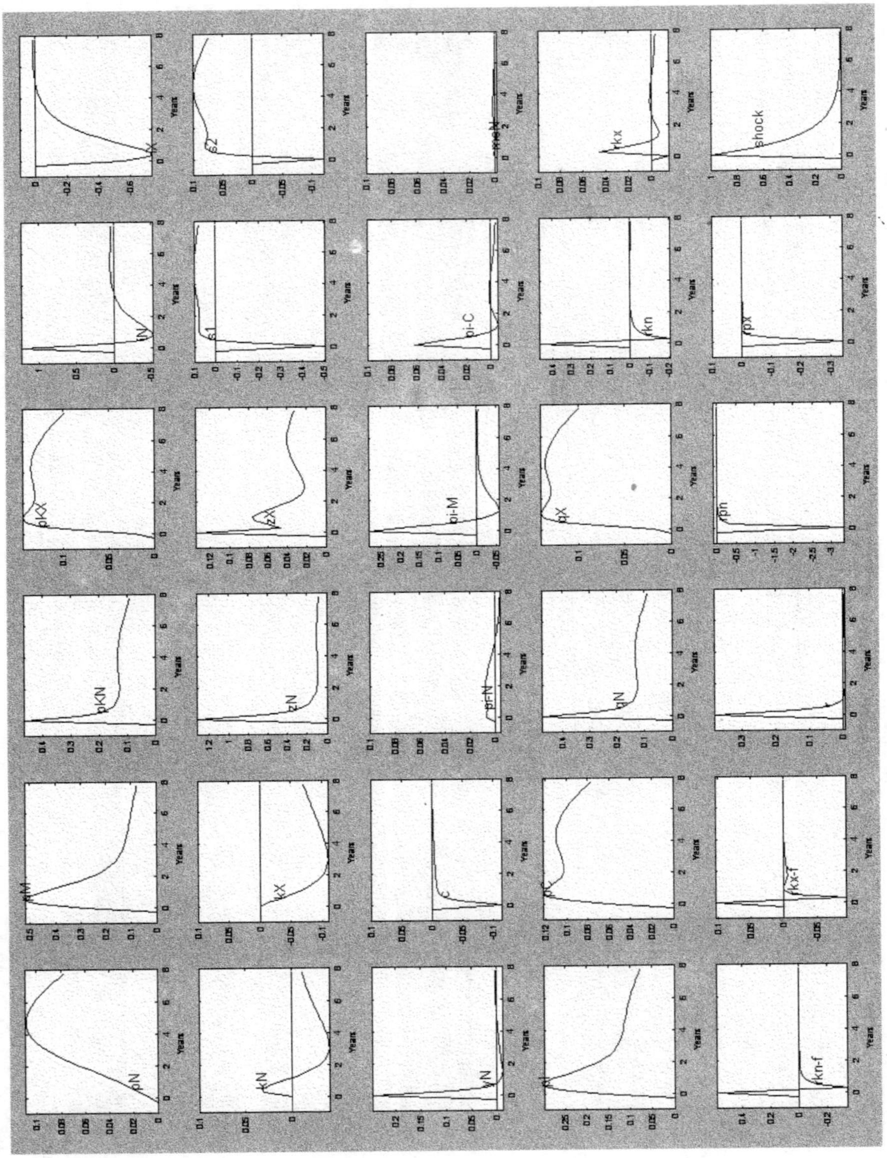

图G-7　NPI规则下：世界进口价格冲击脉冲反应

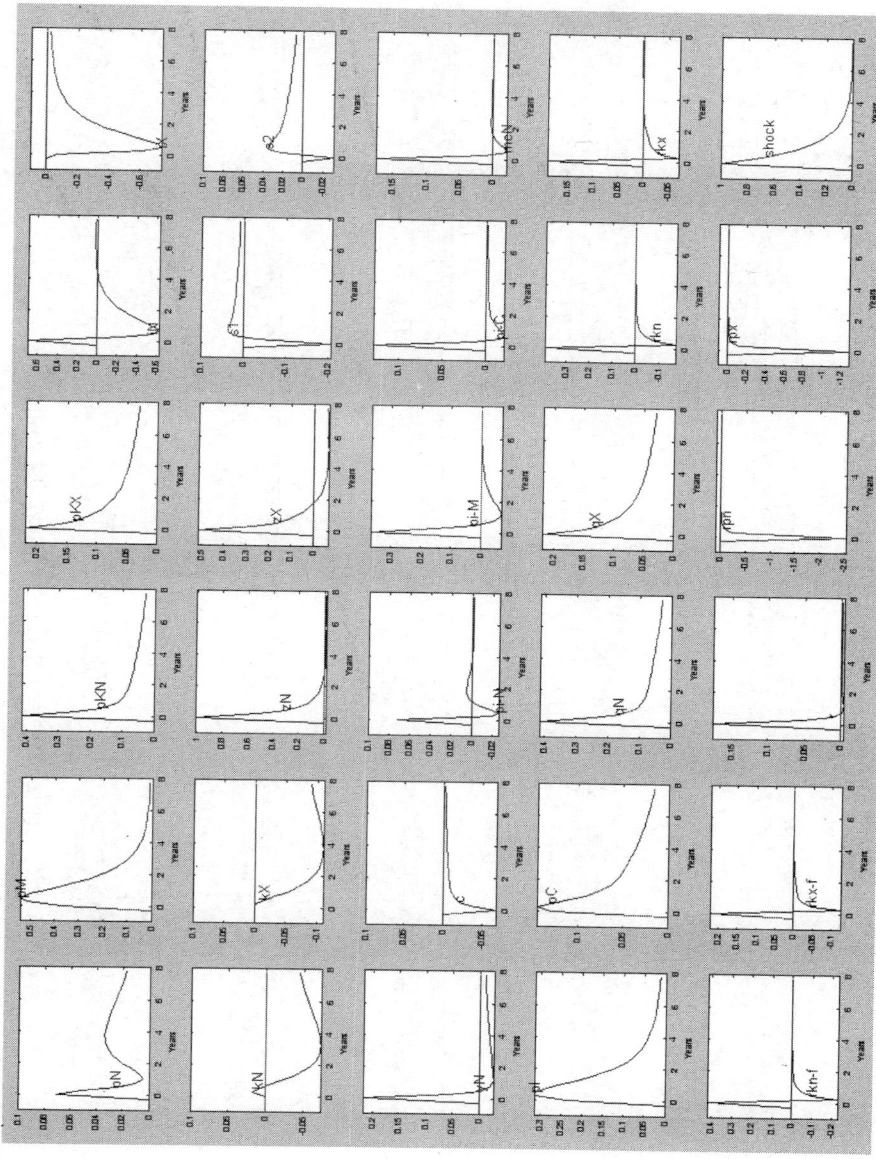

图G-8　加入汇率后的泰勒规则下：世界进口价格冲击脉冲反应

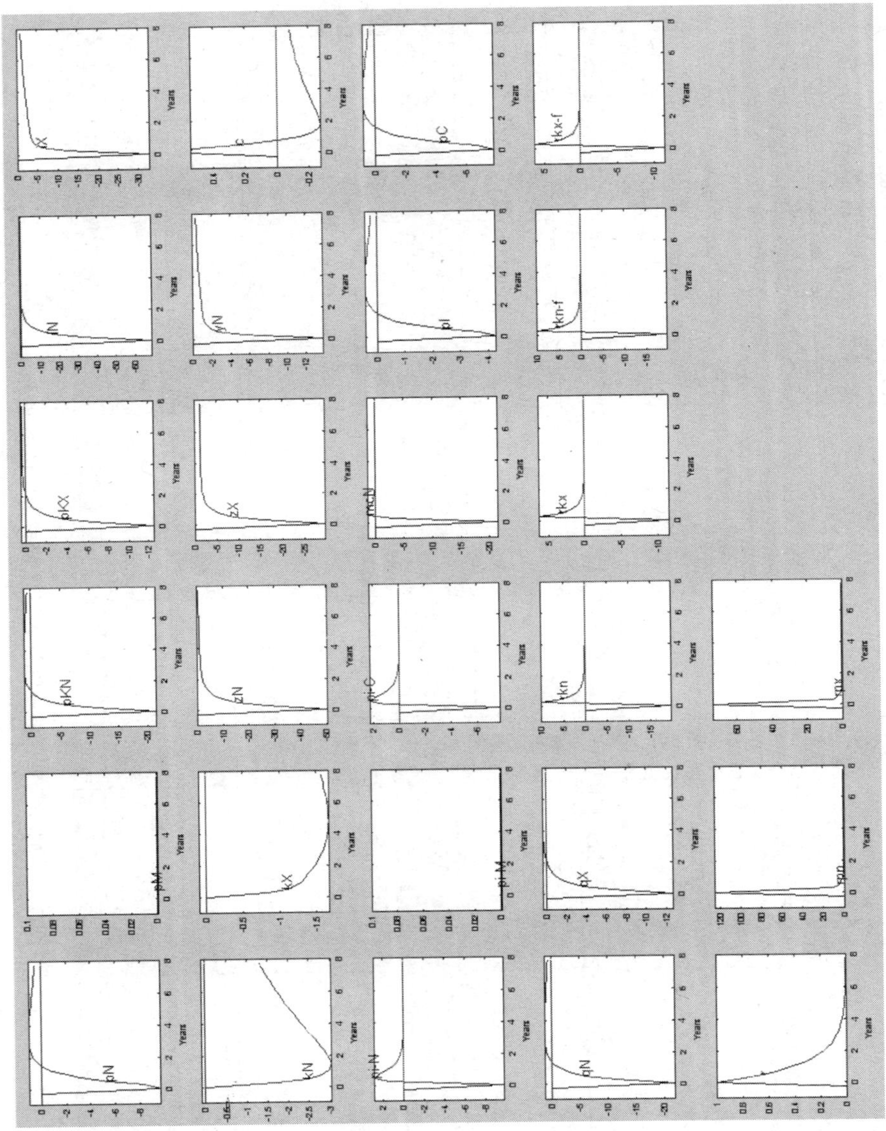

图G-9　固定汇率规则下：世界利率冲击脉冲反应

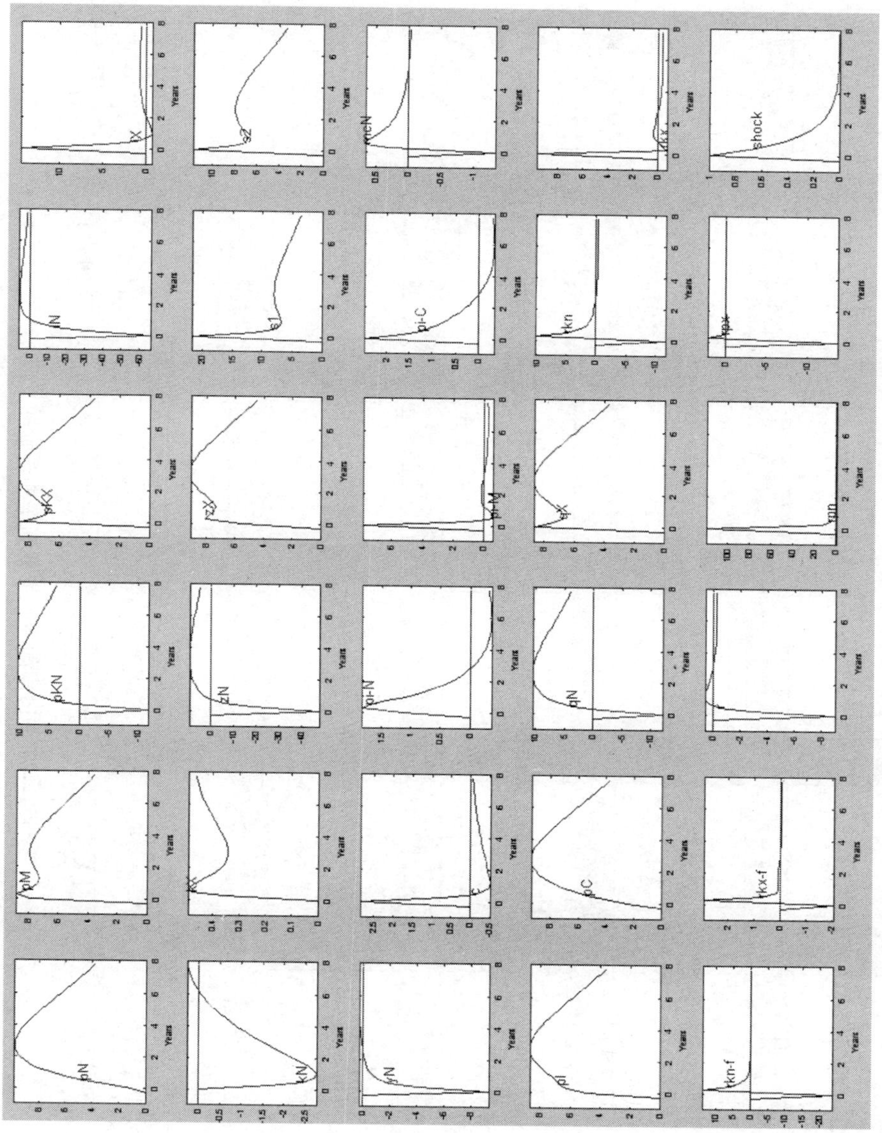

图G-10　泰勒规则下：世界利率冲击脉冲反应

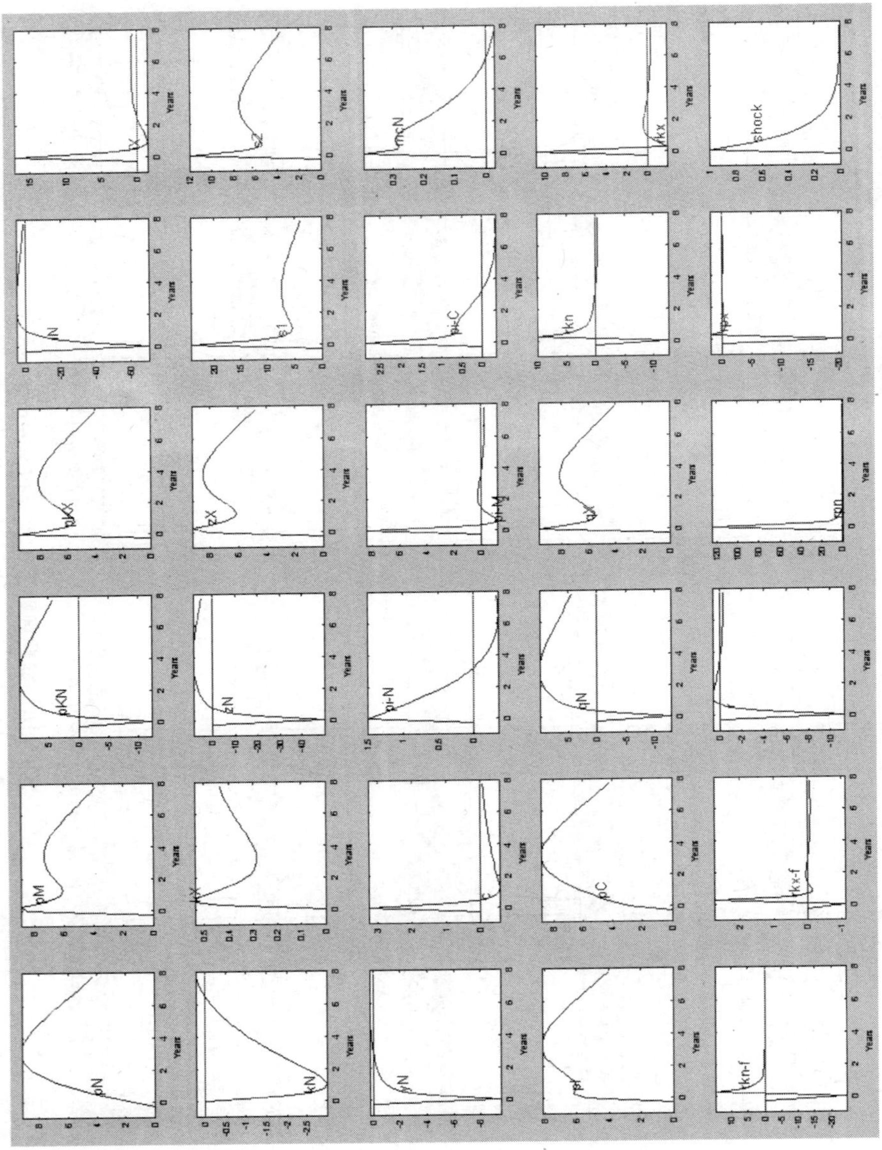

图G-11 NPI规则下：世界利率冲击脉冲反应

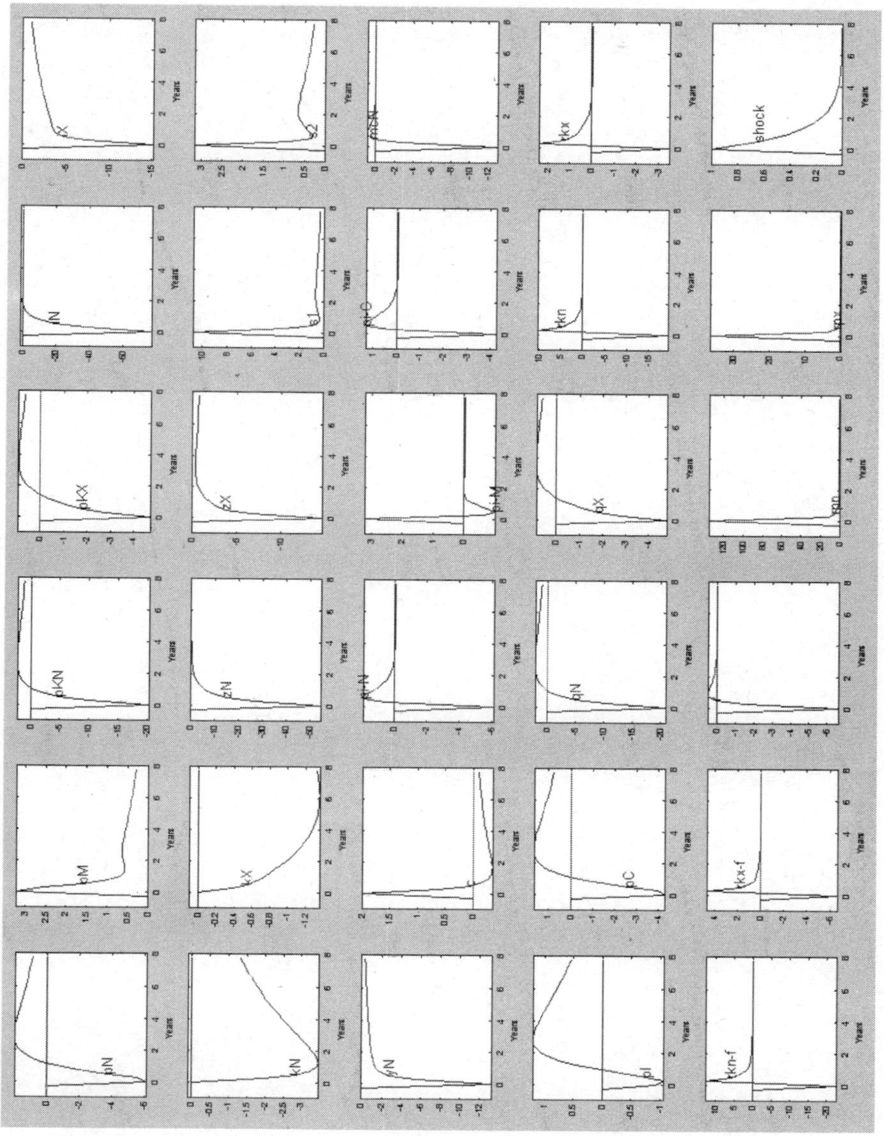

图G-12　加入汇率泰勒规则下：世界利率冲击脉冲反应

参考文献

［1］艾洪德，武志．发展中国家通货膨胀目标制货币政策的适应性分析．国际金融研究，2005（8）．

［2］卞志村，孙俊．开放经济背景下中国货币财政政策的非对称效应．国际金融研究，2012（8）．

［3］常金华．我国资本项目自由化面临的障碍分析．上海经济研究，2007（12）．

［4］常志霄．资本项目自由化：发达国家和发展中国家的近期经验．国际金融研究，2000（5）．

［5］程祖伟．资本管制与蒙代尔—弗莱明模型．经济经纬，2003（6）．

［6］崔光灿．资产价格、金融加速器与经济稳定．世界经济，2006（11）．

［7］丁福云．货币政策规则及其应用问题研究．厦门大学，2007．

［8］杜清源，龚六堂．带“金融加速器”的 RBC 模型．金融研究，2005（4）．

［9］方卫星．货币政策目标设定制度——机理和效应．华东师范大学，2003．

［10］高新宇．我国汇率制度的选择与货币政策有效性分析．社会科学辑刊，2007（1）．

［11］耿强，章雳．中国宏观经济波动中的外部冲击效应研究——基于金融加速器理论的动态一般均衡数值模拟分析．经济评论，2010（5）．

［12］管涛．资本项目可兑换的定义．经济社会体制比较，2001（1）．

［13］国际货币基金组织．全球金融稳定报告．2003．

［14］黄明皓．中国经济开放度与货币政策有效性研究．当代财经，2010（7）．

[15] 侯克强，陈万华．开放小国经济的货币政策传导机制．世界经济，2010（8）．

[16] 姜波克，朱云高．论人民币资本账户开放下货币政策制度的选择．复旦大学学报（社会科学版），2004（6）．

[17] 金成晓，马丽娟．开放经济条件下我国货币政策就业效应的计量研究．经济科学，2011（6）．

[18] 黄武俊．开放经济下中国货币政策效果实证研究．经济评论，2010（4）．

[19] 黄余送，梅鹏军．开放条件下大国财政和货币政策组合分析．经济社会体制比较，2007（1）．

[20] 和萍．渐进资本开放下中国货币政策的独立性．经济理论与经济管理，2006（11）．

[21] 卡尔·沃什．货币理论与政策．周继忠译．上海财经大学出版社，2004.

[22] 李勇，邓晶，王有贵．中国通胀、资产价格及货币政策间关系研究——基于开放经济视角的分析．国际金融研究，2011（10）．

[23] 林楠．试论我国货币稳定与金融开放的政策空间．现代财经，2010（7）．

[24] 刘兰凤．住房价格、住房投资、消费与货币政策——基于金融加速器效应的 DSGE 模型研究．广东金融学院学报，2011（3）．

[25] 柳永明．通货膨胀目标制的理论与实践：十年回顾．世界经济，2002（1）．

[26] 马欣原．“不可能三角”——从历史角度的阐释．金融研究，2004（2）．

[27] 孙华好．“不可能三角”不能作为中国汇率制度选择的依据．国际金融研究，2004（8）．

[28] 史安娜，夏建伟．新兴市场国家的货币错配问题研究．江西社会科学，2007（1）．

[29] 苏平贵．汇率制度选择和货币政策效应分析．国际金融研究，2003（5）．

[30] 汪川，黎新，周镇峰．货币政策的信贷渠道：基于“金融加速器模型”的中国经济周期分析．国际金融研究，2011 (1).

[31] 王朝军，曾令华，王忠生．论通货膨胀目标制在我国的可行性．金融教学与研究，2003 (4).

[32] 王国刚．资本账户开放与中国金融改革．社会科学文献出版社，2003.

[33] 王国松，张鹏．货币替代理论及我国货币替代问题研究．国际金融研究，2001 (3).

[34] 王丽萍，龙敏．我国货币政策独立性研究——以蒙代尔—弗莱明模型分析．经济论坛，2006 (2).

[35] 王立勇，张代强，刘文革．开放经济下我国非线性货币政策的非对称效应研究．经济研究，2010 (9).

[36] 王三兴．资本开放、外汇储备累积与货币政策独立性——中国数据的实证研究．世界经济研究，2011 (3).

[37] 王胜．新开放经济宏观理论和研究．武汉大学，2005.

[38] 王伟强．外资流入和人民币自由兑换对货币供给的影响．财经研究，2001 (3).

[39] 武康平，胡谍．房地产价格在宏观经济中的加速器作用研究．中国管理科学，2011 (2).

[40] 肖才林．股票市场发展对货币政策的影响研究．华中科技大学，2005.

[41] 肖曼君．通货膨胀目标制的国际比较．湖南大学，2006.

[42] 徐子福．资本项目管制与开放问题研究．浙江大学，2007.

[43] 杨代新．资本开放下的货币调控研究．江西财经大学，2004.

[44] 杨蓉．国际资本流动对我国货币政策有效性的影响．西安财经学院学报，2007 (1).

[45] 杨胜刚，刘宗华．国际资本流动对中国货币供给的影响及政策分析．世界经济，2001 (6).

[46] 杨夏，陈彦．开放经济条件下我国的货币政策效应．广西财政高等专科学校学报，2005 (2).

[47] 姚枝仲，张亚斌．中国资本项目的变化及其宏观影响．世界经济，2001（8）．

[48] 约翰·霍金斯．通胀目标法的国际借鉴及启示．国际经济评论，2004（7－8）．

[49] 中国人民银行调查统计司课题组．我国加快资本账户开放条件基本成熟．中国证券报，2012－02－23．

[50] 赵振全，于震，刘淼．金融加速器效应在中国存在吗．经济研究，2007（6）．

[51] 周晓明，朱光健．资本流动对我国货币供给的影响与对策．国际金融研究，2002（9）．

[52] 周小川．金融业标准制定和执行的若干问题．中国金融，2012（1）．

[53] 朱虹，高蔷．浮动汇率制、资本开放、货币政策独立性三者能兼得吗——对“三元悖论”的进一步拓展思考．经济论坛，2004（17）．

[54] 朱钟棣．经济开放度与货币政策有效性的实证分析．当代财经，2010（12）．

[55] 祝国平，张伟伟．开放经济条件下总供给曲线与货币政策效果研究．经济纵横，2012（10）．

[56] Adolfson M. Incomplete Exchange Rate Pass－through and Simple Monetary Policy Rules. Journal of International Money and Finance，2007，26（3）．

[57] Adolfson M.，Lase'en S.，Linde J.，Villani M. Evaluating an Estimated New Keynesian Small Open Economy Model. Journal of Economic Dynamics & Control，2008，32（8）．

[58] Agénor P. Monetary Policy under Flexible Exchange Rates：An Introduction to Inflation Targeting. World Bank，Policy Working Paper，2000.

[59] Aghion P.，Bacchetta P.，Banerjee A. Capital Markets and the Instability of Open Economies. CEPR，DP，2000.

[60] Aghion P.，Bacchetta P.，Banerjee A. A Simple Model of Monetary Policy and Currency Crises. European Economic Review，2000，44（12）．

[61] Aghion P.，Bacchetta P.，Banerjee A. Currency Crises and Monetary

Policy in a Credit – constrained Economy. European Economic Review, 2001, 45 (7).

[62] Aliaga – Díaz R., Olivero M. Is There a Financial Accelerator in US Banking? Evidence from the Cyclicality of Banks' Price – cost Margins. Economics Letters, 2010, 108 (2).

[63] Allen F. and Gale D. Optimal Currency Crisis. Journal of Monetary Economics, 2000, 53 (1).

[64] Amato J. D. and Gerlach S. Inflation Targeting in Emerging Market and Transition Economies: Lessons after a Decade. European Economic Review, 2002, 46 (4 –5).

[65] Arellano C. and Mendoza E. G. Credit Frictions and "Sudden Stops" in Small Open Economies: An Equilibrium Business Cycle Framework for Emerging Markets Crises. NBER, Working Paper 8880, 2002.

[66] Auguste S., Dominguez K., Kamil H. and Tesar L. Cross-Border Trading as a Mechanism for Capital Flight: ADR and the Argentine Crisis. NBER, Working Paper 9343, 2002.

[67] Bacchetta Ph. and van Wincoop E. Capital Flows to Emerging Markets: Liberalization, Overshooting, and Volatility. In Edwards S., Ed. Capital Flows and the Emerging Economies—Theory, Evidence, and Controversies. The University of Chicago Press, 2000.

[68] Bacchetta Ph. and van Wincoop E. Why Do Consumer Prices React Less than Import Prices to Exchange Rates. Journal of the European Economic Association, 2003, 1 (2 –3).

[69] Bae K., Chan K., Ng A. Inevitability and Return Volatility in Emerging Equity Markets. SSRN: http://ssrn.com/abstract = 326481 or doi: 10.2139/ssrn.326481, 2003.

[70] Ball L. Efficient Rules for Monetary Policy. NBER, Working Paper 5952, 1997.

[71] Ball L. Policy Rules for open Economies. in Taylor J. (Ed.). Monetary Policy Rules. University of Chicago Press, 1999.

[72] Ball L. Policy Rules and External Shocks. NBER, Working Paper 7910, 2000.

[73] Ball C. P. and Reyes J. Inflation Targeting or Fear of Floating in Disguise? A Broader Perspective Journal of Macroeconomics, 2008, 30 (1).

[74] Batini N., Harrison R., Millard S. P. Monetary Policy Rules for an Open Economy. Journal of Economic Dynamics & Control, 2003, 27 (11 – 12).

[75] Bekaert G. and Harvey C. Foreign Speculators and Emerging Equity Markets. Journal of Finance, 2000, 55 (2).

[76] Bekaert G., Harvey C., Lundblad R. Does Financial Liberalization Spur Growth. NBER, Working Paper 6724, 2001.

[77] Bekaert G., Harvey C., Lundblad R. Growth Volatility and Equity Market Liberalization. NBER, Working Paper 10560, 2002.

[78] Benigno G. Real Exchange Rate Persistence and Monetary Policy Rules. Journal of Monetary Economics, 2004, 51 (3).

[79] Benigno G. and Benigno P. Price Stability as a Nash Equilibrium in Monetary Open – economy Models. CEPR, Discussion Paper 2757, 2001.

[80] Benigno G. and Benigno P. Price Stability in Open Economies. Review of Economic Studies, 2003, 70 (4).

[81] Benigno G. and Thoenissen C. Consumption and Real Exchange Rates with Incomplete Financial Mmarkets and Non – traded Goods. Journal of International Money and Finance, 2008, 27 (6).

[82] Benigno P. Price Stability with Imperfect Financial Integration. Journal of Money, Credit and Banking, 2009, 41 (1).

[83] Berg A. and Borenzstein E. The Choice of Exchange Rate Regime and Monetary Target in Highly Dollarized Economies. Journal of Applied Economics, 2000, 3 (2).

[84] Bernanke B. S. Globalization and Monetary Policy. Speech at the Fourth Economic Summit. Stanford Institute for Economic Policy Research, Stanford, California March 2, 2007.

[85] Bernanke B. S. and Blinder A. S. The Federal Funds Rate and the Trans-

mission of Monetary Policy. American Economic Review, 1992, 82 (4).

[86] Bernanke B. S. and Gertler M. Agency Cost, Net Worth, and Business Fluctuations. American Economic Review, 1989, 79 (1).

[87] Bernanke B. S. and I. Mihov. Measuring Monetary Policy. Quarterly Journal of Economics, 1998, 113 (3).

[88] Bernanke B. S., Gertler M., Girlchrist S. The Financial Accelerator and the Flight to Quality. Review of Economics and Statistics, 1996, 8 (1).

[89] Bernanke B. S., Gertler M., Girlchrist S. The Financial Accelerator in a Quantitative Business Cycle Framework. NBER, Working Paper 6455, 1998.

[90] Bernanke B. S., Gertler M., Watson M. Systematic Monetary Policy and the Effects of Oil Price Shocks. Brookings Papers on Economic Activity, 1997.

[91] Betts C. and Devereux M. B. Exchange Rate Dynamics in A Model of Pricing to Market. Journal of International Economics, 2000, 50 (1).

[92] Bhagwati J. The Capital Myth. The Difference between Trade in Widgets and Dollars. Foreign Affairs, 1998, 2 (3).

[93] Blanchard O. and Kahn C. The Solution of Linear Difference Models under Rational Expectations. Econometrica, 1980, 48 (5).

[94] Blanchard O. and Gali J. Real Rigidities and New Keynesian Model. NBER, Working Paper 11806, 2005.

[95] Blas B. Performance of Interest Rate Rules under Credit Market Imperfections. Economic Modeling, 2009, 26 (3).

[96] Bordo, Michael D. and Marc Flandreau. Core Periphery, Exchange Rate Regimes, and Globalization. In Globalization in Historical Perspective, edited by M. D. Bordo, A. M. Taylor and J. G. Williamson. Chicago: University of Chicago Press, 2003.

[97] Borensztein E., Gregorio J., Lee J. How Does Foreign Direct Investment Affect Growth. Journal of International Economics, 1998, 45 (1).

[98] Braggion F., Christiano L. J., Roldos J. Optimal Monetary Policy in a "Sudden Stop". NBER, Working Paper 13254, 2007.

[99] Buch C. M. and Pierdzioch C. The Integration of Imperfect Financial

Markets: Implications for Business Cycle Volatility. Journal of Policy Modeling, 2005, 27 (7).

[100] Burnside C., Eichenbaum M., Rebelo S. Prospective Deficits and the Asian Currency Crisis. NBER, Working Paper 6758, 1998.

[101] Burnside C., Eichenbaum M., Rebelo S. Hedging and Financial Fragility in Fixed Exchange Rate Regimes. European Economic Review, 2001, 45 (7).

[102] Caballero R. and Krishnarmurthy A. Emerging Market Crises: An Asset Markets Perspective. NBER, Working Paper 6843, 1998.

[103] Caballero R. and Krishnarmurthy A. International and Domestic Collateral Constraints in a Model of Emerging Market Crises. NBER, Working Paper 7971, 2000.

[104] Caballero R. J. and Krishnamurthy A. Smoothing Sudden Stops. Journal of Economic Theory, 2004, 119 (1).

[105] Caballero R. J. and Krishnarmurthy A. Exchange Rate Volatility and the Credit Channel in Emerging Markets. NBER, Working Paper 10517, 2004.

[106] Caballero R. J. and Krishnamurthy A. Inflation Targeting and Sudden Stops. In B. S. Bernanke and M. Woodford (Eds.). The Inflation – Targeting Debate, Chapter 10. The University of Chicago Press, 2005.

[107] Calvo G. A. Capital flows and Capital – markets Crises: The Simple Economics of Sudden Stops. Journal of Applied Economics, 1998, 1 (1).

[108] Calvo G. A. Capital Market and the Exchange Rate with Special Reference to the Dollarization Debate in Latin America. Journal of Money, Credit and Banking, 2001, 33 (2).

[109] Calvo G. A. Explaining Sudden Stops, Growth Collapse and BOP Crises: The Case of Distortionary Output Taxes. NBER, Working Paper 9864, 2003.

[110] Calvo G. A. Monetary Policy Challenges in Emerging Markets: Sudden Stop, Liability Dollarization, and Lender of Last Resort. NBER, Working Paper 12788, 2006.

[111] Calvo G. A. and Reinhart C. M. When Capital Inflows Come to A Sudden Stop: Consequences and Policy Options. University Library of Munich, MPRA

Paper 6982, 2000.

[112] Calvo G. A. and Reinhart C. M. Fixing for Your Life. NBER, Working Paper 8006, 2000.

[113] Calvo G. A. and Reinhart C. M. Fear of Floating. Quarterly Journal of E-conomics, 2002, 117 (2).

[114] Calvo G. A., Izquierdo A., Mejia L. On the Empirics of Sudden Stops: The Reverence of Balance – sheet Effects. NBER, Working Paper 10520, 2004.

[115] Calvo G. A., Leiderman L., Reinhart C. M. Capital Inflows and Real Exchange Rate Appreciation in Latin America: The Role of External Factors. IMF, Staff Papers 40, 1993.

[116] Calvo G. A., Leiderman L., Reinhart C. M. Inflows of Capital to De-veloping Countries in the 1990s. Journal of Economic Perspectives, 1996, 10 (2).

[117] Campa J. and Goldberg L. Exchange Rate Pass – through into Import Prices: A Macro and Microphenomenon. NBER, Working Papers 8934, 2002.

[118] Canova F. The Transmission of U. S. Shocks to Latin Data. Journal of Applied Econometrics, 2005, 20 (2).

[119] Canova F. Methods for Applied Macroeconomic Research. Princeton U-niversity Press, 2007.

[120] Carare A., Schaechter A., Stone M. R. Establishing Initial Condition in Support of Inflation Targeting. IMF, Working Paper 02/102, 2002.

[121] Carlstrom C. and Fuerst T. Agency Costs, Net Worth, and Business Cycle Fluctuations. American Economic Review, 1997, 87 (5).

[122] Carlstrom C. and Fuerst T. Optimal Monetary in a Small Open Econo-my: A General Equilibrium Analysis. Central Bank of Chile, Working Paper 70, 2000.

[123] Cecchetti S. G. and M. Ehrmann. Does Inflation Targeting Increase Out-put Volatility? An International Comparison of Policymaker's Preferences and Out-comes. NBER, Working Paper 7426, 1999.

[124] Céspedes L., Chang R., Velasco A. Balance Sheets and Exchange Rate Policy. American Economic Review, 2004, 94 (4).

[125] Chang R. and A. Velasco. Financial Crises in Emerging Markets: A Canonical Model. NBER, Working Paper 6606, 1998.

[126] Chang R. and Velasco A. Financial Fragility and the Exchange Rate Regime. Journal of Economic Theory, 2000, 92 (1).

[127] Chang R. and Velasco A. Monetary Policy in a Dollarized Economy Where Balance Sheets Matter. Journal of Development Economics, 2001, 66 (2).

[128] Chang R. and Velasco A. Fear of Floating and Domestic Liability Dollarization. Emerging Markets Review, 2005, 6 (3).

[129] Chari A. and P. Henry. Capital Account Liberalization: Allocative Efficiency or Animal Spirits. NBER, Working Paper 8908, 2002.

[130] Chari A. and P. Henry. Risk Sharing and Asset Prices: Evidence from a Natural Experiment. Journal of Finance, 2004, 59 (3).

[131] Chari A. and P. Henry. Firm – Specific Information and the Efficiency of Investment. Journal of Financial Economics, 2008, 87 (3).

[132] Chari V., Kehoe P. J., McGrattan E. Can Sticky – price Models Generate Volatile and Persistent Real Exchange Rates. Review of Economic Studies, 2002, 69 (3).

[133] Chari V., Kehoe P., McGrattan E. R. Sudden Stops and Output Drops. NBER, Working Paper 11133, 2005.

[134] Choi W. and Cook D. Liability Dollarization and The Bank Balance Sheet Channel. Journal of International Economics, 2004, 64 (2).

[135] Christiano L. J., Eichenbaum M., Evans C. Monetary Policy Shocks: What Have We Learned and to What End. NBER, Working Paper 6400, 1998.

[136] Christiano L. J., Gust C., Roldos J. Monetary Policy in a Financial Crisis. NBER, Working Paper 9005, 2002.

[137] Christiano L. J., Motto R., Rostagno M. Financial Factors In Business. In The Implications of Changes in Banking and Financing for the Monetary Policy Transmission Mechanism. European Central Bank Conference, 2007.

[138] Chung J., Jung Y., Yang D. Y. Optimal Monetary Policy in a Small Open Economy: The Case of Korea. Journal of Asian Economics, 2007, 18 (1).

[139] Claessens S. D., Klingebiel D., Schmukler S. The Future of Stock Markets in Emerging Economies: Evolution and Prospects. Paper Presented at the Fifth Annual Brookings-Wharton Conference on Financial Services, Washington DC, 2001.

[140] Clarida R., Gali J., Gertler M. Monetary Policy Rules in Practice: Some International Evidence. European Economic Review, 1998, 42 (6).

[141] Clarida R., Gali J., Gertler M. Monetary Policy Rules and Macroeconomic Stability: Evidence and Some Theory. Quarterly Journal of Economics, 2000, 115 (1).

[142] Clarida R., Gali J., Gertler M. Optimal Monetary Policy in Open Versus Closed Economies: An Integrated Approach. NBER, Working Paper8604, 2001.

[143] Clarida R., Gali J., Gertler M. A Simple Framework for International Monetary Policy Analysis. Journal of Monetary Economics, 2002, 49 (5).

[144] Cook D. Monetary Policy in Emerging Markets: Can Liability Dollarization Explain Contractionary Devaluations. Journal of Monetary Economics, 2004, 51 (6).

[145] Cooley T. F. and Nam K. Asymmetric Information, Financial Intermediation, and Business Cycles. Economic Theory, 1998, 12 (3).

[146] Corbo V., Oscar L. M., Klaus S. Assessing Inflation Targeting after A Decade of World Experience. International Journal of Finance & Economics, 2001, 6 (4).

[147] Corsetti G. and Pesenti P. Welfare and Macroeconomic Interdependence. Quarterly Journal of Economics, 2001, 116 (2).

[148] Corsetti G. and Pesenti P. International Dimensions of Optimal Monetary Policy. Journal of Monetary Economics, 2005, 52 (2).

[149] Corsetti G., Dedola L., Leduc S. International Risk – sharing and the Transmission of Productivity Shocks. Review of Economic Studies, 2008, 75 (2).

[150] Cúrdia V. Monetary Policy under Sudden Stops. Federal Reserve Bank of New York, Staff Reports 278, 2007.

[151] DeJong F. and De Roon F. A. Time – varying Market Integration and Ex-

pected Returns in Emerging Markets. CEPR, Discussion Paper 3102, 2001.

[152] Debelle G. The Viability of Inflation Targeting for Emerging Market Economies. Paper Prepared for the Conference on "Financial Markets and Policies in East Asia", Australian National University, 2000.

[153] Debelle G., Masson P. R., Savastano M. A. Inflation Targeting as A Frameworks for Monetary Policy. IMF, Economic Issues 15, 1998.

[154] DeJong D. N. and Dave C. Structural Macroeconometrics. Princeton University Press, 2007.

[155] Demigüc – Kunt A. and Detragiache E. Financial Liberalization and Financial Fragility. IMF, Working Paper 98/83, 1998.

[156] Devereux M. B. and Engel C. Exchange Rate Pass-Through, Exchange Rate Volatility, and Exchange Rate Disconnect. Journal of Monetary Economics, 2002, 49 (5).

[157] Devereux M. B. and Engel C. Monetary Policy in The Open Economy Revisited: Price Setting and Exchange Rate Flexibility. Review of Economic Studies, 2003, 70 (4).

[158] Devereux M. B., Lane P., Juanyi Xu. Exchange Rates and Monetary Policy in Emerging Market Economies. The Economic Journal, 2006, 116 (4).

[159] Duarte M. and Stockman A. C. Rational Speculation and Exchange Rates. Journal of Monetary Economics, 2005, 52 (1).

[160] Edison H. and F. Warnock. A Simple Measure of the Intensity of Capital Controls. International Finance Discussion Papers 708, 2001.

[161] Edison H., Klein M., Ricci L., Sløk T. Capital Account Liberalization and Economic Performance: Survey and Synthesis. NBER, Working Paper 9100, 2002.

[162] Edison H., Luangaram P., Miller M. Asset Bubbles, Domino Effects and "Lifeboats": Elements of the East Asian Crisis. FRB, International Finance Discussion Paper 606, 1998.

[163] Edwards S. Capital Mobility and Economic Performance: Are Emerging Economies Different. NBER, Working Paper 8076, 2000.

［164］ Edwards S. Thirty Years of Current Account Imbalances, Current Account Reversals and Sudden Stops. NBER, Working Paper 10276, 2004.

［165］ Edwards S. Financial Openness, Sudden Stops and Current Account Reversals. American Economic Review, 2004, 94 (2).

［166］ Edwards S. Capital Controls, Sudden Stops and Current Account Reversals. NBER, Working Paper 11170, 2005.

［167］ Edwards S. Capital Controls, Capital Flow Contractions, and Macroeconomic Vulnerability. Journal of International Money and Finance, 2007, 26 (5).

［168］ Eichengreen B. Globalizing Capital: A History of the International Monetary System. Princeton University Press, 1996.

［169］ Eichengreen B. Capital Account Liberalization: What Do Cross – Country Studies Tell US. World Bank Economic Review, 2001, 15 (3).

［170］ Eichengreen B. and Hausmann R. Exchange Rate and Financial Fragility. NBER, Working Paper 7418, 1999.

［171］ Eichengreen B., Hausmann R., Panizza U. Original Sin: the Pain, the Mystery and the Road to Redemption. Paper Prepared for the Conference Currency and Maturity Matchmaking: Redeeming Debt from Original Sin. Inter – American Development Bank, 2002.

［172］ Eichengreen B., Rose A., Wyplosz C. Exchange Market Mayhem: The Antecedents and Aftermaths of Speculative Attacks. Economic Policy, 1995, 21 (10).

［173］ Eichengreen B., Hausmann R., Panizza U. The Pain of Original Sin, mimeo. http://www. econ. berkeley. edu/~eichengr/research/ospainaug21 – 03. pdf, 2003.

［174］ Eichengreen B., Hausmann R., Panizza U. Currency Mismatches, Debt Intolerance and Original Sin: Why they are Not the Same and Why it Matters. NBER, Working Paper 10036, 2003.

［175］ Elekdag S., Justiniano A., Tchakarov I. An Estimated Small Open Economy Model of the Financial Accelerator. IMF, WP/05/44, 2005.

［176］ Erceg C. J., Henderson D. W., Levine A. T. Optimal Monetary Policy with Staggered Wage and Price Contracts. Journal of Monetary Economics, 2000, 46 (2).

[177] Fama E. Forward and Spot Exchange Rates. Journal of Monetary Economics, 1984, 14 (3).

[178] Favero C. A. and F. Giavazzi. Inflation Targeting and Debt: Lessons from Brazil. NBER, Working Paper 10390, 2004.

[179] Feldstein M. Monetary Policy in A Changing International Environment: The Role of Capital Flows. NBER, Working Paper 11856, 2005.

[180] Fisher J. D. M. Credit Market Imperfections and the Heterogeneous Response of Firms to Monetary Shocks. Journal of Money, Credit and Banking, 1999, 31 (2).

[181] Forbes K. J. The Microeconimic Evidence on Capital Controls: No Free Lunch. NBER, Working Paper 11372, 2005.

[182] Fraga A. Inflation Targeting in Emerging Market Economies. NBER, Working Paper 10019, 2003.

[183] Frankel J. A. No Single Currency Regime Is Right for All Countries or at All Times. NBER, Working Paper 7338, 1999.

[184] Friedman M. The Case for Flexible Exchange Rates. In Essays in Positive Economics University of Chicago Press, 1953.

[185] Froot K. and Frankel J. Forward Discount Bias: Is It An Exchange Risk Premium. Quarterly Journal of Economics, 1989, 104 (1).

[186] Fuerst T. S. Monetary and Financial Interactions in The Business Cycle. Journal of Money, Credit, and Banking, 1995, 27 (4).

[187] Gali J. How Well Does the IS/LM Model Fit Post-war U. S. Data. Quarterly Journal of Economics, 1992, 107 (2).

[188] Gali J. and Monacelli G. Monetary Policy and Exchange Rate Volatility in a Small Open Economy. Review of Economic Studies, 2005, 72 (3).

[189] Galiani S., Levy – Yeyati E., Schargrodsky E. Financial Dollarization and Debt Deflation under A Currency Board. Emerging Market Review, 2003, 4 (4).

[190] Galindo A., Schiantarelli F., Weiss A. Does Financial Liberalization

Improve the Allocation of Investment? Micro Evidence from Developing Countries. Inter – American Development Bank, 2003.

[191] Gallego, Francisco and Leonardo Hernández. Microeconomic Effects of Capital Controls: The Chilean Experience during the 1990s. International Journal of Finance and Economics, 2003, 8 (3).

[192] Gavin M. and Ricardo Hausmann. Sources of Macroeconomic Volatility in Developing Economies. Inter-American Development Bank, Working Paper, 1996.

[193] Gelos R. Gaston and Alejandro Werner. Financial Liberalization, Credit Constraints, and Collateral: Investment in the Mexican Manufacturing Sector. Journal of Development Economics, 2001, 67 (1).

[194] Gertler M. Comment on Monetary and Financial Interactions in the Business Cycle. Journal of Money, Credit, and Banking, 1995, 27 (4).

[195] Gertler M., Gilchrist S., Natalucci F. External Constraints on Monetary Policy and the Financial Accelerator. NBER, Working Paper 10128, 2003.

[196] Ghironi F. Towards New Open Economy Macroeconometrics. Federal Reserve Bank of New York, Staff Report 100, 2000.

[197] Ghironi F. The Role of Net Foreign Access in a New Keyneisan Small Open Economy Model. Journal of Economic Dynamics and Control, 2008, 32 (6).

[198] Ghironi F. and Rebucci A. Monetary Rules for Emerging Market Economies. IMF, Working Paper 02/34, 2002.

[199] Glick, Reuven and Michael Hutchison. Currency Crises, Capital Account Liberalization, and Selection Bias. Review of Economics and Statistics, 2006, 88 (4).

[200] Gonζalves C. S. and Salles J. M. Inflation Targeting in Emerging Economies: What do the Data Say. Journal of Development Economics, 2008, 85 (1–2).

[201] Ghosh A. and Wolf H. Imperfect Exchange Rate Pass – through: Strategic Pricing and Menu Costs. CESifo, Working Paper 436, 2001.

[202] Goodfriend M., McCallum B. T. Banking and Interest Rates in Monetary Policy Analysis: A Quantitative Exploration. Journal of Monetary Economics, 2007, 54 (5).

[203] Gourinchas Pierre – Olivier and Olivier Jeanne. The Elusive Gains from International Financial Integration. NBER, Working Paper 9684, 2003.

[204] Guender V. and Julie Tam. On the Performance of Nominal Income Targeting as a Strategy for Monetary Policy in A Small Open Economy. Journal of International Money and Finance, 2004, 23 (2).

[205] Guerra de Luna, A. Residential Real Estate Booms, Financial Deregulation and Capital Inflows: An International Perspective. Banco de Mexico, 1997.

[206] Gupta, Nandini and Kathy Yuan. On the Growth Effects of Liberalizations. Working Paper, Indiana University, 2005.

[207] Hagena J. and Zhang H. Financial Frictions, Capital Reallocation, and Aggregate Fluctuations. Journal of Economic Dynamics & Control, 2008, 32 (3).

[208] Harrison A., Love I., McMillan M. Global Capital Flows and Financing Constraints. Journal of Development Economics, 2004, 75 (1).

[209] Hausmann R. and Panizza U. The Determinants of Original Sin: An Empirical Investigation. Journal of International Money and Finance, 2003, 22 (7).

[210] Hausmann, Ricardo, Panizza U., Stein E. Why Do Countries Float the Way They Float. Journal of Development Economics, 2001, 66 (2).

[211] Hawkins J. Globalization and Monetary Operations in Emerging Economies. In Globalization and Monetary Policy in Emerging Markets. BIS, Papers 23, 2005.

[212] Henry P. Stock Market Liberalization, Economic Reform, and Emerging Market Equity Prices. Journal of Finance, 2000, 55 (2).

[213] Henry P. Do Stock Market Liberalizations Cause Investment Booms. Journal of Financial Economics, 2000, 58 (1-2).

[214] Hirakata N., N. Sudo K., Ueda. Capital Injection, Monetary Policy, and Financial Accelerators. Bank of Japan, IMES Discussion Paper Series, 2011.

[215] Ho C. and McCauley R. N. Living with Flexible Exchange Rates: Issues and Recent Experience in Inflation Targeting Emerging Market Econo-

mies. BIS, Working Papers No. 130, 2003.

[216] Honig A. Fear of Floating and Domestic Liability Dollarization. Emerging Markets Review, 2005, 6 (3).

[217] Hutchison M. and Noy I. Sudden Stops and the Mexican Wave: Currency Crises, Capital Flow Reversals and Output Loss in Emerging Markets. Journal of Development Economics, 2006, 79 (1).

[218] Huybens E. and Smith B. D. Financial Market Frictions, Monetary Policy, and Capital Accumulation in a Small Open Economy. Journal of Economic Theory, 1998, 81 (2).

[219] Imbs J. and Roman Wacziarg. Stages of Diversification. American Economic Review, 2003, 93 (1).

[220] IMF. Annual Report on Exchange Arrangements and Exchange Restfrictions, 2010.

[221] Institute of International Finance. October Capital Flows to Emerging Market Economies, 2012.

[222] Ishii S., Habermeier K., Laurens B., Leimone J., Vadasz J., Canales – Kriljenko J. I. Capital Account Liberalization and Financial Sector Stability. IMF, Occasional Paper 211, 2002.

[223] Issing O. The Monetary Policy of the ECB in A World of Uncertainty. Contribution to The Policy Panel at The Conference on Monetary – policy – making under Uncertainty, European Central Bank, 1999.

[224] Izquierdo A. Credit Constraints, and the Asymmetric Behavior of Asset Prices and Output under External Shocks. The World Bank, Mimeo, 2000.

[225] Jaramillo F., Schiantarelli F., Weiss A. The Effect of Financial Liberalization on the Allocation of Credit: Panel Data Evidence for Ecuador. World Bank Policy Research Department, Working Paper 1092, 1992.

[226] Jeanne O. Monetary Policy and Liability Dollarization. International Monetary Fund, 2002.

[227] Jonas J. and Mishkin F. S. Inflation Targeting in Transition Countries: Experience and Prospectives. NBER, Working Paper 9667, 2003.

[228] Ju Jiandong and Shang – Jin Wei. Do Emetic Institutions and the By-pass Effect of Financial Globalization. NBER, Working Paper 13148, 2007.

[229] Kaminsky G. and C. Reinhart. The Twin Crises: The Causes of Banking and Balance-of-Payments Problems. American Economic Review, 1999, 89 (3).

[230] Kaminsky G. and C. Reinhart. The Center and Periphery: The Globalization of Financial Turmoil. NBER, Working Paper 9479, 2002.

[231] Kaminsky G. and S. Schmukler. On Booms and Crashes: Financial Liberalization and Stock Market Cycles. Mimeo, www. ifk – cfs. de/papers/Kaminsky-Schmukler. pdf., 2001.

[232] Kaminsky G., Reinhart C., Végh C. When it Rains, it Pours: Procyclical Capital Flows and Macroeconomic Policies. NBER, Working Paper 10780, 2004.

[233] Karras G. Openness and The Effects of Monetary Policy. Journal of International Money and Finance, 1999, 18 (1).

[234] Kim S. International Transmission of U. S. Monetary Policy Shocks: Evidence from VAR's. Journal of Monetary Economics, 2001, 48 (2).

[235] Kim W., Sung T., Shang – Jin Wei. Foreign Investors and Local Corporate Governance: The Case of Korea. IMF Working Paper, 2006

[236] King R. G. and Wolman A. L. Inflation Targeting in a St. Louis Model of the 21st Century. NBER, Working Paper 5507, 1996.

[237] Kiyotaki N. and Moore J. Credit Cycles. Journal of Political Economy, 1997, 105 (2).

[238] Kohn D. L. The Effects of Globalization on Inflation and Their Implications for Monetary Policy. Remarks at the Federal Reserve Bank of Boston'51 Economic Conference, Chatham, Massachusetts, June 16, 2006.

[239] Kohn D. L. Implications of Globalization for the Conduct of Monetary Policy. Speech at the International Symposium on "Globalization, Inflation and Monetary Policy", Organized by the Bank of France, Paris, March 7, 2008.

[240] Kollmann R. Incomplete Asset Markets and the Cross – country Consumption Correlation Puzzle. Journal of Economic Dynamic and Controls, 1996, 20 (5).

[241] Kollmann R. The Exchange Rate in a Dynamic Optimizing Current Ac-

count Model with Nominal Rigidities: A Quantitative Investigation. Journal of International Economics, 2001, 55 (2).

[242] Kollmann R. Monetary Policy Rules in the Open Economy: Effects on Welfare and Business Cycles. Journal of Monetary Economics, 2002, 49 (5).

[243] Kollmann R. Macroeconomic Effects of Nominal Exchange Rate Regimes: New Insights into The Role of Price Dynamics. Journal of International Money and Finance, 2005, 24 (2).

[244] Kose M. A. Explaining Business Cycles in Small Open Economies "How Much do World Prices Matter" . Journal of International Economics, 2002, 56 (2).

[245] Kose M. A. , Prasad E. , Terrones M. E. Financial Integration and Macroeconomic Volatility. IMF, Staff Papers 50, 2003.

[246] Kose M. A. , Prasad E. , Rogoff K. , Shang – Jin Wei. Financial Globalization: A Reappraisal. NBER, Working Paper 12484, 2006.

[247] Kroszner, Randall S. Globalization and Capital Markets: Implications for Inflation and the Yield Curve. Speech at the Center for Financial Stability (CEF), Buenos Aires, Argentina. http://www.federalreserve.gov/boarddocs/Speeches/2007/20070516/default.htm, 2007.

[248] Krugman P. Balance Sheets, the Transfer Problem and Financial Crises. International Tax and Public Finance, 1999, 6 (4).

[249] Krugman P. Analytical Afterthoughts on the Asian Crisis. MIT, Mimeo, 2000.

[250] Lane P. R. Inflation in Open Economies. Journal of International Economics, 1997, 42 (3 – 4).

[251] Lane P. R. The New Open Economy Macroeconomics: A Survey. Journal of International Economics, 2001, 54 (2).

[252] Lane P. R. and Milesi – Ferretti G. M. International Financial Integration. IMF, Staff Papers 50, 2003.

[253] Lane P. R. and Milesi – Ferretti G. M. The External Wealth of Nations Mark Ⅱ: Revised and Extended Estimates of Foreign Assets and Liabilities, 1970 – 2004. IMF, Working Paper 06/69, 2006.

[254] Laxton D. and Pesenti P. Monetary Rules for Small, Open, Emerging Economies. Journal of Monetary Economics, 2003, 50 (5).

[255] Leblebicioglu A. Financial Integration, Credit Market Imperfections and Consumption Smoothing. Journal of Economic Dynamics & Control, 2009, 33 (2).

[256] Leeper E. M., Sims C., Zha C. What Does Monetary Policy Do. Brookings Papers on Economic Activity, 1996, 27 (2).

[257] Leiderman L. and Bufman G. Inflation Targeting under A Crawling Band Exchange Rate Regime: Lessons from Israel. In Blejer M., Ize A., Leone A., Werlang S. (Eds.). Inflation Targeting in Practice: Strategic and Operational Issues and Applications to Emerging Market Economies. IMF, 2000.

[258] Liu G., N. Seeiso. Business Cycle and Bank Capital Regulation: Basel Ⅱ Procyclicality. Economic Modelling, 2012, 29 (3).

[259] Loungani P., Razin A., Yuen C. W. Capital Mobility and The Output-inflation Tradeoff. Journal of Development Economics, 2001, 64 (1).

[260] Love, Inessa. Financial Development and Financing Constraints: International Evidence from the Structural Investment Model. Review of Financial Studies, 2003, 16 (3).

[261] Lucas, Robert. Why Doesn't Capital Flow from Rich to Poor Countries. American Economic Review, 1990, 80 (2).

[262] Luk S., Vines D. Financial – Friction Macroeconomics with Highly Leveraged Financial Institutions. CEPR, Discussion Papers 8576, 2011.

[263] Mackowiak B. External Shocks U. S. Monetary Policy and Macroeconomic Fluctuations in Emerging Markets. Journal of Monetary Economics, 2007, 54 (8).

[264] Mark N. and Wu Y. Rethinking Deviations from Uncovered Interest Parity: The Role of Covariance Risk and Noise. Economic Journal, 1998, 108 (451).

[265] Martin P. and Rey H. Financial Globalization and Emerging Markets: with or without Crash. NBER, Working Paper 9288, 2002.

[266] Masson P. Exchange Rate Regime Transitions. IMF, Working Paper 00/134, 2000.

[267] McCallum B. T. Recent Developments in Monetary Policy Analysis: The Roles of Theory and Evidence. NBER, Working Paper 7088, 1999.

[268] McKinnon R. I. and Pill H. Credible Economic Liberalizations and Overborrowing. American Economic Review, 1997, 87 (2).

[269] McCallum B. T. and Nelson E. Targeting vs. Instrument Rules for Monetary Policy. Federal Reserve Bank of St. Louis Working Paper, 011A, 2004.

[270] McKinnon R. and Pill H. Exchange – Rate Regimes for Emerging Markets: Moral Hazard and International Overborrowing. Oxford Review of Economic Policy, 1999, 15 (3).

[271] Mendoza E. G. The Terms of Trade, the Real Exchange Rate, and Economic Fluctuations. International Economic Review, 1995, 36 (1).

[272] Mendoza E. G. Credit, Prices, and Crashes: Business Cycles with A Sudden Stop. NBER, Working Paper 8338, 2001.

[273] Mendoza E. G. Endogenous Sudden Stops in A Business Cycle Model with Collateral Constraints: A Fisherian Deflation of Tobin's Q. NBER, Working Paper 12564, 2006.

[274] Mendoza E. G. and Smith K. A. Margin Calls, Trading Costs, and Asset Prices in Emerging Markets: The Financial Mechanics of the Sudden Stop Phenomenon. NBER, Working Paper 9286, 2003.

[275] Mendoza E. G. and Uribe. Devaluation Risk and the Business – cycle Implications of Exchange – rate Management. Carnegie – Rochester Conference Series on Public Policy 53, 2000.

[276] Meng Q. and Velasco A. Can Capital Mobility Be Destabilizing. NBER, Working Paper 7263, 1999.

[277] Mishkin F. Can Inflation Targeting Work in Emerging Market Countries. NBER, Working Paper 10646, 2004.

[278] Mishkin F. Is Financial Globalization Beneficial. NBER, Working Paper 11891, 2005.

[279] Mitton, Todd. Stock Market Liberalization and Operating Performances at the Firm Level. Journal of Financial Economics, 2006, 81 (3).

[280] Mohanty M. and Scatignal M. Has Globalization Reduced Monetary Policy Independence. BIS Papers 23, 2005.

[281] Monaceli T. Monetary Policy in a Low Path – through Environment. Journal of Money Credit and Banking, 2005, 37 (6).

[282] Moons C. , Garretsen H. , Aarle B. , Fornero J. Monetary Policy in the New – Keynesian Model: An Application to the Euro Area. Journal of Policy Modeling, 2007, 29 (6).

[283] Moreno R. and Villar A. The Increased Role of Foreign Bank Entry in Emerging Markets. BIS, 2003.

[284] Moro' na E. and Winkelried D. Monetary Policy Rules for Financially Vulnerable Economies. Journal of Development Economics, 2005, 76 (1).

[285] Mussa M. , Eichengreen B. J. , Detragiache E. , Dell' Ariccia G. Capital Account Liberalization: Theoretical and Practical Aspects. IMF, Occasional Paper 172, 1998.

[286] Neumeyer P. A. and Perri F. Business Cycles in Emerging Economies: The Role of Interest Rates. Journal of Monetary Economics, 2005, 52 (2).

[287] Nolan C. and Thoenissen C. Labour Markets and Firm – Specific Capital in New Keynesian General Equilibrium Models. Journal of Macroeconomics, 2008, 30 (3).

[288] Obstfeld M. The Global Capital Market: Benefactor or Menace. Journal of Economic Perspectives, 1998, 12 (4).

[289] Obstfeld M. Globalization, Macroeconomic Performance, and the Exchange Rates of Emerging Economies. NBER, Working Paper 10849, 2004.

[290] Obstfeld M. and Rogoff K. Exchange Rate Dynamics Redux. Journal of Political Economy, 1995, 103 (3).

[291] Obstfeld M. and Rogoff K. New Directions for Stochastic Open Economy Models. Journal of International Economics, 2000, 50 (1).

[292] Obstfeld M. and Rogoff K. Global Implications of Self – oriented National Monetary Rules. Quarterly Journal of Economics, 2002, 117 (2).

[293] Obstfeld M. , Shambaugh J. C. , Taylor A. M. The Trilemma in Histo-

ry: Tradeoffs among Exchang Rates, Monetary Policies and Capital Mobility. NBER, Working Paper 10396, 2004.

[294] O'Donnell B. Financial Openness and Economic Performance. Trinity College, 2001.

[295] Orlov A. G. Pros and Cons Capital Centrals in the Presence of Incomplete Markets. American Economist, 2005, 49 (1).

[296] Paasche B. Credit Constraints and International Financial Crises. Journal of Monetary Economics, 2001, 48 (3).

[297] Parrado E. and Velasco A. Optimal Interest Rule in A Small Open Economy. NBER, Working Paper 8721, 2002.

[298] Poole W. Optimal Choice of Monetary Policy Instrument in A Simple Stochastic. Quarterly Journal of Economics, 1970, 84 (2).

[299] Prasad E., Rogoff K., Wei S., Kose M. A. Effects of Financial Globalization on Developing Countries: Some New Evidence. IMF, Occasional Paper 220, 2003.

[300] Prasad E., Rogoff K., Wei S., M. A., Kose M. A. Financial Globalization, Growth and Volatility in Developing Countries. NBER, Working Paper 10942, 2004.

[301] Quirk P. J. and Evans O. Capital Account Convertibility: Review of Experience and Implication for IMF Policies. IMF, Occasional Paper 131, 1995.

[302] Ramirez C. D. Even More on Monetary Policy in A Small Open Economy. International Review of Economics & Finance, 2001, 10 (4).

[303] Ramirez C. D. Monetary Policy and The Credit Channel in An Open Economy. International Review of Economics & Finance 2004, 13 (4).

[304] Reyes, Javier A. Inflation Target in Emerging Countries: Modeling Exchange Rate Issues. Working Paper, Texas A&M University, 2003.

[305] Roberts J. Monetary Policy and Inflation Dynamics. International Journal of Central Banking, 2006, 2 (3).

[306] Rodrik, Dani. Who Needs Capital – Account Convertibility. Princeton University. Essays in International Finance 207, 1998.

[307] Rogoff K. Rethinking Capital Controls: When Should We Keep an Open Mind. Finance and Development, 2002, 39 (4).

[308] Rogoff K. Globalization and Global Disinflation, in Monetary Policy and Uncertainty: Adapting to a Changing Economy. Jackson Hole Symposium, Federal Reserve Bank of Kansas City, 2004.

[309] Rogoff K. Impact of Globalization on Monetary Policy, in The New Geography: Effects and Policy Implications. Jackson Hole Symposium, Federal Reserve Bank of Kansas City, 2006.

[310] Rome D. Openness and Inflation: Theory and Evidence. Quarterly Journal of Economics, 1993, 108 (4).

[311] Romer C. and D. H. Romer. Does Monetary Policy Matter? A New Test in The Spirit of Friedman and Schwartz. NBER, Macroeconomics Annual, 1998.

[312] Rose A. Explaining Exchange Rate Volatility: An Empirical Analysis of "The Holy Trinity" of Monetary Independence, Fixed Exchange Rates, and Capital Mobility. Journal of International Money and Finance, 1996, 6 (6).

[313] Rossi M. Financial Fragility and Economic Performance in Developing Countries: Do Capital Controls, Prudential Regulation and Supervision Matter. IMF, Working Paper 99/66, 1999.

[314] Schmidt - Hebbel K. and Tapia M. Inflation Targeting in Chile. North American Journal of Economics and Finance, 2002, 13 (2).

[315] Schmitt - Grohe'S. and Uribe M. Stabilization Policy and the Costs of Dollarization. Journal of Money, Credit, and Banking, 2001, 33 (2).

[316] Schmitt - Grohe'S. and Uribe M. Optimal Simple and Implementable Monetary and Fiscal Rules. Journal of Monetary Economics, 2007, 54 (6).

[317] Schneider M. and A. Tornell. Balance Sheet Effects, Bailout Guarantees and Financial Crises. NBER, Working Paper 8060, 2000.

[318] Senhadji A. S. Sources of Economic Growth: An Extensive Growth Accounting Exercise. IMF, Working Paper 99/77, 1999.

[319] Senhadji A. S. External Shocks and Debt Accumulation in A Small Open Economy. Review of Economic Dynamics, 2003, 6 (1).

[320] Smets F. and Wouters R. Openness, Imperfect Exchange Rate Pass – through and Monetary Policy. Journal of Monetary Economics, 2002, 49 (5).

[321] Smets F. and Wouters R. An Estimated Stochastic Dynamic General Equilibrium Model of The Euroarea. Journal of the European Economic Association, 2003, 1 (5).

[322] Smitha K. A. and Valderrama D. The Composition of Capital Inflows When Emerging Market Firms Face Financing Constraints. Journal of Development Economics, 2009, 89 (2).

[323] Spiegel M. M. Financial Globalization and Monetary Policy. Speech at the Bank of Korea's 15th annual Central Banking Seminar, Increasing Capital Flows among Countries and Monetary Policy, Seoul, Republic of Korea, September 18 – 21, 2007.

[324] Spiegel M. M. and Valderrama D. Currency Boards, Dollarized Liabilities, and Monetary Policy Credibility. FRBSF, Working Paper 7, 2003.

[325] Steinberger T. Imperfect Financial Contracting and Macroeconomic Stability. Journal of Financial Stability, 2005, 1 (4).

[326] Stein E. H., Hausmann R., Michael G., Pagés – Serra C. Financial Turmoil and Choice of Exchange Rate Regime. In http://www.iadb.org/oce, 1999.

[327] Stiglitz J. Capital Market Liberalization, Economic Growth, and Instability. World Development, 2000, 28 (6).

[328] Sutherland A. Financial Market Integration and Macroeconomic Volatility. Scandinavian Journal of Economics, 1996, 98 (4).

[329] Svensson L. E. O. Open – economy Inflation Targeting. Journal of International Economics, 2000, 50 (1).

[330] Svensson L. E. O. Targeting Rules vs. Instrument Rules for Monetary Policy: What Is Worng with McCallum and Nelson. NBER, Working Paper 10747, 2004.

[331] Taylor John B. Low Inflation, Pass – Through, and the Pricing Power of Firms. European Economic Review, 2000, 44 (7).

[332] Taylor John B. Implications of Globalization for Monetary Policy. Stan-

ford University, 2006.

[333] Taylor John B. The Impacts of Globalization on Monetary Policy. Prepared for Presentation at the Banque de France Symposium on "Globalization, Inflation and Monetary Policy", 2008.

[334] Totzek A. Banks, Oligopolistic Competition and The Business Cycle: A New Financial Accelerator Approach. Christian – Albrechts – University of Kiel, Department of Economics, Economics Working Papers 2, 2011.

[335] Uribe M. and Yue V. Z. Country Spreads and Emerging Countries: Who Drives Whom. Journal of International Economics, 2007, 69 (1).

[336] Velasco A. Exchange – Rate Policies for Developing Countries: What Have We Learned? What Do We Still Not Know? United Nations Conference on Trade and Development, G – 24, Discussion Paper Series 5, 2000.

[337] Wagner H. Implications of Globalization on Monetary Policy. IMF, Working Paper 01/184, 2001.

[338] Wang J. X. Foreign Equity Trading and Emerging Market Volatility: Evidence from Indonesia and Thailand. Journal of Development Economics, 2007, 84 (2).

[339] Wei Shang – Jin and Wu Y. The Life – and – Death Implications of Globalization. http://www.georgetown. edu/users/wuy/CV%20 – %20Yi%20Wu.pdf, 2002.

[340] Williamson J. Exchange Rate Regimes for Emerging Markets: Reviving The Intermediate Option. Policy Analysis in International Economics, Institute for International Economics, 2000.

[341] Woodford M. Interest and Prices, Foundations of a Theory of Monetary Policy. Princeton University Press, 2003.

[342] Woodford M. Inflation and Output Dynamics with Firm – specific Investment. Princeton University, 2004.

[343] Woodford M. Globalization and Monetary Control. NBER, Working Paper 13329, 2007.

[344] World Bank. Private Capital Flows to Developing Countries. Policy Re-

search Report. Oxford University Press, 1997.

[345] World Bank. The Benefits and Risks of Short – Term Borrowing. Global Development Finance, 2000.

[346] Wu Y. More on Monetary Policy in a Small Open Economy: A Credit View. International Review of Economics & Finance, 1999, 8 (2).

[347] Wyplosz C. How Risky is Financial Liberalization in the Developing Countries. CEPR, Discussion Paper 2724, 2001.

[348] Yun T. Monetary Policy, Nominal Price Rigidity, and Business Cycles. Journal of Monetary Economics, 1996, 37 (3) .

后记

对于自己的拙著能够出版，我感到既荣幸又惭愧。荣幸的是自己的研究成果能以公开发表的书籍形式，可以和同仁们更好地交流相关的研究；惭愧的是自己的能力和投入的精力有限，不能让书中的内容更加准确和完美。

我真挚地感谢一切帮助我的人：

非常感谢上海大学经济学院对此书出版的资助，正是学院的资助，使我觉得有责任将此书更好地完善，也让我更感觉到作为一名社会科学研究人员对社会的责任。

真诚地感谢上海大学金融系的各位领导，他们英明的领导，不仅让系里的老师之间彼此互爱互助，非常融洽地相处共事，而且也积极地鼓励了年轻同事在研究领域的追求，甚至还帮助理顺和平衡老师在工作、家庭之间的关系。这种轻松愉快的工作氛围、融洽的同事关系，让我感觉到教学和研究工作的乐趣。

非常感谢上海大学金融系每一位同事，他们在教学和科研甚至生活上给我许多的启发、帮助，我能在科研上取得的每一个进步，都离不开同事们的帮助。

感谢所有在书中被引用观点、材料、数据等文献的中外作者和译者。没有他们的思想成果、数据收集和真知灼见，不仅本书的细节内容不能翔实，甚至框架也难以形成。前辈的研究成果是我研究的基础。

感谢家人对我的关爱和帮助。感谢父母对我的抚养和栽培，感谢公公婆婆对我的支持和帮助，感谢丈夫对我生活和工作上的无微不至的体贴和帮助，感谢活泼可爱的女儿给我一切的快乐。

图书在版编目（CIP）数据

新兴市场国资本项目开放下的货币政策规则研究：基于开放经济的金融加速器模型/郑重著．—北京：经济管理出版社，2013.5

ISBN 978－7－5096－2445－6

Ⅰ.①新… Ⅱ.①郑… Ⅲ.①新兴市场—货币政策—研究—世界 Ⅳ.①F821.0

中国版本图书馆 CIP 数据核字（2013）第 091024 号

组稿编辑：张　艳
责任编辑：杜　菲
责任印制：杨国强
责任校对：超　凡

出版发行：经济管理出版社
（北京市海淀区北蜂窝 8 号中雅大厦 A 座 11 层　100038）
网　　址：www. E－mp. com. cn
电　　话：（010）51915602
印　　刷：三河市延风印装厂
经　　销：新华书店
开　　本：720mm×1000mm/16
印　　张：13.5
字　　数：214 千字
版　　次：2013 年 5 月第 1 版　2013 年 5 月第 1 次印刷
书　　号：ISBN 978－7－5096－2445－6
定　　价：39.00 元